本书得到国家自然科学基金项目（71263037）和
南昌大学江西发展升级推进长江经济带建设协同创新中心资助

我国中部和东部省域城市首位度与区域经济增长：

模型、机理及对策

黄新建　陈文喆　等◎著

中国社会科学出版社

图书在版编目（CIP）数据

我国中部和东部省域城市首位度与区域经济增长：模型、机理及对策/黄新建等著. —北京：中国社会科学出版社，2018.4
ISBN 978 - 7 - 5203 - 1752 - 8

Ⅰ. ①我…　Ⅱ. ①黄…　Ⅲ. ①城市经济—经济规模—关系—区域经济—经济增长—研究—中国　Ⅳ. ①F299. 21②F127

中国版本图书馆 CIP 数据核字（2017）第 310768 号

出 版 人	赵剑英
责任编辑	卢小生
责任校对	王佳玉
责任印制	王　超

出　　　版	中国社会科学出版社
社　　　址	北京鼓楼西大街甲 158 号
邮　　　编	100720
网　　　址	http：//www. csspw. cn
发 行 部	010 - 84083685
门 市 部	010 - 84029450
经　　　销	新华书店及其他书店

印　　　刷	北京明恒达印务有限公司
装　　　订	廊坊市广阳区广增装订厂
版　　　次	2018 年 4 月第 1 版
印　　　次	2018 年 4 月第 1 次印刷

开　　　本	710 × 1000　1/16
印　　　张	22.5
插　　　页	2
字　　　数	376 千字
定　　　价	90.00 元

城市首位度课题组织成员名单

课题组组长：

    黄新建　南昌大学中部中心副主任、
            二级教授、博士生导师

课题组成员：

    陈文喆　南昌大学管理学院　博士、博士后
    陈美华　南昌大学公管学院　讲师、博士
    朱越浦　国家开发银行江西省分行　经济师、博士
    杨海军　南昌航空大学经管学院　副教授
    王志平　江西师范大学文旅学院　讲师、博士
    万　科　南昌大学管理学院　博士
    陈伟良　南昌大学管理学院　博士
    卢钱红　南昌大学管理学院　博士
    张文祺　南昌大学经管学院　硕士

目　录

第一章　城市首位度及相关城市发展理论综述

第一节　城市首位度概念

经济增长不仅取决于要素累积、技术进步和制度变迁，同时也受到要素空间结构分布状况的影响。因此，当研究一个区域不断增长的过程时，要素的空间分布状况这一因素就不应当被忽略。衡量一个地区经济要素特别是人口因素的空间分布状况时，城市首位度就是衡量这种要素分布状况的重要指标。

城市首位度这一指标是地理经济学中关于城市问题的研究，最早出现于杰斐逊（Jefferson，1939）[①] 对国家城市规模分布规律的研究。他首次提出首位城市和首位度的概念，指出首位城市即一个国家中人口规模最大的城市。而首位度则是指第一位城市规模与第二位城市人口数量相除得出的结果。首位度是一个计量概念，杰斐逊推出了它的计算方法，其公式为：

$$S = P_1/P_2 \qquad\qquad (1-1)$$

式中，S、P_1、P_2 分别表示首位度、首位城市、第二位城市。研究首位度的测量具有重要的现实意义：一方面，首位度可以体现一个区域的资源和情感的集中程度；另一方面，还能够促使城市建设向更好的方向发展。首位城市容纳着一地区大部分的人口，无论在政治还是在经济上都占有巨大的优势。目前，首位度的定义正在被广泛应用，已逐步成为城市人口分布测量的重要方法。在研究城市和区域的过程中，如何有效

---

① Jefferson, M., The Law of the Primate City [J]. *Geographical Review*, 1939 (29), pp. 226 – 232.

阐述和诠释某个国家的城市规模分布的问题是世界难题。从传统意义上说，首位度的定义常常被归结为地理学范畴。在现有的地理学研究中，常常将首位度的定义和位序—规模的分布关系运用到城市分布情况的评估中。以上两种方法，前者主要强调国家的地位，而后者则是强调分布的均衡性，在进行评估的过程中，主要注重城市规模体系是否能够达到平衡。

城市首位度与一个国家的整体发展具有密切的联系。从一定程度上讲，首位度既能诠释出一个城市在资金、人力资源等方面的提升，还能在一定程度上表现出城市在一定区域范围内吸引外地资源和成本控制等情况。

进一步地，部分学者对首位度指标进行了改进，提出了4城市首位度和11城市首位度（周一星，1995，2000）[①]，即：

$$S_1 = P_1 / (P_2 + P_3 + P_4) \tag{1-2}$$

$$S_2 = 2P_1 / (P_2 + P_3 + \cdots + P_{11}) \tag{1-3}$$

式中，S_1、S_2 分别为4城市指数和11城市指数，P_3，P_4，…，P_{11} 分别表示第3位到第11位城市的人口数。在实际运用中，虽然运用以上两种指标在表面上看都十分有效，但相关研究指出，这两种方法在结果上并非比两城市指数的结果更准确。其实，两城市指数与后两种指数在结果上有很大的相关性。国外部分学者在对81个国家的比较中发现，两城市指数与后两种指数保持0.86的高度正相关性（Thomas，1985）。[②]

近年来，"城市首位度"这一概念用来描述区域城市的发展和差异情况，被广泛地应用于城市规模分布研究中。就某个国家或者地区来讲，当城市首位度的值达到最大时，那么这个城市的规模分布就最大，也被称为首位分布。由于首位城市的承载量最大，其空间聚集能为大量资本和人力的产生提供可能，同时，还能深化区域资源、创新等方面的交流，特别是近些年来区域经济与全球接轨的程度日益深化，首位城市的竞争已经成为城市群竞争的核心，其发展程度直接影响区域内其他城市的发展，如在区域发展和晋升激励下，多数区域在制定经济发展战略时推崇

① 周一星：《城市地理学》，商务印书馆1995年版。

② Thomas, L., City - size distribution and the size of urban systems [J]. *Environment and Planning*, 1985 (17), pp. 905 -913.

城市首位度理论，以期通过协调发挥不同城市作用——大城市（首位城市）发挥技术和知识创新、优质服务等能力，中小城市发挥制造和生产等能力，从而带动区域整体经济发展。[①]

第二节　关于城市首位度应用研究

一　国外典型的理论研究

许学强等（1988）[②] 指出，首位度理论最早出现于杰斐逊的研究中，杰斐逊还利用其推导出的公式，结合 51 个城市的规模数据，详细计算了每个城市的首位度，研究结果表明，第二位城市的人口规模始终都无法超越首位城市，仅仅为首位城市的 1/3，即便每个国家的比重都有所差异，但都始终遵循这一规律，首位法则便由此诞生，其主要遵循首位城市始终保持优势，认为首位城市无论在哪一方面都无法被第二位城市所超越。

马歇尔（1989）[③] 对杰斐逊的理论进行了补充和延伸，提出了首位度界限指标，其将 2 看作首位度的界限值，只有当一个城市的首位度指数高于这个数值时，那么该城市才有资格为首位城市。同时，他又将首位度高于 2 的情况分为两类：第一类是首位度数值大于 2—4 时，称为中度首位分布；第二类是首位度大于 4 时，称为高度首位分布。

阿德斯（Ades）等[④]从影响因素角度出发，对首位城市的形成原因进行研究，研究指出，政治因素首当其冲成为影响城市首位度的最大因素，经济因素紧随其后，排在第二位。Luisito Bertinelli 等[⑤]对发展中国家的城市化进行探究，选取 39 个发展中国家作为研究对象，研究结果显示，1999 年，这 39 个国家的平均城市化水平还不到四成，将巴西和印度等国

---

① 徐长生、周志鹏：《城市首位度与经济增长》，《财经科学》2014 年第 9 期。

② 许学强、朱剑如：《现代城市地理学》，中国建筑工业出版社 1988 年版。

③ Marshall John, *The Structure of Urban Systems* ［M］. Toronto：University of Toronto Press，1989，pp. 17 – 32.

④ Ades，A. F. and E. L. Glaeser，Trade and Circuses：Explaining Urban Giants ［J］. *Quarterly Journal of Economics*，1995（110），pp. 195 – 227.

⑤ Luisito Bertinelli，Eric Strobl，Urban Concentration and Economic Growth in Developing Countries ［J］. *Urbanization Working Paper*，2003，12，pp. 221 – 232.

排除在外，其余国家的城市首位度一般在 0. 2—0. 45，同时通过对城市首位度的发展趋势进行研究，指出，在 1960—1990 年的 31 年中，城市首位度呈直线上升趋势。

城市集中和分散两种力量都在城市演化过程中起到至关重要的作用。1965 年，著名经济学家威廉姆森[①]对国家发展过程中的影响因素进行阐述，着重对区域不平衡这一影响因素进行研究，通过选取英格兰东部 110 年的经济数据和 24 个国家的统计数据进行分析研究，并提出了倒 "U" 形经济发展理论：随着经济发展，区域之间的发展差异呈倒 "U" 形。在经济发展萌芽时期，区域经济的发展差异随着经济的不断发展而日益严重；在经济发展成长时期，区域经济的发展在市场的作用下趋于稳定；在经济发展成熟时期，总体经济的不断增长会推动区域差异不断缩小。1990 年，汉森在研究区域发展方面又有了新的突破，他指出，在有限区域内发展是为了有效地利用该区域内的基础性资源，如道路、工人和管理等。为了满足不断发展的经济需要，必须对原有的区域进行拓展；同时，在对基础性设施进行不断投入的过程中，国家不断向外开发，工业的分散便在无形中出现，传统落后的区域不断地向区域化演进，这就致使集中的大区域向分散化发展，原有集中的经济也在不断下滑。

结合以上两种理论，可以将其归结为：在经济开始萌芽到发展过程中，国家必将经历发展区域和产业集中两个阶段，伴随着经济发展水平的不断提升，区域集聚程度也随之不断上升，如图 1-1 所示。图 1-1 中，将城市规模设为横坐标，纵坐标由区域发展水平即经济总量（GDP）表示，两者的关系则可以通过倒 "U" 形曲线来表示，城市规模在 N 点达到经济量最大值 G 点，这一理论即为著名的威廉姆森—汉森假说（也被称为城市趋同假说）。在经济发展过程中，国家内各个区域的集中度会呈不断分散的趋势，因此，一个适合区域内发展的理论也适用于一个国家或地区，这一趋同性的概念具有极强的适应性，可以被应用到各个领域。

---

① J. G. Williamson, Regional Inequality and the Process of National Development [J] . *Economic Development and Cultural Change*, 1965, 13 (4) .

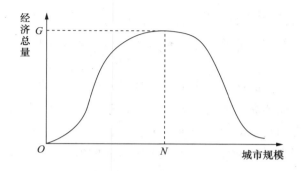

图 1 – 1　威廉姆森假说的倒 "U" 形曲线

　　经验证据似乎也支持城市趋同假说。许多研究者（Shishido and Wheaton，1982；Henderson，1988[①]；Ades and Glaeser，1995）针对国家城市的集散模式进行研究，主要针对城市的集中度进行探究，研究显示，在居民收入水平处于低级阶段时，那么城市集中度就会减弱；在收入水平处于中等阶段时，那么国家城市集中度则达到最大值；在收入水平进入高级阶段时，城市集中度则处于下降趋势。对于不同国家城市化与经济发展水平之间差异的研究也支持城市趋同假说，研究发现，发达国家的首位度与城市集中度是适宜的，而发展中国家存在城市规模过大的问题（Bairoch，1988[②]；Mills and Hamilton，1994[③]）。卡罗尔（Carroll，1982）[④] 的研究揭示，经济、政治、世界系统（包括国际的相互依赖与经济生态路径）三个主要因素可以解释发达国家与发展中国家城市集中度的差异。进一步研究发现，城市首位度与区域经济发展水平之间并非简单的线性相关。亨德森（Henderson，1996）利用巴罗[⑤]与 MRW 联合推出了 MRW 模型，针对全球 80 多个国家的增长情况和城市集中度进行了探

　　① Henderson，J. V.，*Urban Development：Theory，Fact，and Illusion* ［M］. Oxford：Oxford University Press，1988.

　　② Bairoch，P.，*Cities and Economic Development：From the Dawn of History to The Present* ［M］. Chicago：The University of Chicago Press，1988.

　　③ Mills，E. S. and B. W. Hamilton，*Urban Economics*，5th ed. ［M］. New York：Harper Collins College Publishers，1994.

　　④ Carroll，G. R.，March，National City – size Distributions：What Do We Know after 67 Years of Research ［J］. *Progress in Human Geography*，1982，6（1）.

　　⑤ Barro，R. J. and Leel，L.，International Comparisons of Educational Attainment ［J］. *Journal of Monetary Economics*，1993（32），pp. 363 – 394.

究，研究指出，经济增长深受城市集中度的影响，同时，在每个特定的
收入水平和国家大小的条件下，都有一个最佳城市集中度。另外，亨德
森（2000）[1] 对城市首位度的相关研究展开了更深入探讨，创新性地提出
了城市集中理论，最佳城市集中度是首位城市人口与全国人口总量的百
分比，同时，他还提出了经济的持续增长是影响城市集中程度的重要因
素，并对两者的关系进行了详细研究。而且，与非经济因素相比，以个
体最大化选择为主要特征的经济因素所形成的城市系统，具有更为合理
的城市集中度（Moomaw and Alwosabi）。[2][3]

二 国内相关研究成果

自 20 世纪 80 年代开始，我国各界学者开始对首位度理论进行研究。
研究初期，我国学者对首位度理论的研究主要集中在对国外相关经验的
深化和延伸上，其研究成果被广泛地应用到全国各省份的城市规模分布
的研究中。

（一）对于首位度理论的应用研究

我国学者严重敏是最早参与首位度研究的代表人物之一，其联合其
他学者对首位度的实际运用进行了系统研究[4]，主要选取我国 26 个首位
城市进行研究，涉及的方法主要有实证分析和对比分析等，该研究的主
要目的是研究影响首位城市发展的因素。许学强等（1986）[5] 在《我国城
市化的省际差异研究》一文中通过城市首位度对我国省际差异进行考察，
其研究成果对促进当地发展和我国城镇化建设都具有举足轻重的作用。
周一星等（1988）[6] 在《我国城镇等级体系变动的回顾及其省区地域类
型》一文中对首位度指数做了进一步的完善和改进，将传统的两城市首
位度指数延伸到 4 城市首位度指数，对首位城市的评价更加客观化和科

---

① J. V. Henderson, Ways to Think about Urban Concentration: Neoclassical Urban Systems versus the New Economic Geography [J]. *International Regional Science Review*, 2000, 19, pp. 31 – 36.

② Moomaw, R. L. and A. M. Shatter, Urbanization as a Factor in Economic Growth: An Empirical Study [J]. *Journal of Economics*, 1993, 19 (2), pp. 1 – 6.

③ Alwosabi, M., *The Impact of Economic, Political, and International Factors on Urban Primacy* [D]. Oklahoma State University, 1995.

④ 严重敏、宁越敏：《我国城镇人口发展变化特征初探》，华东师范大学出版社 1981 年版。

⑤ 许学强、叶嘉安：《我国城市化的省际差异研究》，《地理学报》1986 年第 1 期。

⑥ 周一星、杨齐：《我国城镇等级体系变动的回顾及其省区地域类型》，《地理学报》1988 年第 2 期。

学化。此外，该文还阐述了我国省份的城市规模分类，被称为我国首位度拓展研究的代表性作品。顾朝林在《中国城镇体系——历史、现状、展望》一书中①对我国城镇体系进行分类，其主要依据是我国部分省份城市的首位度数据，他主要比较我国各省份城市在一年中的首位度变化，从而对其进行分类，并阐述出每个类型与经济发展的关联性。

自 20 世纪 90 年代至今，各国对首位度的研究日渐成熟，进入 21 世纪以后，城市首位度的含义不断得到延伸，尤其是不再将城市首位度仅仅用于衡量城市发展规模，逐渐被运用到研究区域之间发展差异和城市经济增长等领域，我国学者在研究首位度方面不断进行扩展和延伸。基于我国整体发展的角度，以下学者的首位度研究具有较强的代表性。

在首位度的认知上，沈迟（1999）② 提出，要正确认识并运用城市首位度。其在《走出"首位度"的误区》一文中提出了四种观点：在较小的区域研究城市规模变化的规律时不适宜过分依靠首位度衡量，这样会缺失现实意义；首位度值控制在多少要根据区域发展情况而定；某一地区的首位度并不完全是随着当地的经济和城市化发展在短时间内发生变化，即便是区域条件与理论研究限定的一致性，也并非完全可以接近预期值；用首位度确定下级城市的规模则会依据不足。因此，反对一味地套指标、划杠杠，而要结合现实情况具体分析。

汪明峰（2001）③ 在《中国城市首位度的省际差异研究》一文中对我国 27 个省份的首位度进行测算，这 27 个省份分别来自我国东部、中部和西部三个区域，测算时间为 1984—1997 年，采用比较分析法对我国各个地区的首位度进行全面的分析，结果表明：我国各地区的首位度水平在近几年发展中逐渐趋于统一，从变化的角度来说，我国东北地区首位度的变化幅度最大，每年都在急剧下降，而中部地区的首位度变化则比较平缓，造成这一现象的主要原因是地区经济发展差异。此外，该研究还指出，我国经济发展水平与首位度的差异呈负相关，我国各省份城市体系的规模分布主要呈现出向均衡位序—规模分布转变的趋势。

在近些年的研究中，徐幸子和赵涛（2011）④ 发表了《中国城市首

① 顾朝林：《中国城镇体系——历史、现状、展望》，商务印书馆 1992 年版。
② 沈迟：《走出"首位度"的误区》，《城市规划》1999 年第 2 期。
③ 汪明峰：《中国城市首位度的省际差异研究》，《现代城市研究》2001 年第 3 期。
④ 徐幸子、赵涛：《中国城市首位度浅析》，《企业导报》2011 年第 13 期。

位度浅析》一文，该文主要选取 2008 年的相关数据对我国 27 个省份的
首位度进行了对比，GDP 的运用是其主要创新点，该文通过对首位城
市的 GDP 与省域 GDP 的对比实现首位度的测算，并将结果与传统的两
城市首位度指标进行对比，比较分析得出：在固定的周期里，城市首位
度与首位城市 GDP 占区域 GDP 的比重呈正相关，但是，GDP 的比重超
过一定界限后，城市首位度便与其呈负相关。不同地区的首位度值呈现
出较大的差异。由此可以得出，区域的发展从本质上讲是从低级阶段的
聚集与扩散到高等级的聚集与扩散，是整体与局部互相作用所产生的
效应。

卢学法、申绘芳（2008）[①] 对杭州市的城市首位度进行了具体研究。
他们的《杭州城市首位度的现状及对策研究》一文在分析首位度具体内
涵的基础上，对杭州市首位度分别进行了经济、产业、科技、人才和文
化五个方面的比较，较为全面地分析了杭州作为浙江省首位城市的发展
现状。

陈彪等（2009）[②] 对首位度理论进行了系统性分析，并提出了影响首
位城市发展的影响因素，即经济发展和城镇规模，以湖北武汉为例，对
其城市发展规模进行对比分析，分别运用两城市、4 城市和 11 城市等方法
进行武汉首位度的测算，研究结果显示：（1）湖北省城市规模分布可归结
为首位分布类型；（2）具有较严重的城市规模体系不均衡性；（3）第二位
城市发展不尽如人意；（4）无法直接带动当地经济的不断发展。同时，该
研究还指出了湖北省的未来发展出路：应以市区为中心，逐渐向周边扩
散的发展策略，实现分阶段的人口和产业调整。

孔凡文等（2009）[③] 从沈阳经济区着手，对该区的首位度进行测算，
在研究过程中，结合首位城市沈阳的特殊地位，研究当地近些年首位度
发展的趋势，这一研究不仅在一定程度上展现了沈阳在沈阳经济区发展
过程中的重要作用，还指出沈阳经济区的发展还应更好地发挥出沈阳这
一首位城市的推动作用，以带动周边经济迅速腾飞，进而促进沈阳经济
区整体经济水平的不断提升。

---

① 卢学法、申绘芳：《杭州城市首位度的现状及对策研究》，《浙江统计》2008 年第 6 期。
② 陈彪、张锦高：《基于城市首位度理论的湖北省城市体系结构研究》，《科技进步与对策》2009 年第 12 期。
③ 孔凡文、才旭、王英华：《沈阳经济区城市首位度分析》，《辽宁经济》2009 年第 2 期。

芦洁（2014）[①] 利用耦合协调度模型，对新疆城市首位度与区域经济系统之间的耦合协调性进行了测算，定性与定量相结合地分析了城市体系对区域经济的影响，研究得出结论认为：从整体发展方向来看，新疆城市体系规模逐渐向有序方向发展；从地区角度来看，除哈密地区、喀什地区和和田地区呈现不同程度的上升趋势外，其他地区首位度都有所下降，同时绿洲城镇体系发展与区域经济协调度整体上呈现微弱的下降态势；从地区层面来看，昌吉州、伊犁州直属和喀什地区的城市首位度与区域经济系统的协调性呈现大幅度的上升，从一定程度上说明城市系统发展与区域经济系统之间具有较强的协调性，同步发展性较强。

黄新建、陈文喆（2014）[②] 在系统阐述城市首位度理论的基础上，运用时变参数模型，构建江西城市首位度同经济增长的关系模型，得出其首位城市对经济增长具有正向推进作用的结论，并指出不同发展阶段的促进作用存在差异，提出省域城市要转变发展模式，实现经济结构升级、优化城市环境、建立城市创新机制体制、提升首位城市的区域带动功能等对策建议。

董春诗、王宁夏（2015）[③] 对陕西省的城市首位度发展变化进行了研究，利用《中国统计年鉴》以及陕西省的有关资料，分析了影响陕西省城市首位度差异的主要因素，并通过比较《陕西统计年鉴》2010—2013年的四年数据，通过计算得出：当前陕西省城市首位度变化的一般趋势，对其存在的问题进行了分析并提出了相应的政策建议。

其他对于城市首位度的研究，大都基于区域性发展的角度，具体分析现实情况，根据各自省域的经济社会发展程度，提出鲜明的城市化观点。

孟令勇等（2010）[④] 率先敲开了研究县域首位度的大门，提出首位度及其对于小城市研究的不足之处，针对山东新泰市首位度现状做出分析，

---

① 芦洁：《新疆城市首位度与区域经济协调关系研究》，硕士学位论文，新疆师范大学，2014 年。

② 黄新建、陈文喆：《江西城市首位度与区域经济增长：模型与对策》，《统计与决策》2014 年第 5 期。

③ 董春诗、王宁夏：《陕西省城市首位度的发展变化研究》，《经济师》2015 年第 10 期。

④ 孟令勇、韩祥铭：《县域城市首位度及其城镇体系等级规模结构分析》，《小城镇建设》2010 年第 6 期。

计算新泰城市首位度，结合有关城镇体系的思路，对新泰市未来发展提出指导建议。

关于中部地区城市首位度的研究，于向英（2007，2008）[1][2] 对河南郑州市的相关研究具有代表性，通过中部六省份首位度值的排序、比较，分析郑州市在中部地区的情况，说明其城市规模同经济发展之间存在差距。其在《郑州城市首位度提升研究》中强调要转变发展方式，优化产业布局，完善城区功能，提高城区综合承载力，建设服务型政府，改善发展环境等措施，提升郑州市的城市首位度。王家庭（2012）[3] 利用2004—2008 年中国 24 个省份的面板数据实证研究了城市首位度与区域经济增长的关系，论证中部地区虽然大体进入了城市首位度对经济增长起反向作用的阶段，但首位城市缺少突出地位、经济发展多依靠科技含量较低的重工业、城市化水平较低等问题，提出中部地区要继续充分发挥首位城市的经济发展优势，改善经济发展方式，充分利用其他城市的资源流动，强化对周围腹地的辐射作用。程开明、庄燕杰（2013）[4] 采用首位度指数、城市规模基尼系数及马尔可夫转移矩阵描述中部地区城市体系规模分布特征与变动规律，解析城市体系演进的自组织与他组织机制。得出 1985—2010 年中部地区城市首位度经历先上升后下降的趋势，武汉市的首位城市地位未变但呈弱化趋势；中部地区城市规模基尼系数呈现出先上升后下降再上升的变动过程，城市体系规模分布相对均衡但近年来差距呈微弱的扩大趋势；中部地区城市体系的演进受到以要素集聚、结构调整和科技创新等为代表的自组织机制和以政府调控为代表的他组织机制的共同作用。

（二）城市首位度评价体系的扩展研究

上述理论研究基本上基于传统的首位度定义，即采用城市人口比重的研究公式，随着该理论的深入，一些学者对首位度概念进行扩展、补充，不断丰富、完善首位度的内涵，通过建立广义的、综合的首位度指标体系，以达到更具说服力、更能反映现实问题的目的。

---

① 于向英：《郑州与中部省会城市首位度比较》，《中国统计》2007 年第 5 期。
② 于向英：《郑州城市首位度提升研究》，《中国统计》2008 年第 8 期。
③ 王家庭：《城市首位度与区域经济增长》，《经济问题探索》2012 年第 5 期。
④ 程开明、庄燕杰：《中国中部地区城市体系规模分布及演进机制探析》，《地理科学》2013 年第 12 期。

　　首先对城市首位度进行延伸、扩展的是王馨（2003）[1] 在《区域城市首位度与经济增长关系研究》一文中的论述，该研究是较早建立广义城市首位度的典范。该研究把城市首位度体系分为一级指标和二级指标（见表 1-1），其数量分别为 4 个和 38 个，后期的研究也基本沿用该理论思路进行不断扩展和完善。确定指标后，采用网络层次分析方法确定指标权重，将我国 23 个省份作为评价的样本区域，计算出各省份的城市首位度得分。

表 1-1　　　　　　　　　　评价城市首位度的指标体系

一级指标	二级指标
人力资源	包括岁末总人口、人口自然增长率、第三产业从业人员比重、平均职工人数、职工薪酬总额指数等
经济发展	包括 GDP 总量、第三产业占 GDP 比重、产业年末总额、城乡居民存款总额、消费品销售总额、固定资产注资额、财政预期收入、国际直接投资等
环境与基础设施建设	包括客运总量、货运总量、全年供水量、全年用电总量、邮电业务总量、绿化覆盖率、园林绿地面积等
社会发展	包括科学研究总数、医院床位率、高等学生总量、公共图书馆总藏书量等

　　雷仲敏和康俊杰（2010）[2] 联合推出了一项研究，主要从广义角度重新对首位度进行定义，并构建了如表 1-2 所示的首位度评价体系。同时，选取了山东省 17 个地区进行研究，并通过实证分析、因子分析等方法对山东省域内地市的首位度进行了广义的测算，并对其进行了系统分类。此外，还对各个区域进行了关联度分析，分析指出各地区发展之间相互依赖的程度。他们指出，广义的城市首位理论和方法能够为研究城市群之间的关联性和细致分工提供良好的基础，城市之间存在梯度发展的程度越明显，就越能说明首位城市地位的重要性，这种梯度关系可以使各个城市之间的分工明确，促使整个地区经济健康发展。

---

[1] 王馨：《区域城市首位度与经济增长关系研究》，博士学位论文，天津大学，2003 年。
[2] 雷仲敏、康俊杰：《城市首位度评价：理论框架与实证分析》，《城市发展研究》2010 年第 4 期。

表 1 – 2   城市首位度的评价指标体系

一级指标	二级指标	三级指标
要素规模	总量规模	GDP 总量、人口规模、土地面积、投资总额、财政收入
	人均规模	人均 GDP、人均投资总额、人均财政收入、人均土地面积
	空间集聚	规模 GDP 聚集度、投资聚集度、建成区面积所占比例、城市化进程
产业发展	产业结构	工业结构指数、服务业结构指数、高新技术产业结构指数
	产出贡献	工业贡献值、服务业贡献值、高新技术产业贡献值
	产业效率	人员产出率指数、资金产出率指数、资源产出率指数
城市功能	公共服务	功能基础设施指数、文化服务指数、医疗条件指数、教育条件指数、社会保障指数、城市环境指数
	集散功能	客运集散指数、游客诱惑力指数、货物集散指数、信息收集指数、资金筹集指数
	创新功能	人才诱惑力指数、技术更新指数、产业更新指数、服务更新指数
	全球化功能	经济全球化指数、投资全球化指数、旅游全球化指数

　　较为翔实的首位度指标体系研究为康俊杰（2010）在《基于首位度评价的区域中心城市发展研究》[①] 一文中的论述。首位度综合结构的构建旨在对城市进行综合性评估，使研究结果更具有真实性、科学性和实际性。该系统主要是从规模、产业和功能三个方面对城市进行判定，再根据分析比较法，选择首位城市的最佳对象，然后利用原有的首位度测量方法对其进行首位度的测算。在评价指标的对比分析上，首先运用层次分析法，确定各个指标权重，对山东省 17 个地市的首位度进行计算；进而运用主成分分析方法，对 17 个地市的首位度现状进行评比排序，同时运用聚类分析方法将山东各区域进行归类。根据研究评估结果可知，青岛市无疑成为山东省的首位城市，并根据结合度的概念对青岛在山东省和该区域的首位度进行计算。测算结果显示，青岛市的首位度与预期值相比还相去甚远。结合这一分析结果，本书最终从三个层面即规模、产业和功能对提升青岛首位度提出相应的对策。

---

　　① 康俊杰：《基于首位度评价的区域中心城市发展研究》，博士学位论文，青岛科技大学，2010 年。

同样，针对青岛市首位度的问题，陈维民等（2010）① 发表了《青岛城市首位度评估分析及相关对策》一文，该文主要是将青岛市的首位度与其他区域的首位度进行比较，根据山东省城市首位度和关联度的评估结果，青岛市首位度指标并非排在首位，并给出了五项措施来加快青岛市首位度的提高：①加快青岛市的国际化步伐；②将城市规模优势提升到最大化；③实现产业关联度的提高；④加强首位城市对周边区域的辐射能力；⑤加强区域一体化进程。

上述相类似的研究方法还用于其他地区的研究中。其中，针对二线非核心城市——嘉兴市的研究就是使用李忠国和瞿嗣澄（2012）提出的聚类分析法和因子分析研究分析法。在《嘉兴市中心城市首位度提升研究》② 一文中，此研究为个别二线城市的发展提供了理论参考。通过比较研究，突出对比了嘉兴市的核心城区与一般市区的差别。因此，提出改善"强县弱市"的发展模式，实行以核心城市带动其他市区发展，区域合作带动共同发展的发展模式。此发展模式按照网格状实行，依照城乡结合发展的城市路线建设，让嘉兴市迅速成为长三角重点城市之一。

张璇（2012）③ 在《城市首位度的理论内涵与体系构建研究》一文中反复研究了关联理论，并进一步加深了首位度的探索范围，扩大了城市首位度的经济、文化和政治理论领域，并在影响城市首位度的基础因素（政治文化、经济前景、地理因素等）的前提下加深理论探索，提出了更具研究意义和深层次的城市首位度的评价体系，如表1–3所示。

表1–3 城市首位度的评价指标体系

一级指标	二级指标	三级指标
人口首位度	人口数量	人口总量、人口自然增长率、年末城镇人口数
	人口质量	恩格尔系数、人均寿命、人均可支配收入、人口密度、人均居住面积、高中阶段毛入学率、人均存款额、万人拥有私人汽车数
	人口结构	城镇人口比例、男女比例、老龄化占比、家庭规模

① 陈维民、雷仲敏、康俊杰：《青岛城市首位度评估分析及相关对策》，《青岛科技大学学报》（社会科学版）2010年第1期。

② 瞿嗣澄、李忠国：嘉兴市中心城市首位度提升研究》，《现代城市研究》2012年第3期。

③ 张璇：《城市首位度的理论内涵与体系构建研究》，《企业导报》2012年第16期。

续表

一级指标	二级指标	三级指标
经济首位度	经济总量	GDP 总量、社会消费情况、国家财政支出和收入预算、一般资产流入
	产业发展	工业总产值、规模以上工业总产值、规模以上工业企业个数、制造业产值、金融业产值、人均工业产值、入选"全国百佳产业集群"个数、入选"中国企业 500 强"企业个数、入选"中国民营企业 500 强"企业个数、入选全国"驰名商标"个数
	增长后劲	消费对经济增长的贡献率、各产业对经济增长的贡献率、二次产业中新型产业占比、三次产业中高新技术产业占比、人员产出率、资金产出率、城市化对经济增长贡献率、劳动人口占比、工业投资占比、高新技术产业占比、大中小企业构成比例、国有企业与民营企业数量比例和利润比例、规模以上中小企业产值和个数、驰名商标个数、城市有待利用的土地面积、地方债务的负债率
科学文教首位度	科技创新	高科技生产占总产值比重、科研创新的投入与支出、科技专利的申请额数目、科技交易的成交率
	教育体系	人均教育经费支出、科学活动人数占总人口比重、受高等教育人数占总人口比重、高等学校学生数、万人高校教师数、人均公共图书馆藏书
	文化发展	文化产业占比、文化产业增加值占 GDP 比重、文化机构数和从业人员数、万人剧场影剧院个数、旅游吸引指数、旅游总收入和总人数、国际互联网普及水平
城市功能首位度	公共服务功能	社会保险、医疗保险和社会救助的参保率、人均社会保障补助支出、政府民生投资占财政支出的比重、万人拥有公共汽电车、人均铺装道路面积、万人病床数、万人医生数
	国际化功能	外商直接投资、对外贸易依存度、引进世界 500 强企业个数和资金额、外商合同成交额、国际旅游人数、国际旅游收入
生态首位度	水方面	水资源消耗强度（万元产值水资源消耗）、工业废水排放达标率、城市生活污水集中处理率、城市水环境功能区水质达标率
	气方面	污染物排放强度（万元产值的"三废"排放总量）、区域环境噪声和交通干线噪声达标覆盖率、空气污染指数
	能耗方面	原材料消耗强度（万元产值的主要原材料消耗）、能源消耗强度（万元产值的能源消耗）
	其他方面	建成区绿化覆盖率、人均公共绿地面积、人均污染源治理全年投资、工业固体废弃物综合利用率、生活垃圾无害化处理率

朱军、刘艳（2015）[①] 指出，现代城市是一个经济社会各方面因素交织的复杂综合体，选择首位度评价指标时，要兼顾多方面、多层次的因素，选取人口和产业这两个指标作为评价的重要指标，将科技创新列为评价城市首位度的关键指标，认为人力资源是一个城市发展最重要的生产力，经济发展是城市发展的中心内容，科技创新是城市发展源源不断的推动力，社会服务能力决定城市的聚集力，是城市本质的体现，这几个指标基本上能够从不同侧面和层次体现一个城市在区域经济发展中的优势度和影响力，最后确立从人口首位度、经济首位度、科技创新首位度和社会服务能力首位度四个方面考虑建立城市首位度评价指标体系。在考虑数据的来源便利、评价简易科学的基础上，建立如表1-4所示的指标体系。

表1-4　　　　　　　　　城市首位度评价指标体系

一级指标	二级指标
人口首位度	市辖区人口数
	全市总人口数
	人口自然增长率
经济首位度	国内生产总值
	人均国内生产总值
	全社会固定资产投资
	进出口商品总值
	公共财政预算收入
	社会消费品零售总额
社会服务能力首位度	建成区面积
	人均城市道路面积
	万人拥有公共汽车数
	污水处理率
	医院、卫生院床位数
科技创新首位度	专利授权量
	科技创新首位度专利转化率
	高新技术产业增加值占工业增加值比重

三　城市首位度与区域经济增长研究

城市首位度与经济发展有一定的关系，国外研究经验丰富的相关学

① 朱军、刘艳：《城市首位度的内涵和研究状况概述及评价体系构建》，《大众科技》2015年第3期。

者从一些发达国家城市化数据中得出各个城市的城市化有相类似的发展趋势，这种趋势简称倒"U"形趋势，也就是说，城市化迅速发展到顶峰时，城市首位度也伴随最高点，随后伴随完善的发展，城市的首位度又会随之下降。经济贫困的城市，城区数目比较少，地区之间的贫富差距大。首位度城市的工业相对集中，导致首位度城市比其他城镇的发展水平高出许多。除个别面积小的发达国家之外，一般的发达国家的城市首位度数值都比较小。目前，国内研究文献并不多见，典型的有以下几个研究成果。

首位度整体评价表是王馨（2003）[①] 发现并且研究出来的。在该评价表中，王馨收集了各个城市的经济发展数据并与相关城市的首位度状况进行参照对比，发现城市首位度的发展与其经济发展状况没有太大的相互促进的关联，即城市的经济发展增长率与城市的首位度并不成正比例关系。因此，王馨采用聚类分析的方法，用临界数值2.5作为区分经济发展速度是否高于国家平均水平的标准。经过分析各个省份的GDP增长数据，首位度超过2.5的区域则高于国家的经济平均发展水平；反之则低于国家的经济平均发展水平，造成这种情形的原因与国家的政治局势、经济模式、社会属性都有一定的关联。

徐盈之等（2011）[②] 发现了中国区域经济发展与空间聚集的关系，这个重大发现是徐盈之等在研究了西方学者增长模型的前提下，创建崭新的门槛回归模型，再通过对部分省份1978—2008年的经济发展数据分析得出来的。此外，威廉姆森假说对发现也有一定的参考意义。研究得出，空间聚集对经济发展具有一定的促进作用，但并非成正比例关系，而是非线性关系。当空间聚集没有达到上限时，对经济增长起到了促进作用；相反，当空间聚集超过上限之时，则会使经济呈现呆滞不前的状态。事实证明，中国存在威廉姆森假说，除此之外，中国的经济发展出现多元化发展，即发散发展，同时也拥有趋同的发展趋势。

最为典型的城市首位度与经济增长关系的研究是由南开大学王家庭进行的，其根据威廉姆森—汉森假说研究我国区域城市首位度与区域经

---

① 王馨：《区域城市首位度与经济增长关系研究》，博士学位论文，天津大学，2003年。
② 徐盈之、彭欢欢、刘修岩：《威廉姆森假说：空间集聚与区域经济增长——基于中国省域数据门槛回归的实证研究》，《经济理论与经济管理》2011年第4期。

济发展的关系。具体方式是：将我国分为东部、中部和西部三个区域，收集区域中一些省份 2004—2008 年的经济增长数据，并将这些面板数据与其城市首位度进行回归关系式分析。此研究成果总结在其《城市首位度与区域经济增长》(2012)①一文中，结果表明，正 N 形（见图 1-2）为我国区域经济增长与城市首位度的关系；然而，反向作用的阶段（S^* 点左侧为目前所处阶段）是我国大部分省域城市的经济增长与城市首位度关系的发展状况。这种城市首位度与我国区域经济处于反向作用的状况均出现在东部区域（见图 1-3），而正、反作用共同发展趋势出现在我国中西部地区（见图 1-4 和图 1-5，两地区省份分布在 S^* 左右两侧）。对于这种状况，必须因地制宜，制定适当的政策发展区域经济，对于城市首位度的发展要结合实际情况，适当减缓或加速。除此之外，要加强各个区域的经济合作，以使资源、人才得到流通，形成区域协作、促进共同发展。

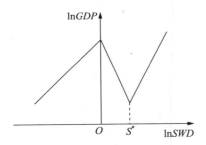

图 1-2　全国城市首位度与
经济增长关系

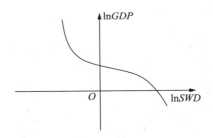

图 1-3　东部地区城市首位度与
经济增长关系

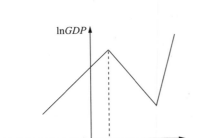

图 1-4　中部地区城市首位度与
经济增长关系

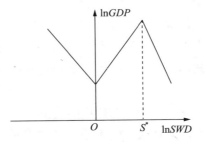

图 1-5　西部地区城市首位度与
经济增长关系

---

① 王家庭：《城市首位度与区域经济增长》，《经济问题探索》2012 年第 5 期。

周志鹏、徐长生（2014）[①] 采用空间面板杜宾（Durbin）模型，实证检验了中国城市首位度与经济增长的关系，并将城市首位度对经济增长的总效应分解为直接效应和间接效应。得出结论认为，我国城市首位度与区域经济增长不存在非线性关系；从短期看，本省份城市首位度对本地和相邻地区经济增长的影响分别是不显著正向、显著负向关系；从长期看，城市首位度对本地经济增长的直接效应不显著为正，间接效应显著为负，总效应不显著为负。研究表明，龙头带动的城市空间布局发展战略，从短期看，会带动本地经济发展，但会对邻近地区经济发展产生阻碍；从长期看，龙头带动的发展战略则会对本地经济发展产生阻碍作用，长期更应采取均衡战略。

第三节　城市规模相关理论

城市首位度研究的是区域首位城市发展的相关问题，从首位度的计算公式可以看出，其衡量的基本问题就是区域内最大城市的规模问题，从这个角度来讲，城市首位度与城市规模具有密切联系，因此，城市规模理论为城市首位度的研究奠定了一定的基础。

城市规模一般是指在适当的城市空间中进行空间的集中，包括资源、人口和商品等集聚，城市的经济利益大小也作为城市经济研究的项目之一。城市规模从经济规模、市人口规模和空间规模三个方面来定义，这三个方面互相依赖、相辅相成，是城市规模组成的必要条件之一。空间集聚形成了集聚经济，集聚经济促进了城市的形成，其中，人口集聚既是人口规模不断扩大的条件之一，也是刺激城市消费、促进城市经济增长的因素之一。另外，城市的规模扩大有赖于人口规模的扩大和经济的腾飞。

一　影响城市规模的因素

产业和人口的集聚使城市形成、扩张，而城市是集聚经济反映的平台。集聚经济的规模与城市的规模是因果关系。另外，城市规模受到人

---

① 周志鹏、徐长生：《龙头带动还是均衡发展——城市首位度与经济增长的空间计量分析》，《经济经纬》2014 年第 9 期。

口和产业集聚规模的影响。新经济地理学模型强调一国经济增长中的产业集聚效应及与之相联系的规模收益递增效应或外部经济效应。在厂商之间的生产过程中，存在规模盈利，也是增幅经济，是由多种类多范围的企业在特有的地域范围内集中，中间产业正是有了这样的支持，才能更熟练地开拓出劳动力市场、知识传播、技术交流的发展等通道，这种外部性效应即为马歇尔外部性（Marshall，1920）[1]；企业与企业的经济利益应该归类到城市规模经济当中（即城市化经济），是属于雅各布斯外部性（Jacobs，1969）。[2]

　　城市规模的影响因素可以归结为两大类：一类是政府因素，另一类是市场因素（见图1-6）。提高城市管理水平、增加城市交通等基础设施投资可以改善城市交通状况，从而促进人口的合理分布，在有限的空间内容纳更多的人口。市场的因素又可分为集聚力和分散力。集聚力指的是

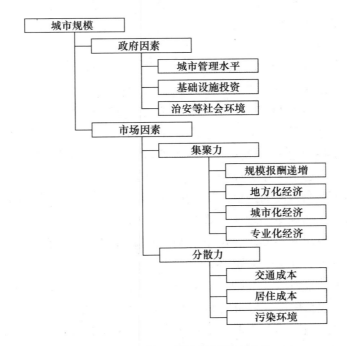

图1-6　城市规模的分级影响因素

① Marshall，*Principles of Economics*［M］．Macmillan，1920.
② Jacobs，J.，*The Economy of Cities*［M］．New York：Random House，1969.

规模报酬递增、地方经济、专业化经济、城市化经济所带来的外部性收益对企业和人口的吸引力；分散力主要是指城市交通成本、环境污染、居住成本等因素对企业和人口迁移决策的影响。城市规模在政府和市场两类因素的共同作用下不断发生改变。政府城市管理水平提高，减少城市人口集聚中产生的污染、拥挤等负外部性，降低城市犯罪率，改善城市环境有利于提高城市居民的效用水平，从而吸引更多劳动人口迁入；城市的集聚效应使城市经济发展程度不断提升，为城市规模扩张提供基础。

二 城市规模效益理论

不同规模的企业产生的效益不同，所得利润也不同。企业规模大小的盈利分析涉及的是企业的生产力大小变化与产量变化的函数关系。一般来说，用所有的生产力因素、用同样的比例发生变化定义企业的生产力程度的变化。相应地，企业规模大小所盈利的变动是指其余客观存在不改变的前提下，企业各部门多种生产要素相结合按照规律演变所带来的生产力的变化。

与企业的规模效益类似，城市也有其自身的规模效益。集聚效应是主要根据城市化程度所产生的效益，是因为社会中经济的变动带动空间的聚集而造成的集聚经济与各种产业间聚集却不发生经济活动的结果，受到两种不同力量的推动：一种是集聚经济作为动力推动城市化的进程；另一种则是各产业聚集却又限制阻碍着城市的升级换代。城市不单单是一个聚集区，还是文化、环境、社会等要素相互作用的集合，更是社会贸易活动中不断聚散的结果，长久地处在聚集与散发的相互作用力之中。

城市的盈利规律是现实存在的，是遵循着客观规律的，在没有超脱出客观发展规律的准则下，城市的利益与城市的区域性大小之间存在正相关性，城市的社会效应也必须在有一定程度发展的大城市才可以有效地表现出来。朱帆（2001）[①] 提出，对于资金缺乏、经济相对落后的发展中国家，也包括中国，城市的利益大小具有特别重要的意义。在物质上，总的趋势是大城市的开发和发展中，大规模的城市能够更有效地利用土地资源、利用有限的生产力和劳动力。相对于小城市，大城市才能得到更好的经济优势和社会优势，因为大城市受到聚集效应和规模效应的影

---

① 朱帆：《浅析城镇体系与区域经济发展的关系》，《当代建设》2001 年第 2 期。

响，所以，能够较好地治理地理环境，更有效地开发资源，提高利用率。于是在城市化进程的初、中期阶段，大规模的城市可以利用它的优势飞速发展，从而能够带动周边地区，影响整个国家的经济，也推动了城市化的进程，成为国内的一线城市。多种要素共同涌向大城市，这是世界各地在城市化进程中的一般现象，也是需要遵循的客观准则。社会是一个不断发展的过程，其生产形式、生产力的高低都会不断地改变，多种生产因素向着更高的水平发展，向着水平更高的地域涌动，是社会进步的一个主要表现。城市化进程的初期阶段，大城市比小城市具有更先进的生产方式和聚集程度。

因此，大城市周围地区的各种资源加速向大城市集中。这一时期，城市范围增大，则社会利益就越高，城市规模的利益也就越突出，这反映出城市的规模效益是存在规律的。茅于轼①曾在2000年通过对城市大小与经济发展研究其存在的差别上，发现城市大小利益规律是有它存在的现实依据和历史证明的。第一，大城市的社会经济文化发展起源较早、有较为完善的经济结构，且整个市场的发展也更成熟，所以，在相关运营管理方面，也有更为完善的管理体制与更高的管理效率，使其城市聚集效应远远超过小城市的聚集效应。而良好的社会环境又能够给城市发展提供有力的基础，使城市发展速度不断加速，远远超过小城市的发展。第二，大城市因为其社会经济水平较高，所以，员工薪资较小城市也高一些，人们对于高薪的追求使更多的劳动力从小城市走入大城市，而大城市人口密度的不断增大造就了更多的商机，投资者将资金投入大城市，一方面加速大城市经济发展，另一方面谋取经济利润。

三　城市最优规模理论

目前，众多学者提出了很多不同的判定城市规模最优与否的方法，现今最被广泛认可的就是基于微观经济学中对于行业最优生产量和价格的确定方法。② 借鉴此方法，从城市宏观层次上进行成本与收益对比，同微观研究方法一致，首先要明确四个概念：

（1）城市平均成本（AC）：是指城市总成本的人均值或地均值。通

---

① 茅于轼：《城市规模的经济学》，《中国改革》2000年第12期。
② 藤田昌久、保罗·克鲁格曼、安东尼·J.维纳布尔斯：《空间经济学：城市、区域与国际贸易》，梁琦译，中国人民大学出版社2011年版。

常情况下，曲线 AC 与城市规模之间的关系成反比例关系，但是，在某一阶段中，曲线在城市规模扩大的过程中将会不降反升。

（2）城市边际成本（MC）：这里的边际成本实际上是指城市人口增减一个单位而造成的总成本的变动情况。MC 曲线通过 AC 曲线的最低点，表明两者之间有着客观的联系，而这种联系的具体内容不在本书的研究之内，故不做过多探讨。

（3）城市平均收益（AR）：城市总收益的人均值或地均值。在相当长的一段区间内，该曲线合成与规模之间成正比例关系，这是因为，当时城市规模进一步扩大的过程中，城市居民的收入水平必然出现一定程度的上升，但是，在城市规模扩大到一定程度之后，这种上升将会遇到"瓶颈"，这就直接导致了曲线 AR 增长率并不会继续保持和城市规模之间的正比例关系。也就是说，超过 AR 增长率为零的点之后，曲线的斜率将变成负值。

（4）城市边际收益（MR）：是指城市人口增减一个单位而造成的总收益变动的数值。MR 曲线通过 AR 曲线的最高点。

相对于微观经济学中的产量最优报酬点的界定模式，该方法有一定的相同之处。图 1-7 综合了该方法的基本思想，其中，a 点（AR = AC）代表了实际意义上的城市最小合理规模，如果规模低于该点，那就表明规模不经济；b 点为 AC 最低点，平均成本最小；c 点为 AR 与 AC 之间差值的最大点，此时城市平均净收益最大；d 点（MR = MC）为城市最优规模点，超过此点，城市边际净效益为负；e 点为 AR 最大点，平均收益水

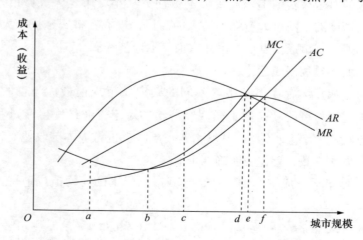

图 1-7　城市最优规模的确定

平在该点之后将会出现明显的下降趋势；f 点（AC = AR）为城市规模的一个"瓶颈"，也就是说，平均成本将在超过该点之后明显地超过平均收益，规模不经济。而在成本收益角度加以分析可以发现，AR = AC，城市规模的增长是有意义的。因此，图 1 – 7 中，d 点才是研究中的最优城市规模点，即边际收益与边际成本相等（MR = MC）的点所对应的城市规模为最优城市规模，此时的城市净规模收益最大。

世界知名社会经济学家索洛（Solow，1973）[①] 针对上述问题提出了自己的看法，他认为，在传统经济地理理论中的单中心城市模型一般情况下并不将城市内部的拥挤成本纳入考虑的范畴之内，这就直接导致在模型中的中心地段的地价被严重高估，那么竞租曲线在具体的应用过程中也就无法有效地代表社会成本了。和这一观点相类似的还有哈维（Harvey，1981），在其研究报告中重点指出，包括土地和劳动力在内的多种成本都应被纳入城市平均成本曲线中来，只有这样，才能够真正反映出城市规模效益水平。实际上，城市规模扩大的初期，由于人均收入水平的提升而导致社会成本的下降和社会收益平均水平的提升；随着人口规模扩大，人口集聚造成的居住成本、污染、拥挤等社会成本急剧上升，平均收益呈下降趋势。在城市空间的总体水平不发生明显改变的情况下，随着城市居住人口总数量的增加，城市的内部拥挤程度必然直接抬高社会成本，基于这一情况，在处于 AR > AC 的阶段，那么应通过一些措施来吸引劳动力人口进城；当处于 AR = AC 的临界点的时候，那么城市居住人口则达到饱和水平。这一状态并不一定是城市的最优人口规模。城市最优人口规模是城市的边际收益与边际成本相等即 MR = MC 时的人口规模。

最优城市规模是城市产业机构、空间形态等因素作用下的一个均衡值，随着产业结构、空间形态的演变而发生变化，具有动态特征。亨德森（1974）[②] 在其发表的文章中指出，理性经济人行为的影响必须得到更多的关注和肯定，他认为，经济参与者不断地追求自身福利，是城市规模结构不断优化的内在动力。他构建了城市规模扩张路径的分析框架，特别强调了规模经济收益率与土地产出率是影响最优城市规模的关键因

---

① Robert M. Solow, Congestion Cost and the Use of Land for Streets [J]. *Bell Journal of Economics*, 1973, 4 (2), pp. 602 – 618.

② J. V. Henderson, Optimum City Size: The External Diseconomy Question [J]. *Journal of Political Economy*, 1974, 82 (2), pp. 373 – 388.

素。从 Fujita（1976）开始，越来越多的研究者利用动态模型分析空间集聚。Kanemoto（1980）在其研究报告中通过构建一个相对完善的最优增长模型来探讨稳定的城市规模。F. Masahisa 和 P. Krugman（1999）则通过对当前阶段社会经济发展过程中的一般性特征的讨论，研究了空间动态性。① 而针对这一问题，卢卡斯（Lucas, 1988）则在研究成果中重点强调了城市人力资源水平的重要意义。M. Berliant 和 P. Wang（2004）利用内生增长模型分析集聚与增长之间的动态关系，发现空间相互影响过程中知识交流会导致更高的增长，并分析了经济增长导致空间集聚之间的机制。②

由于城市规模扩张中的社会收益与社会成本难以度量，国内的研究者采用各自不同的标准对城市最优规模进行了研究。

李秀敏等（2007）③ 曾经指出，在当下行政区划下，通过构建面板模型并代入全部 211 个规模以上城市，其规模收益水平和外部成本之间的关系是可以被认知的，她的研究成果中重点强调了城市规模的最佳水平为 270 万常住人口的结论，同时在她的研究过程中还发现，我国当前阶段的城市在发展过程中受到多种因素的影响，一般都处于集聚阶段，其外部成本的增长水平一般都低于城市规模收益增长水平。

许抄军等（2008）④ 的研究报告则强调了城市人口规模在资源方面的限制条件，基于此，首先确定了我国最优城市规模的人口数量和适度城市规模的人口数量，其次得出东部、中部和西部各自的城市规模与人口素质、环境质量之间均存在"U"形或者"N"形曲线的关系；在我国当前可持续发展战略的指导下，必须从城市的发展前景和现阶段的发展水平出发来对其规模加以限制。

张应武（2009）⑤ 通过对所收集和整理的 2002—2006 年我国 285 个

---

① Masahisa, F., Krugman, P., Mori, T., On the Evolution of Hierarchical Urban Systems [J]. *European Economic Review*, 1999, 43: 209 – 251.

② Berliant, M. and Wang, P., Dynamic urban models, agglomeration and growth [J]. *Elsevier Science*, North – Holland, Amsterdam, 2004: 531 – 581.

③ 李秀敏、刘冰、黄雄：《中国城市集聚与扩散的转换规模及最优规模研究》，《城市发展研究》2007 年第 2 期。

④ 许抄军、罗能生、吕渭济：《基于资源消耗的中国城市规模研究》，《经济学家》2008 年第 4 期。

⑤ 张应武：《基于经济增长视角的中国最优城市规模实证研究》，《上海经济研究》2009 年第 5 期。

城市的经济发展水平方面的信息资料，通过规模分布函数对城市最优规模水平进行了估算，他在研究报告中指出，500 万常住人口在我国当下经济发展水平中是最为合适的，而且这一数据同样具有非常明显的地域性特征，我国经济发达的东部沿海地区和西部欠发达地区的城市最优规模应有明显的差异。

刘永亮（2009）[①]在《城市规模经济研究》一文中对最大化的城市规模经济进行了探究。他认为，城市规模的进一步扩大主要受到经济因素的影响，因此，他从城市效益角度对这一问题展开了研究，通过大量的实地走访获得了第一手资料，并对城市规模经济的基础性问题进行了系统的分析和探讨，以此为基础为我国城市化过程中城市规模的扩大提供了坚实的理论依据和数据支持。在他的文章中，极大地提升了城市规模经济的内涵，衍生了一系列的研究理论，对城市规模经济的应用范围的扩大起到了不可忽视的重要作用。同时，他通过对包括因子分析、回归分析等多种分析的综合应用，科学而合理地界定了城市规模经济的定义。

在城市发展过程中，必然受到外部性特征的客观影响，这是不可忽视的特征之一。肖文、王平（2011）[②]在分析福利水平和城市规模之间关系的过程中发现，最佳城市规模和外部规模经济之间具有一定程度的反比例关系。

武俊奎（2012）[③]的研究中通过对新经济地理学以及内生增长理论的引入，对我国当前阶段市场经济环境下的城市规模的增长进行了研究，研究报告指出，在城市规模的扩大过程中，对环境造成的影响随着时间的增长而改变。同时他们还指出，政府通过行政手段来控制人口流动以实现降低碳排放量的做法是不可取的，为了实现低碳城市化的目标，必须通过城市规模的扩大来实现。

《多样化、专业化、城市规模与经济增长》一文（孙晓华等，

---

①　刘永亮：《城市规模经济研究》，博士学位论文，东北财经大学，2009 年。

②　肖文、王平：《外部规模经济、拥挤效应与城市发展：一个新经济地理学城市模型》，《浙江大学学报》（人文社会科学版）2011 年第 1 期。

③　武俊奎：《城市规模、结构与碳排放的影响》，《城市发展研究》2012 年第 3 期。

2013）① 引入了当下最为流行的聚集经济外部性理论，在他们的研究中，通过对我国 281 个地级市的相关数据分析，研究了 2003—2008 年城市化过程中城市经济和城市规模多样化、专业化之间的联系，证实了多样化和专业化对地区经济增长的作用受城市规模的影响，尤其是特大型城市，多样化的经济增长作用明显而专业化作用较弱。多样化和专业化能够从多个角度对城市规模产生影响，城市发展战略应根据城市规模的角度进行部署。

王俊、李佐军在《拥挤效应、经济增长与最优城市规模》一文（2014）② 中运用新古典经济框架建立了一个经济增长模型，系统地分析了拥挤效应、经济增长与最优城市规模的关系。通过构造城市规模扩大而产生的拥挤效应函数，假设城市规模扩大产生集聚效应表现为拥挤效应的降低，并将拥挤效应引入生产函数，分析经济稳态的演化路径，可得到最优的城市规模、合理的城市拥挤程度和稳定的经济增长速度，并分析了扰动稳态的变量对演化路径的影响。根据分析总结了三个结论：①长期：无论城市的拥挤效应是否影响生产函数，实物资本存量和经济增长速度均收敛于稳态，城市规模均收敛于最优城市规模，稳态时，城市聚集产生的正效应等于拥挤产生的负效应。②短期：外生冲击（基础设施的改善、绿化面积的增加、交通条件的改善等相关的引导政策）会影响长期经济均衡的位置，改变城市的最优规模，减少拥挤效应的措施会扩大城市最优规模。③横向而言，不存在统一的最优城市规模，不同等级的城市都有其不同的最优城市规模；纵向而言，城市的最优规模是一个动态过程，随着时间变化，因不同的外部条件而改变。因此，在不同条件下，最优城市规模是存在且可变的，不存在统一的最优城市规模，城市化进程应该因时、因地、适度而有序地进行。另外，该文还给出了一个估算最优城市规模的简单模型，可以从中推断最优城市规模扩大的速度关键取决于拥挤程度缓解或集聚效应增长的速度。

我国的国情客观上要求我们必须实施大、中、小城市协调发展的战略，这是我国城市化进程当下所处的阶段所决定的。而城市化过程中出

---

① 孙晓华、周玲玲：《多样化、专业化、城市规模与经济增长》，《管理工程学报》2013 年第 2 期。

② 王俊、李佐军：《拥挤效应、经济增长与最优城市规模》，《中国人口·资源与环境》2014 年第 7 期。

现"城市病"问题,可以通过提高城市管理水平、合理化城市空间布局等措施加以缓解和避免。因为我国人口基数十分庞大,人均耕地面积较少,在城市化进程中,我们需要时刻从可持续发展角度出发思考问题。基于上述情况,城市规模的扩大必须从当地的自然环境、社会经济发展条件等因素出发,按照城市化规律来进行扩展,最大限度地降低外部成本,提高城镇的经济作用,以此为基础来获得更好的经济效益、社会效益。同时,其规模还必须受到人口、科技水平以及基础设施等外部水平的限制。

第四节　区域中心城市研究理论

本书研究的中心城市的概念实际上是一种相对于经济发展水平欠佳城市的概念,主要是指在某一范围内具有强大经济、文化、政治辐射能力的城市,根据城市首位度研究中首位城市的特征,所谓首位城市即为某区域的中心城市,两者在很大程度上属于同一范畴、拥有共同含义。因此,中心城市的相关研究为首位城市的发展提供了良好的依据。

从全局角度来加以分析可以发现,中心城市在区域经济的发展过程中起到了"领头羊"的作用。中心城市经济发展水平高、综合功能和服务完善,是带动周边区域经济发展的各种行政组织和团体的统一体。从区域一体化的角度出发,区域中心城市的各方面情况都处于区域内领先地位,而且对于周边城市具有十分强劲的辐射能力。在一定的区域内,中心城市与周边区域相互依存、联系紧密。具体来说,包括人力资源、资金、各种资源、技术和信息等要素在不同地域之间的交换和流动。而这些"流"主要是通过空间聚集和空间扩散的形式进行运动的,也正是通过以这一运行形式为中心城市提供了强大的吸引力。通过扩散功能,中心城市将城市的产品和技术扩散到周边城市,促进区域经济的整体发展,这些都是区域首位城市所具有的共同特征。

一　国外关于中心城市发展的基本理论

中心地理论是本书所研究的重点问题——中心城市理论的起源,从本质上说,中心城市理论是该理论的延伸和深化。克里斯泰勒(W. Christaller)在1933年首次提出这一理论后,就引起了学术界的激烈讨论。该理论从区位格局入手，对中心地区的规模、职能和人口之间的关系做出了细致的总结，后来的中心—外围理论、增长极理论、循环累积因果理论等一系列理论都是对该理论的发展。中心—外围理论由约翰·弗里德曼（John Friedmann）在 1966 年提出，中心与外围这两个内容是相互影响、不可分割的，组成了良好的二元经济发展体系，在社会经济开始进步时期，中心—外围存在很显然的分界线，在中心地区，存在对经济繁荣有利的各种因素，经济发展水平较高，因此，在发展过程中起统治和控制作用；相反，由于缺少对经济发展有促进作用的因素，外围地区经济发展较缓慢，发展水平较低，因而属于从属地位。因此，在比较收益的驱动下，各生产要素必然从外围区域向中心区域加速集聚。随着经济的持续发展，政府采取了各种干预手段，两者的界限也没有之前那么清晰，实现了经济一体化的发展，各地的优势得到最大的发挥，各地经济发展的差距也逐步缩小。

弗朗索瓦·佩鲁（Francois Perroux）通过对当时社会经济发展和城市规模扩大之间的关系的研究，创造性地提出了"增长极理论"[①]，在该理论中，不同地区经济增长是有着必然性的，区位优势是促进区域增长的重要前提，通过对经济增长极的优化，区域将会在经济方面具有更为强大的辐射能力，并将极化效应转化为金融资本、人力资本等方面的内容，然后再将这些资源向周围进行辐射。经过实践证明，增长极理论能促进城市以及周边区域的经济迅速发展，因此，城市和周边区域在发展当地经济时，要以该理论为指导依据，以中心城市带动周边地区经济的快速增长。

冈纳·缪尔达尔（Gunnar Myrdal，1957）[②] 是瑞典著名经济学家，他认为，一个国家、区域的经济发展不是一成不变的，而是随着外界环境的变化而变化的。在此过程中，各种因素相互联系、互为因果，某个因素发生变动就会引起具有强化作用的另一个因素的变动。而这个"被变"的经济因子又会对其他社会经济因子产生不同程度的影响，通过多次的变动和相互影响，促进了社会经济的不断发展。在社会中，有经济发达

---

① 吴旭晓：《基于复杂系统理论的区域中心城市内涵式发展研究》，博士学位论文，天津大学，2011 年。

② Gunnar Myrdal, *Economic Theory and Underdeveloped Regions* ［M］. Gerald Duckworth & Co., 1957.

的地区，就有经济落后的地区。一般来说，那些经济发展缓慢，甚至倒退的区域，其各种经济因子的强化作用不明显，对发展起推动作用的外部力量也薄弱；而经济发展迅速且不断进步的区域，拥有较优越的外部力量。由此下去，就会出现区域贫富差距拉大的现象，富裕的地区越来越富，贫穷的地区越来越穷。他以循环积累因果为依据，指出某地在发展经济的前期，仅仅靠城市本身是很难进步的，一定要依靠政府的大力支持。因此，针对那些有各种有利因素的城市，政府要优先发展这类地区，并对其实施政策支持，使该地优先发展并富裕起来，再通过经济的辐射作用，带动周边地区的发展。经济富裕的地区并不是绝对的，还存在贫困的地区，当经济水平达到一定的高度时，就会产生贫富差距；为了缩小贫富差距，使各个地区之间均衡进步，那么政府就要采取积极手段来促进贫困地区的经济发展。

另外，对于中心城市的发展问题，众多国外学者也进行了不同视角的研究。卢克·安塞林和厄内斯特·G. 阿里亚斯（Luc Anselin and Ernest G. Arias，1983）[①] 构建了集成社会、经济、物理规划、城市设计等维度的中心城市重建决策支持系统，并以俄亥俄州哥伦布市为例验证了该模型的适用性。安纳斯、阿诺特和斯莫尔（Anas, Arnott and Small, 1998）[②] 认为，美国的都市区人口分散化的一个重要原因是收入增长。霍拉和迈克尔（Hollar and Michael, 2004）[③] 探讨了中心城市和郊区之间在经济上的相互依赖性和竞争性。Tamar 和 Shroitman – Sarig（2006）[④] 仔细调查分析了美国几个发达地区在 1950 年的经济情况，采用了典型分析法和多元回归分析法，从调查中可知，一个地区的经济发展繁荣程度与市民压力承受力、经济负担及中心城市的组成有一定的联系。Triggs 和 Seth

---

① Luc Anselin and Ernest G. Arias, A multi – criteria framework as a decision support system for urban growth management applications: Central city redevelopment [J] . *European Journal of Operational Research*, 1983, 13 (3), pp. 300 – 309.

② Anas, Arnott and Small, Urban Spatial Structure [J] . *Journal of Economic Literature*, 1998 (34), pp. 1426 – 1464.

③ Hollar, Michael, Central cities and suburbs: Economic rivals or allies? [D] . The George Washington University, 2004.

④ Shroitman – Sarig, Tamar, Downtown characteristics and regional economic performance [D] . Cleveland State University, 2006.

Curtis（2008）[①] 采用主成分与判别分析对加拿大和美国中心城市发展的影响因素进行了比较研究。诸如此类研究还有很多，此处不再赘述。

二　国内对于中心城市理论的研究成果

我国学术界对中心城市理论的研究同样开始于 20 世纪 80 年代，根据中心城市在某一地区经济进程中的所处位置和所起的作用来对中心城市进行定义、范围确定和相关问题探索，以更深入地探讨研究中心城市的经济发展。

（一）中心城市形成发展研究

在德国地理学家克里斯泰勒的"中心地理论"基础上，中国科学院地理科学与资源研究所陆大道（1986）[②] 提出了点轴开发论。该理论提出，在全国或地区范围内，确定区域内具有有利发展条件的基础设施轴线，在轴线地带内有选择地重点发展若干个点即发展中心。由于各地区经济发展水平的逐渐进步，经济发展观念的与时俱进，经济发展的方法有了明显的变化，由发展重要经济区逐渐转向发展非重要的区域。在该理论中，"点"与"轴"分别指的是区域内各级别的中心城市和连接中心城市的带状基础设施。这一理论的提出，一方面特别注重中心城市经济辐射作用，另一方面又强调了带状基础设施和地区经济结构的有机组合，因此，该理论对城市经济的发展有较大的现实指导意义。

基于点轴开发理论，魏后凯（1998）[③] 提出网络开发理论。该理论作为点轴开发理论的延伸和继续，是经济先发地区实现区域整体均衡发展的一种方法。该理论认为，当一个区域的经济结构基本成型、点轴体系较为全面时，如果对其进行更好的发展，就能实现现代地区空间发展布局，采用网络开发方法，更快地推动城乡经济发展的一体化格局，进而使地区经济一体化成为可能。他指出，要想网络开发模式有更好的发展，又能促进经济的飞跃，有三个基础要素要具备：第一，使用网络开发理论要以极点开发和点轴开发为前提；第二，该区域的经济实力必须达到一定发展阶段，综合经济实力较强；第三，该区域应该进入到了工业化的中后期阶段。同时，魏后凯指出，实现网络开发必须同时具备三大构

[①] Triggs, Seth Curtis, A model of Canadian and American central city vitality ［D］. State University of New York at Buffalo, 2008.

[②] 陆大道：《2000 年我国工业生产力布局总图的科学基础》，《地理科学》1986 年第 2 期。

[③] 魏后凯：《跨世纪我国区域经济发展与制度创新》，《财经问题研究》1998 年第 12 期。

件：一是存在"节点"，即存在中心城市作为增长极；二是有一定的"域面"，指的是轴线周围的"点"所辐射的一些区域；三是形成真正的"网络"，包括由物流、人力流、资金流、技术流、信息流等形成的流动网、交通网和信息网。

刘宪法（1997）[①] 根据梯度发展战略和"T"形发展战略，提出了新的发展模式——菱形发展战略。该战略指出要将核心工业区的建立与发展放在重点位置，并重视中心城市对整个区域经济发展所产生的积极作用，在区域中根据实际情况，设立合适的增长极，采用陆路、水路的交通运输方式作为联系各区域之间的交通线，通过点、线的设置与连接，就形成了菱形网络发展模式。这个战略指出，要想使我国的经济均衡发展，就要在我国的东部、西部、南部、北部和中部设立增长极点，极点城市分别是上海、重庆与成都、深圳与广州、北京与天津、武汉，把这几个城市在位置上联系起来，就形成了菱形模式。不足之处是，各增长极点对区域经济发展的带动作用并不是均衡的，不可等量齐观，因而菱形必然是扭曲的。

饶会林等根据威廉姆森假说的倒"U"形曲线，提出了双 S 曲线发展模式。[②] 他们采用另一学者的数据测试了 1910—1971 年 4 个时间段的世界工业年平均经济发展速度，从得来的测试数据可知，从发展时间和发展区域来看，发展时间较晚的地区的发展要快于发展时间较早的地区，究其原因，可以知道，后来发展的一些地区继承、吸收了发达地区的文化与科学知识，少走弯路，因而发展比较快。后发区域发挥后发优势从而赶上和超越先发区域，缩小区域差距，在图形上就表现为双"S"曲线，并认为，该种发展模式可以作为各种区域中心城市发展的研究依据。

（二）中心城市的功能性研究

区域中心城市是区域经济社会的发展高地，具有最高的经济势能，在区域城市体系中发挥着"领头雁"的作用。中心城市由于地理位置优势，吸引了大量的人力资源，带来了资本、技术、文化、服务等，因而成为某地区的经济中心、文化中心、管理服务中心与创造研发中心，能

---

① 刘宪法：《中国区域经济发展新构想——菱形发展战略》，《开放导报》1997 年第 Z1 期。

② 饶会林、陈福军、董藩：《双 S 曲线模型：对倒 U 形理论的发展与完善》，《北京师范大学学报》（社会科学版）2005 年第 3 期。

够引导和促进周围城市的快速发展与进步，使该地区的社会经济发展水平有更高层次的追求与发展。

马洪（1986）[①] 提出，中心城市，认为对某一区域的发展起着不可估量的作用，林凌、蒋一苇（1993）[②] 两人深入仔细地调查分析了中心城市在体制方面要做到完善，他们详细地说明了自 1978 年后我国中心城市的进展情况，同时指出，市场流通功能是中心城市第一重要的功能。

程红（1994）[③] 指出，中心城市是某一地区经济发展的中心区域，它既是辐射中心，又是集聚中心，还是组织中心，其中最重要的是经济中心。沛然（1995）[④] 提出了几个新理念，他说，中心城市与地区共同开发的新议题是市场法则，新趋势是多方面的战略结合，新方法是侧重于开发中心城市，他也着重讨论了中心城市在各地区联合开发的功能。于新淮等（1998）[⑤] 仔细研究了中心城市在地区经济开发中的支配地位，他主要从产业结构的变化、公有制实现的方式、国有经济结构转型等方面来探讨。大城市由于城市规模、地理优势等有利因素，因而成为经济发展的中心，对其他城市的发展起着支配作用，在经济区域处于最主要的地位。

周游等（2000）[⑥] 认为，所谓的主导作用主要是指城市的集聚与扩散作用。城市规模决定城市经济集聚效果，大城市通过规模效益将周边小城市的资金、资源、劳动力、技术等集聚至本地；而城市自身的结构决定着城市的扩散效应，凭借科学的结构形成合理的经济布局。

米文宝和廖立君（2003）[⑦] 在《试论西部欠发达地区区域中心城市建设——以银川市为例》一文中针对我国西部地区的区域中心城市建设展开研究，分析银川市在西部地区的经济发展中所扮演的角色。王何和逢

① 马洪：《马洪选集》，山西工业出版社 1986 年版。
② 林凌、蒋一苇：《中心城市综合改革思想的结晶》，《经济体制改革》1993 年第 1 期。
③ 程红：《城市经济》，人民出版社 1994 年版。
④ 沛然：《强化中心城市作用、促进区域联合开发》，《城市研究》1995 年第 4 期。
⑤ 于新淮、田晶华：《略论中心城市的经济发展》，《中国工业经济》1998 年第 5 期。
⑥ 周游、张敏：《经济中心城市的集聚与扩散规律研究》，《南京师范大学学报》（社会科学版）2000 年第 4 期。
⑦ 米文宝、廖立君：《试论西部欠发达地区区域中心城市建设——以银川市为例》，《地理学会全面建设小康社会——第九次中国青年地理工作者学术研讨会论文摘要集》，2003 年。

爱梅（2003）① 对我国三大都市圈中心城市极化、扩散和创新三大功能效应进行比较研究，研究表明，上海的综合效能最强，其次是北京和广州。

李桂华（2004）② 以南京作为样本展开研究，分析南京市的经济辐射效应。毛月平与加年丰（2004）③ 针对山西晋城的社会经济发展状况展开研究，研究认为，区域经济与中心城市之间是相互扶助成长的关系，中心城市凭借自身的集聚与扩散效应促进区域经济的发展，区域经济不断发展使中心城市发展速度加快。

马黎明（2006）④ 针对济南区域中心城市建设提出指导性建议。董洁芳等（2008）⑤ 在研究区域中心城市功能时发现，城市的聚集作用力量最大是在城市发展初期，当城市发展到一定阶段后，城市的聚集效应与扩散效应作用大小基本相同；当城市发展到后期时，其扩散效应则明显大于聚集效应。李靖宇等（2008）⑥ 对东北地区区域性中心城市沈阳市的功能提升与优化进行了研究。

李博等（2009）⑦ 根据已有研究结果，制定了有关区域性中心城市辐射力影响判定标准，通过运用层次分析方法综合性地给出了结论，并在研究过程中利用断裂点模型来对城市的辐射范围进行估计。牛华勇（2009）⑧ 对比分析了北京与上海对周边经济圈经济辐射力的差异，认为造成差异的原因是多方面的，主要包括禀赋和环境差距、经济规模和产

① 王何、逢爱梅：《我国三大都市圈域中心城市功能效应比较》，《城市规划汇刊》2003 年第 2 期。

② 李桂华：《中心城市在区域经济发展中的有效辐射——以南京为例的实证分析》，《南京市行政学院学报》2004 年第 5 期。

③ 毛月平、加年丰：《中心城市与区域经济协调发展研究——以晋城为例》，《经济问题》2004 年第 9 期。

④ 马黎明：《试论济南建设区域性中心城市的功能定位与战略目标》，《山东教育学院学报》2006 年第 4 期。

⑤ 董洁芳、邓椿：《中心城市在城市经济圈发展中的功能研究》，《科技和产业》2008 年第 6 期。

⑥ 李靖宇、毕楠楠：《论沈阳在东北优化开发主体功能区建设中的中心城市引擎功能定位》，《决策咨询通讯》2008 年第 5 期。

⑦ 李博、贾志永、靳取：《桂林区域性中心城市辐射力范围分析》，《广西财经学院学报》2009 年第 1 期。

⑧ 牛华勇：《中心城市对周边经济圈经济辐射力比较分析——基于北京和上海经济圈的案例》，《广西大学学报》（哲学社会科学版）2009 年第 2 期。

业结构差距。钟鸣长（2009）[1] 通过使用动态脉冲函数模型与时间序列收敛模型计算得出上海与北京的城市辐射范围，计算结果证明，上海的城市经济辐射范围远超过北京，这一结果形成是上海市区规模、经济发展速度、产业密集度等多方面原因造成的。

杨迅周、杨流舸（2014）[2] 结合中原经济区中心城市发展实际，总结出中原经济区中心城市新型城镇化综合评价的指标体系，包括二级指标 6 类（城市人口与地域指标、城市经济指标、城市生活方式指标、城市发展潜力指标、城市基础设施指标、城市生态环境指标）和三级指标 21 类。对指标体系进行主成分分析和 Q 聚类分析，对中原经济区中心城市新型城镇化水平做出对比，将中原经济区中心城市新型城镇化发展水平划分为 4 类，在此基础上探讨了中原经济区中心城市新型城镇化综合评价的指标体系和评价方法，对 4 类城市新型城镇化发展的特点进行归纳总结，评价结果对各城市新型城镇化发展具有较好的指导作用，随着对新型城镇化认识的不断深化，对其评价指标与评价方法也将不断完善，对各地新型城镇化发展的指导作用将更具有针对性。

（三）中心城市的发展对策研究

面临中心城市发展中的问题，诸多学者结合区域发展现状，提出了中心城市未来发展的对策和建议。

胡勇（2002）[3] 对我国区域中心城市的社会经济发展状态展开调查，调查显示，中心城市在设定、发展的过程中存在以下几个问题：一是区域中心城市的第三产业不发达，不能帮助城市进一步发展；二是城市经济实力与辖区面积不匹配；三是城市发展定位不明确，许多中心城市功能单一，而主导功能不突出；四是城市与城市、城市与区域之间缺乏合理的分工与协调，城市产业结构、功能结构趋同现象严重；五是城市基础设施建设资金缺口大，来源很不稳定，导致基础设施建设严重滞后。福建省委党校第 27 期厅级干部进修班课题组（2004）[4] 将泉州、福州和

---

① 钟鸣长：《中心城市经济辐射能力差异比较研究》，《创新》2009 年第 11 期。

② 杨迅周、杨流舸：《中原经济区中心城市城区新型城镇化水平综合评价研究》，《河南科技》2014 年第 6 期。

③ 胡勇：《区域性中心城市功能建设中存在的问题与制约因素》，《经济研究参考》2002 年第 52 期。

④ 福建省委党校第 27 期厅级干部进修班课题组：《福建省中心城市建设与发展问题研究》，《中共福建省委党校学报》2004 年第 9 期。

厦门三个中心城市的建设发展作为研究方向，分析这三个城市在发展过程中所遇到的问题。

李波（2005）[①] 研究了中心城市济南与产业结构演变的混合效应。勾春平（2006）[②] 在此研究的基础上分析南充市作为区域中心城市的优势和劣势，并提出了改进意见。廖喆（2007）[③] 运用博弈论中"囚徒困境"模型分析了都市圈内中心城市与成员城市之间由于各自从本地利益出发，导致互相排斥、产业同构，部分行业过度投资与重复建设现象严重。

杨勇等（2007）[④] 从动态发展角度针对都市经济发展进行研究，认为关系都市圈发展的五个关键要素分别是都市圈的城市体系和强有力的中心城市、市场化体系、产业融合、合理的资源配置和竞合机制。韩守庆和李诚固（2007）[⑤] 通过对世界历史的研读整理得出世界城市发展过程中能够造成地方经济迅速加快的各方面因素。孙新华（2007）[⑥] 认为，经过20多年的持续高速发展，我国经济中心城市开始步入后工业化阶段，工业发展受到土地、能源等各类资源环境的紧约束，提出了以产业结构升级、组织结构优化、空间布局合理和资源集约利用四大策略，走提升工业增长质量和效益的道路，实现工业又好又快发展。

王凯宏（2008）[⑦] 认为，有三个历史因素导致珠海在珠三角一体化中长期被边缘化：一是城市功能定位摇摆不定，跳跃性大，缺乏连贯性，导致资源闲置和浪费，经济增长缓慢；二是城市发展以自我为主，忽略了与周边城市的互补和联系，游离于珠三角经济一体化体系外；三是重要基础设施建设滞缓，没有充分发挥海港、空港、公路、水路等方面的有效连接，造成珠海长期处于珠三角的交通末梢。在此研究成果基础上

① 李波：《基于产业—中心城市互动关系的济南市发展研究》，博士学位论文，天津大学，2005年。

② 勾春平：《加快西部区域中心城市建设的对策研究——以四川省南充市构建川东北区域中心城市为例》，《天府新论》2006年第S1期。

③ 廖喆：《都市圈中心城市与成员城市排斥效应的博弈分析》，《安徽农业科学》2007年第3期。

④ 杨勇、高汝熹：《都市圈发展要素分析》，《求索》2007年第3期。

⑤ 韩守庆、李诚固：《经济起飞阶段中心城市空间结构效应及其调控》，《社会科学战线》2007年第6期。

⑥ 孙新华：《资源环境紧约束与我国中心城市工业发展策略的创新》，《经济体制改革》2007年第6期。

⑦ 王凯宏：《珠海区域中心城市功能定位的研究》，《特区经济》2008年第3期。

提出了针对珠海区域中心城市功能的定位方向：高新科技创新中心、码头物流中心、极富地域特色的旅游中心。

韩玉萍等（2009）[①] 对国内部分区域性中心发展城市的建设工作进行了全面研究，提出了建设区域性发展城市和加快城乡建设发展的有关措施办法，从而有利于促进我国社会主义和谐社会的构建和可持续发展战略的实现。陈少宏（2009）[②] 对我国重点城市汕头市港口建设工作进行了全面研究，为促进汕头的发展，提出最优化的办法是通过加快港口的建设，促进汕头城市交通网的形成，有利于将周边城市的资源和资金都吸引至汕头发展。

张强等（2010）[③] 对区域中心城市的职能进行了全面研究，解决了怎样才能加快和调整中心城市的发展问题。李学鑫等（2010）[④] 对国内外的有关区域中心城市发展成功案例和经验进行了深入调查，归纳分析了区域中心城市在发展方面的产业转型和经济转型问题，研究提出，对于区域中心城市，在进行转型发展的过程中必须抓住时机、审时度势。上官敬芝等（2010）[⑤] 对我国重点区域性中心城市徐州的城乡建设中优缺点进行了深入研究，并依据我国有关政策规定，进一步提出了促进徐州城乡建设发展的对策。

孙红玲（2012）[⑥] 通过分析指出，广东省1995—2005年城镇化率年均提高3个多百分点，关键就在深圳、广州等超级巨城的崛起，辐射带动众多城镇向工业卫星城、专业化配套生产中心镇的非农化转型，结果形成了珠三角城市群并发展为经济强省。认为中部塌陷的主因就在于城镇化严重滞后尤其是中心城市规模极不适应，中部六省虽已为国家战略层面规划建设六大省域性城市群，但目前都还面临着中心城市规模不相

[①] 韩玉萍、王志章：《基于统筹城乡的区域性中心城市经济发展研究》，《企业导报》2009年第2期。

[②] 陈少宏：《区域中心城市如何不被边缘化》，《人民论坛》2009年第22期。

[③] 张强、陈怀录：《都市圈中心城市的功能组织研究》，《城市问题》2010年第3期。

[④] 李学鑫、田广增、苗长虹：《区域中心城市经济转型：机制与模式》，《城市发展研究》2010年第4期。

[⑤] 上官敬芝、雒永信：《努力把徐州建设成淮海经济区中心城市的对策研究》，《淮海文汇》2010年第1期。

[⑥] 孙红玲：《中心城市发育、城市群形成与中部崛起——基于长沙都市圈与湖南崛起的研究》，《中国工业经济》2012年第11期。

适应、辐射带动作用力欠强的问题，唯有统筹城乡区域规划，适当调整行政区划以完善其发展功能，尽快做大做强中心城市并加快非农化转型和城市群形成，才能促进中部地区加快崛起。

（四）中心城市与外围城市的分工合作研究

在 20 世纪 80 年代后，我国开始进行分工理论的研究工作。孟庆民等（2000）① 根据对产业链的特征与内容，提出了有关产业分工的理论体系。魏后凯（2007）② 在原始的分工理论研究基础上提出了新的内容，他提出，通过产业链进行分工的方法，有利于缓解区域性内部的不同城市发展之间的矛盾，促进城市之间的合作交流。在我国，采用实际例证的方法，针对产业分工问题进行的研究较多。徐康宁等（2005）③ 对长江三角洲地区周围城市的发展进行了全面分析，分析了该地区的中心城市和区域周围城市之间的发展关系。一方面，由于周边城市都非常重视与上海进行经济合作，这样，会造成城市竞争中的冲突问题；另一方面，应该看到在区域性城市分布中，通过城市间的产业分工能够促进城市之间的经济合作，加强城市群内部之间的联系。朱英明等针对长江三角洲地区周边城市发展问题，提出可以采用产业分工的方法，促进区域性城市之间更好、更快地发展。针对具有区域性特征的城市群，按照不同城市的自身条件，开展具有专业性的分工合作，将城市群的产业结构进行详细的分工和分类，有利于加强城市之间的联系合作和团结协作，从而进一步促进城市群的整体发展速度。任巍等（2008）④ 对渤海湾地区周围的城市进行了系统研究，研究提出，将天津作为该区域的发展中心，周边城市按照自身条件进行定位，确立自己的发展位置。

在研究中心城市和周边城市的发展合作过程中，还需要考虑根据城市的职能进行更深层次、更系统的分工。陈航等（2005）⑤ 针对以北京为中心的区域性城市群的分工问题，提出不同城市之间不仅要进行产业分

---

① 孟庆民、李国平、杨开忠：《新国际劳动分工研究动态》，《世界地理研究》2000 年第 2 期。

② 魏后凯：《大都市区新型产业分工与冲突管理》，《中国工业经济》2007 年第 2 期。

③ 徐康宁、赵波、王绮：《长三角城市群：形成、竞争与合作》，《南京社会科学》2005 年第 5 期。

④ 任巍、王殿茹：《环渤海西岸城市群产业合作初探》，《理论研究》2008 年第 1 期。

⑤ 陈航、栾维新、王跃伟：《首都圈内城市职能的分工与整合研究》，《中国人口·资源与环境》2005 年第 5 期。

工，同时更要进行城市的功能分工，产业分工是以城市的功能分工为基础的，并进一步提出有利于促进北京、天津、唐山和秦皇岛等城市之间发展的相关建议。肖金成等（2007）[①] 根据环渤海湾地区不同城市的发展历史和战略资源情况，对不同城市的功能分工展开了深入分析，并在此基础上，对北京、天津、辽宁和山东等地区的重要城市的战略位置进行了确定。目前，许多研究者对我国各地区城市的经济实力进行大量研究，并建立了相关的城市经济排行榜，这些研究工作在一定程度上有利于促进我国城市群内部之间经济竞争与合作。倪鹏飞等（2002）[②] 根据我国各大城市的经济与工业等方面的发展情况，对不同城市的竞争力进行了全面的数据调研，并深入分析了各城市的经济实力，为了解我国城市的经济发展状况提出了参考依据。景体华（2005）[③] 对国内的主要城市群的发展情况进行研究时，重点阐述了各个城市群的中心城市对于本城市群的带动作用。王成（2013）[④] 使用基于引力模型的经济联系量、经济隶属度、欧氏距离模型测定了吉林市、四平市、松原市和辽源市（外围城市）与长春市（中心城市）之间的经济联系情况，并根据研究结论，提出中心城市与外围城市分工合作的政策建议：第一，加强中心外围城市的经济合作，外围城市与中心城市之间应积极接触，加强经济等各方面的合作，密切相互之间的联系。第二，加快外围城市的发展，缩小与中心城市的差距，各个外围城市应该加快自身的发展步伐，省政府也应积极地推动这些城市发展，保持与长春市的协调。第三，培育一批中小城市，完善城市等级体系。

① 肖金成、李娟、孙玉：《环渤海地区经济合作及城市功能定位》，《环渤海经济瞭望》2007 年第 12 期。

② 倪鹏飞、侯庆虎、江明清等：《中国城市竞争力报告》，社会科学文献出版社 2002 年版。

③ 景体华：《中国区域经济发展报告》，社会科学文献出版社 2005 年版。

④ 王成：《吉林省中部城市群中心与外围城市经济联系研究》，硕士学位论文，吉林大学，2013 年。

第二章　我国东部省域首位城市发展现状

第一节　东部地区经济发展概况

根据国家统计局的划分办法，为科学地反映我国不同区域的社会经济发展状况，为党中央、国务院制定区域发展政策提供依据，将我国的经济区域划分为东部、中部、东北和西部四大地区。

东部地区包括北京市、天津市、河北省、山东省、江苏省、上海市、浙江省、福建省、广东省和海南省。改革开放 30 多年来，中国的经济已经保持了强劲的增长。1979—2014 年，GDP 增长率平均为 8.7%。90 年代以后，GDP 的增长率一直保持在 7% 以上，1992 年更是达到了 13.88%，2007 年，中国的经济总量超过德国，跃居世界第三位；2010 年，中国经济总量超过日本，成为全球第二大经济体。中国的人均 GDP 水平虽仍然低，但已从 1978 年的 225 美元上升到 2015 年的 8016 美元，标志着中国的整体水平从贫穷提升到中等收入国家行列。

1985—2015 年，·东部地区一直领导着全国 GDP 的增长。人均 GDP 方面，前十名的地区，东部就占了 9 个，而且这 9 个省份的人均 GDP 均超过 3000 美元，按照世界银行的划分，这些省份已达到中上等收入国家的标准。2012 年，东部地区人均 GDP 为 5.53 万元；第一产业、第二产业和第三产业增加值占 GDP 的比重分别为 6.2%、47.8% 和 46.1%。

如表 2-1 所示，东部地区第一产业占 GDP 比重最小且呈现逐年下降的趋势，第二产业占比虽大，但也出现所占比重逐年下降的趋势，第三产业占 GDP 比重由不足 40% 逐年上升，至 2012 年所占比重达到 46.1%，有超越第二产业而呈现"三二一"产业结构特征的趋势。

表 2 –1　　　　　　　　东部地区各产业增加值占 GDP 比重　　　　　单位:%

年份	2003	2004	2005	2006	2007	2008	2009	2010	2011	2012
第一产业	9.1	8.9	7.9	7.3	6.9	6.8	6.5	6.3	6.2	6.2
第二产业	51.4	53.3	51.6	51.9	51.5	51.7	49.3	49.4	48.9	47.8
第三产业	39.5	37.8	40.5	40.8	41.6	41.5	44.1	44.3	44.9	46.1

　　地区的第一产业和第三产业比重整体呈下降趋势，而第二产业比重则缓慢上升，形成了"二三一"的产业结构特征，工业在经济发展的过程中始终起到支柱性作用。

　　长三角和珠三角地区经过改革开放 30 多年的快速发展，产业结构已发生了重大变化，传统的劳动密集型产业（如纺织、食品等行业）逐步退出了支柱产业的地位，而技术密集型产业（如电子通信等高科技产业）则逐步占据了重要位置；京津冀由于特殊的地理环境和资源优势，第三产业的比值已超过第二产业。而中部六省份仍是农业大省，农业在国民经济中仍占有较大份额，2011 年的比重超过了 12%，农业劳动力在全部劳动力中仍占一半以上；工业虽然增长较快，但发展质量和层次还不高，传统工业还占较大比重。表 2 – 2 为东部地区经济圈产业结构对比情况。随着信息化和全球一体化背景下科学技术的不断进步，产业结构的演进正日益向高级化、合理化、科学化的方向发展。虽然在国家宏观政策的引导下，中部地区的产业结构有所调整和优化，但产业结构还不够科学合理，产业结构调整的压力依然很大，产业整体上还处在相对较低水平，产业发展的协调性还有待加强。

表 2 – 2　　　　　　东部地区经济圈产业结构对比情况　　　　　单位:%

区域	第一产业	第二产业	第三产业
长三角地区	4.76	49.51	45.73
珠三角地区	5.0	49.8	45.2
京津冀地区	6.23	44.19	49.59

　　注：长三角地区包括上海、江苏、浙江三省市，珠三角地区主要是指广东省，京津冀地区包括北京、天津和河北三省市。

第二节　东部省域首位城市发展现状

一　石家庄市

石家庄市地处华北平原腹地，是华北地区的核心地带。北靠首都北京和港口城市天津，东邻渤海和华北油田，西依巍巍太行山脉并与全国煤炭基地山西省毗邻，古称"京畿之地"，素有"南北通衢、燕晋咽喉"之称，地理位置优越，交通通信便捷，石家庄市区现辖 8 个行政区，分别是桥东区、桥西区、新华区、长安区、裕华区、井陉矿区、高新技术产业开发区（高新区）和正定新区（建设中）。此外，还建设有 1 个国家循环经济技术开发区和石家庄国际机场空港园经济区，还有下辖的 12 个县、3 个县级市、1 个地级市（辛集市在 2013 年 5 月被省委定为省管市试点，成为河北的第十二个地级市），总面积 20235 平方千米（2013 年），市区面积 455.81 平方千米。

作为河北省省会，全省的政治、经济、科技、金融、文化和信息中心，全国优秀旅游城市，石家庄市是随着近代铁路的开通而崛起的新兴城市。未来十年，石家庄市增加了都市区规划层次，明确了北跨发展策略，确定了"一河两岸三组团"式布局结构。"一河"，即滹沱河；"两岸"，是指滹沱河南岸的老城区和东部产业区，以及滹沱河北岸的正定古城和正定新区；"三组团"，是指围绕在市周边的鹿泉市、栾城县和藁城市。中心城区（不含正定、鹿泉、栾城、藁城），规划建设用地规模 287 平方千米，远景中心城区建设用地规模 500 平方千米（中心城区、正定组团）。2013 年 6 月，石家庄市政府确定了上庄、铜冶、冶河、岗上 4 个新市镇和良村开发区、化工园区、装备制造基地、信息产业基地、空港工业园。5 个产业园区共 9 个重点示范区的新型城镇化建设规划。

最新人口普查数据显示，石家庄市人口数合计 1276.37 万。近年来，全市经济持续平稳较快增长。2009 年，地区生产总值跃上 3000 亿元台阶，达到 3114.9 亿元，同比增长 11.1%。第一产业实现增加值 305.3 亿元，增长 0.2%；第二产业实现增加值 1558.5 亿元，增长 11.6%；第三产业实现增加值 1251.1 亿元，增长 13.0%。2012 年，石家庄市生产总值 4500.2 亿元，规模以上工业增加值 1800.2 亿元，规模以上工业利税

829.8 亿元，规模以上工业利润 558.6 亿元，固定资产投资 3673.3 亿元，全部财政收入 573.2 亿元，公共财政预算收入 272.3 亿元，社会消费品零售总额 1894.8 亿元，实际利用外资 88034 万美元，进出口总值 129.5 亿美元，出口总值 73.4 亿美元，金融机构月末存款余额 7640.7 亿元，储蓄存款余额 3735.5 亿元，金融机构月末贷款余额 3995.1 亿元，市区居民消费价格指数 102.8。

石家庄市作为中国环渤海京津冀经济圈中心区域城市，也是靠近首都北京最近的省会城市（距离北京西站仅 270 千米）。石家庄市建设有国家半导体照明产业基地、国家卫星导航产业基地、动漫产业基地和生物医药产业基地，被称为服装皮衣皮革之都和中国药都，是全国电子信息、精品冶钢、装备制造、循环经济、纺织服装、文化产业、科技服务、商业经济和会展中心。石家庄市拥有中国最大的制药企业——华北制药股份有限公司。石家庄市内最高的建筑是石家庄市电视塔，塔为全钢构架，2000 年 10 月 1 日正式对外开放。塔高 280 米，是华北地区第一，亚洲第三高钢塔。

按照收入衡量，石家庄市目前处于休闲市场的蓬勃发展时期，休闲产业方兴未艾。城市圈的建设为区域休闲旅游业的发展带来了历史性的机遇。2012—2014 年，河北省旅游局在全省范围内开展了为期三年的 4A 级以上景区质量整改提升专项活动。三年整改活动，石家庄市财政投入资金 4000 多万元，撬动社会资金 9 亿多元，极大地调动了景区整改积极性，有力地促进了旅游业发展。全市全年共接待海内外游客 5796.1 万人次，实现旅游业总收入 436.41 亿元，同比分别增长 18.50% 和 31.09%，旅游接待规模和收入继续保持全省首位。

根据北京市与河北省签署的《2013 年至 2015 年合作框架协议》，首都经济圈的规划范围调整为 "1+9+3"，该方案是在 "1+6+3" 的基础上最新纳入河北省省会石家庄、衡水和沧州三个城市。中山路和中华大街沿线是石家庄传统的商业发达区域。石家庄中轴线的中山路素有北京王府井、上海南京路之称。有 "南有北义乌，北有南三条" 之称的南三条市场地处石家庄市中心商业繁华区，新华集贸中心等均进入全国十大集贸市场范围，南三条、新华集贸中心连续多年跻身全国十大集贸市场，商品辐射全国 20 多个省份，是华北、东北、西北地区重要的商品集散地。由于石家庄区位及交通所处地位，从而成为中国北方极其重要的物流集散基地。

二　济南市

济南市位于山东省中部，地理位置介于北纬 36°01′—37°32′、东经 116°11′—117°44′之间，面积 8177 平方千米。南部为泰山山地，北部为黄河平原，地势南高北低，地形复杂多样。境内河流较多，主要有黄河、小清河两大水系。还有南北大沙河、玉符河等河流。湖泊有大明湖、白云湖等。济南市属于暖温带大陆性气候，春季干燥少雨，多西南风；夏季炎热多雨；秋季天高气爽；冬季严寒干燥，多东北风。年平均气温 13.5—15.5℃，全年无霜期 230 天左右，降水量 600—900 毫米。

济南市矿产资源丰富，主要有铁、煤、花岗石、耐火黏土以及铜、钾、铂、钴等多种有色金属、稀有金属和非金属。特别是石灰岩品位高、储量大。花岗石中的黑色花岗石，质地纯正，为国内独有。林木资源分乔木、灌木两大类，共有 60 多科 300 多种。南部山区盛产苹果、黄梨、柿子、核桃、山楂、板栗等，并出产远志、丹参、野菊、香附等多种药材。北部沿黄河的平原地带，大枣也有很高的产量。济南市种植和养殖资源也相当丰富，有多种粮食作物、经济作物以及家禽、家畜、水产品等。这些资源为济南市城乡建设和经济发展储备了一定的物质基础。

济南市自然景色秀丽，名胜古迹众多，是中国历史文化名城之一。尤以泉水遍布、清冽甘美而闻名于世，有"济南泉水甲天下"和"泉城"之美誉。主要风景名胜有趵突泉、黑虎泉、珍珠泉、五龙潭、百脉泉五大泉群，大明湖、千佛山、龙洞、灵岩寺、五峰山、华山和城子崖龙山文化遗址，孝堂山汉代郭氏祠、隋代四门塔、唐代龙虎塔、九顶塔以及抢救挖掘的洛庄汉墓、新建的野生动物世界、红叶谷生态旅游区等，供人们观赏游览。

济南市的城市职能是：全省的政治、经济、科技、文化、教育、旅游中心，区域性金融中心，全国重要交通枢纽。济南市是中国重要的工业城市之一，目前逐步形成了电子信息、交通设备、旅游业、机械制造、生物工程和纺织服装六大主导产业，具备承接国际产业特别是制造业转移的良好条件，转方式、调结构步伐加快。济南市经济运行质量不断提高，经济结构继续得到调整。2011 年，全市生产总值 4406.3 亿元，比上年增长 10.6%（见图 2-1），其中，第一产业增加值 237.86 亿元，增长 4.4%；第二产业增加值 1828.97 亿元，增长 11.7%；第三产业增加值

2339.46 亿元，增长 10.3%。按常住人口计算人均生产总值 64331 元，折合 9960 美元，增长 8.9%。济南市 2010—2011 年三次产业结构情况如图 2 - 2 所示。

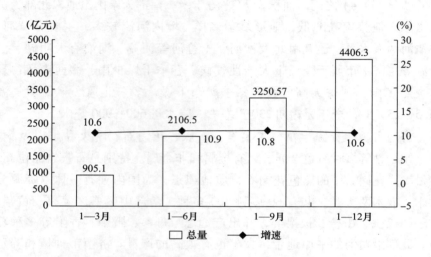

图 2 - 1　济南市 2011 年地区生产总值总量和累计增速

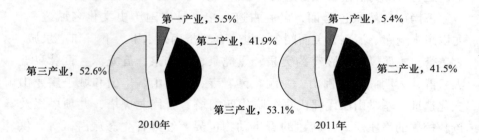

图 2 - 2　济南市 2010—2011 年三次产业结构情况

　　2010 年，全市生产总值 3910.80 亿元，比上年增长 12.7%，其中：第一产业增加值 215.17 亿元，增长 4.8%；第二产业增加值 1637.45 亿元，增长 11.0%；第三产业增加值 2058.18 亿元，增长 14.9%。全市地域财政收入和地方财政一般预算收入分别达到 1145.1 亿元和 266.1 亿元，分别增长 39.3%、26.6%。全部税收 527.7 亿元，增长 21.2%；税收占生产总值的 13.5%，提高 0.5 个百分点。企业景气指数平均为 136.8，提高 14.7 个点。转方式、调结构成效显著。服务业主导作用不断增强。金融、信息服务、物流、会展、文化旅游等行业收入增长均超过 20%，现代服务业占服务业的 44.6%。三次产业增加值比例由 5.60:42.91:51.49 调整为 5.50:41.87:52.63。非公有制经济增加值占生产总值的 42.6%，提高 0.2 个百分点。工业结构优化提升。年末高新技术产业企业 511 家，其中年工业总产值过亿元企业 207 家，增加 9 家。高新技术产业产值 2064.0 亿元，增长 30.7%，占规模以上工业总产值的 41.54%，提高 2.03 个百分点。新一代信息技术、高端装备制造、生物医药、新能源等战略性新兴产业发展加快。2009 年，全市生产总值 3351.4 亿元，比上年增长 12.2%，其中，第一产业增加值为 187.1 亿元，增长 5.2%；第二产业增加值为 1453.6 亿元，增长 12.1%；第三产业增加值为 1710.7 亿元，增长 13.0%。按常住人口计算人均生产总值 50376 元（折合 7373 美元），增长 11.3%。2009 年，全市地域财政收入和地方财政一般预算收入分别达到 967.7 亿元和 210.2 亿元，分别增长 4.9% 和 13.0%。全部税收为 435.5 亿元，增长 13.6%。全部税收占生产总值的 13.0%，提高 0.3 个百分点。2008 年，全市生产总值为 3017.4 亿元，比上年增长 13.0%，其中：第一产业增加值为 175 亿元，增长 5.0%；第二产业增加值为 1330.7 亿元，增长 10.1%；第三产业增加值为 1511.7 亿元，增长 16.8%。按常住人口计算人均生产总值 45724 元，折合 6589.7 美元，增长 12.9%。

在产业结构调整方面，三次产业比重由 2007 年的 5.9:45.2:48.9 调整为 2008 年的 5.8:44.1:50.1。非公有制经济增加值 1237.7 亿元，增长 18.4%，占生产总值的 41.0%，提高 1.2 个百分点。经济外向度 18.5%，与上年持平。2007 年，全市实现生产总值 2554.3 亿元，按可比口径比上年增长 15.7%。其中，第一产业为 150.3 亿元，与上年持平，对经济增长贡献率为 1.4%，拉动 GDP 增长 0.22 个百分点；第二产业为 1163.0 亿元，增长 16.1%，对经济增长贡献率为 43.68%，拉动 GDP 增长 6.86 个百分点；第三产业为 1241.0 亿元，增长 17.5%，对经济增长贡献率为 54.92%，拉动 GDP 增长 8.63 个百分点。人均生产总值为 42171 元（按户籍人口计算），增长 14.7%。经济运行质量继续提高，全社会劳动生产率 70115 元/人，增长 16.1%（按从业人员计算）。各项税收总额为 352.0 亿元，增长 24.9%；占生产总值的 13.8%，提高 0.9 个百分点。其中，服务业实现税收为 172.6 亿元，占全部税收的 49.03%，增长 35.5%。全市地域财政总收入和地方财政一般预算收入分别达到 758.6 亿元和 157.0 亿元，分别增长 23.1% 和 22.3%，地域财政收入占生产总值的 29.7%，提高 4.5 个百分点；规模以上工业经济效益综合指数 260，提高 24.18。结构调整取得积极变化，三次产业比例由上年的 6.64:45.85:47.51 调整为 5.89:45.53:48.58，第一、第二产业比重分别下降 0.75 个、0.32 个百分点，第三产业比重提高 1.07 个百分点；非公有制经济实现增加值为 1019.1 亿元，增长 18.5%，占 GDP 的 39.9%，提高 0.9 个百分点；经济外向度 18.5%，提高 2.5 个百分点。区域经济发展更趋协调。城市中心区服务业主导地位巩固，第三产业增加值 842.8 亿元，增长 17.0%，占全市三产总量的 67.6%。近郊区工业集聚特征突出，完成工业增加值占全市工业的 62.2%。远郊区在稳定第一产业的基础上，第二产业有所发展，第一产业增加值为 61.1 亿元，占全市第一产业总量的 40.7%；第二产业增加值增长 14.5%，占全市的 12.9%。发展方式呈现向好转变，高新技术产业增长较快，年末高新技术企业 1011 家，其中当年新增 168 家。规模以上工业高新技术产业产值为 1151.18 亿元，增长 36.03%，占规模以上工业的 35.38%，提高 3.1 个百分点。

三 南京市

南京市地处辽阔的长江下游平原，濒江近海，"黄金水道"穿城而过，南京港作为天然良港已成为远东内河第一大港，城市发展也定位于江滨港口城市。南京市目前已成为中国东部地区以电子、汽车、化工为主导产业的综合性工业基地，重要的交通枢纽和通信中心，对整个国家的经济有巨大的影响。

1981 年，南京市被国家列为全国 15 个经济中心城市之一；2004 年，经济中心定位指数排名列中国大陆第六，仅次于京沪广深津。2013 年，实现地区生产总值为 8011.78 亿元，居全国第 12 位，增长 11%；公共财政预算收入 831.3 亿元，增长 13.4%；全社会固定资产投资 5250 亿元，增长 12%；社会消费品零售总额 3500 亿元，增长 13.5%；城市居民人均可支配收入 40000 元，增长 10%；农民人均纯收入 16500 元，增长 12%。

2013 年，南京产业结构为：第一产业占 2.3%，第二产业占 43.3%，第三产业占 54.4%，第三产业比重位列全国第五，前四位为北京、上海、广州和深圳。2014 年，中国区域中心城市竞争力评估，南京市仅次于深圳和广州。

　　南京市旅游资源丰富，旅游业发达，是首批中国优秀旅游城市之一，钟山风景区、夫子庙秦淮风光带为国家 5A 级旅游景区。截至 2012 年，全市拥有世界文化遗产 1 处，全国重点文物保护单位 27 处，江苏省文物保护单位 127 处，市级文物保护单位 358 处。2013 年，接待游客 8725. 87 万人次，旅游总收入 1360. 67 亿元。

　　同时，南京市是中国高等教育资源最集中的五大城市之一、国家三大高等教育中心、国家四大科研教育中心，科教综合实力仅次于北京和上海，居全国第三位，拥有的国家重点学科居全国第三位，2009 年被推选为"中国最具教育发展力城市"，2011 年中国高等教育重镇排行仅次于京沪。南京市高等教育毛入学率为 61%，人均受教育年限超过 14 年。从南京走出的两院院士近 200 人，截至 2013 年，每万人中大学生数量超过1100 人，普通高等学校共有 54 所，在校大学生 71. 16 万人，研究生培养机构 31 个，在校研究生 9. 94 万人，每万人拥有在校大学生数量居中国第一位，每万人拥有在校研究生数量居中国第二位，在南京市的中国科学院和中国工程院院士数量居全国第三位。国家"千人计划"特聘专家 87名，仅次于北京市和上海市。

　　南京市人均 GDP 增长迅速（见图 2 - 3），从 1990 年的 3206 元/人，增加到 2007 年的 53638 元/人，这可以说是南京市经济发展的一个里程碑，在近二十年的时间里增长了近 16 倍，已经达到中等收入国家水平。

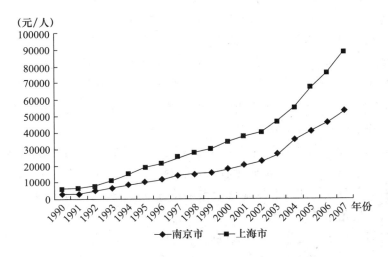

图 2 - 3　南京市和上海市人均 GDP 的变化趋势

随着经济全球化的深入，以及中国越来越多地深度融入世界经济的大循环之中，南京市也越来越多地融入了国际经济社会竞争与发展的浪潮之中，南京市与世界的联系更加紧密。南京市外贸进出口势头强劲。2003 年以来，南京市外贸出口一改往年小幅增长的局面，外贸出口额以每年20%—36% 的比例上升，呈现出加快增长的态势（见图 2 - 4）。

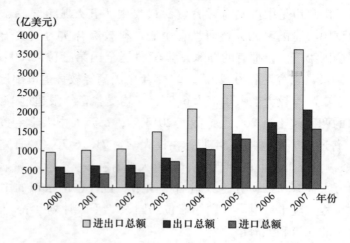

图 2 - 4　南京市进出口总额的变化趋势

居民可支配收入是指城镇居民家庭可用于最终消费支出和其他非义务性支出以及储蓄等自由支配的收入。人均可支配收入可以反映经济发展对居民收入水平的提高和生活质量改善的影响。从南京市城市和农村居民人均年可支配收入的变化情况来看（见图 2 - 5），2000 年以来呈现快速增加的态势，南京市城镇和农村居民的人均可支配收入分别由 2000年的 8233 元、4062 元上升到 2007 年的 20317 元和 8082 元，分别增长了近147% 和 100% 。人均可支配收入的提高，大大改善了居民的生活状态，由此反映了南京市经济发展显现出良好的上升势头。

但同时我们也看到，南京市城市居民和农村居民的可支配收入差距在拉大，到 2007 年，城镇居民收入是农村居民收入的两倍多。显然，这么大的城乡收入差距将是影响南京市可持续发展的一个不利因素。

四　杭州市

杭州市位于中国东南沿海、浙江省北部、钱塘江下游、京杭大运河南端，是浙江省的政治、经济、文化和金融中心，长三角中心城市之一、

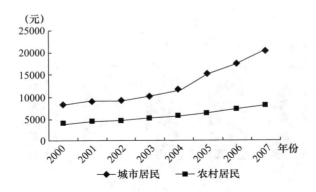

图 2 - 5 南京市居民可支配收入的变化

中国重要的电子商务中心之一。2010 年，杭州市 GDP 达到 5965.71 亿元（见图 2 - 6），按可比价计算，同比增长约 12.0%，已连续二十年保持两位数增长，增速快于全国与全省数字。人均 GDP 1 万美元是普遍认同的从"发展中"状态进入"发达"状态的标准线，按户籍人口计算，2010 年，杭州市人均 GDP 为 86642 元，增长 11.4%；按常住人口（见图 2 - 7）计算，这一数字为 68398 元，增长 9.7%，以 2010 年的平均汇率来换算，上述两项人均水平都双双突破 1 万美元大关。以世界银行的评价和划分标准，杭州市已高于全国平均水平而迈入"上中等"发达国家行列。

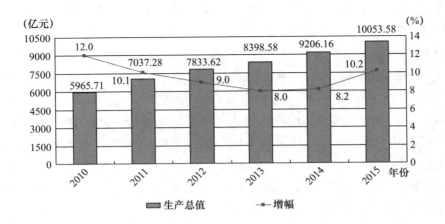

图 2 - 6 杭州市 2010—2015 年生产总值与增幅

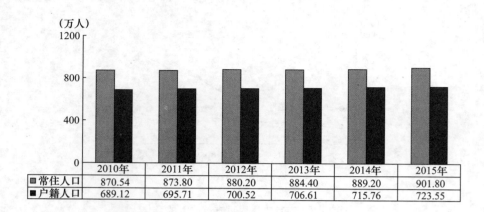

（万人）	2010年	2011年	2012年	2013年	2014年	2015年
常住人口	870.54	873.80	880.20	884.40	889.20	901.80
户籍人口	689.12	695.71	700.52	706.61	715.76	723.55

图 2 - 7　杭州市 2010—2015 年全市常住人口和户籍人口数量

　　2010 年，杭州市实现工业增加值 2500.29 亿元，按可比价计算增长 12.7%，"十一五"期间，年均增长 11.1%。实现全部工业销售产值 12821.87 亿元，增长 19.6%。其中规模以上工业销售产值 11114.53 亿元，增长 24.2%，"十一五"期间，年均增长 15.8%。全市规模以上工业企业实现主营业务收入 11002.13 亿元，比上年增长 24.4%；实现利税 1216.34 亿元，比上年增长 41%，其中利润 753.48 亿元，增长 51.6%。工业产品产销衔接良好，全年规模以上工业产品产销率为 98.72%。2014 年，全市实现工业增加值 3426.42 亿元，增长 8.6%，其中规模以上工业增加值 2805.25 亿元，增长 8.9%。战略性新兴产业实现增加值 813.12 亿元，装备制造业实现增加值 921.40 亿元，高新技术产业实现增加值 1096.63 亿元，分别增长 13.0%、9.3% 和 10.5%。新产品产值率由上年的 27.9% 提高到 31.2%。规模以上工业企业实现主营业务收入 12462.36 亿元，比上年增长 5.4%；实现利税 1490.68 亿元，增长 9.5%，其中利润 876.28 亿元，增长 10.5%。工业产品产销率为 98.61%。建筑业增加值 433.81 亿元，比上年增长 3.4%。全市有总承包和专业承包资格的建筑企业 1476 家，完成施工产值 3971.39 亿元，增长 5.7%；房屋建筑施工面积 29580.71 万平方米，增长 0.1%；房屋建筑竣工面积 9514.18 万平方米，下降 1.0%。

　　非公有制经济方面，改革开放以来，杭州市的非公有制经济迅速成长，规模不断壮大，在经济中所占的比重越来越高，非公有制经济的迅速崛起是杭州市经济保持持续快速发展的重要动力。2010年，杭州市非公有制经济对 GDP 的贡献率达到 66%，比 2005 年的 56.5% 提高了 9.5 个百分点；全市共有私营企业 16.2 万户，从业人员 145.6 万人，分别比 2005 年增长了 82.5% 和 55.1%；个体工商户 29.9 万户，从业人员 65.3 万人，分别比 2005 年增长了 12.2% 和 26.1%，民营经济各项主要指标连续多年居浙江省第一位，杭州市进入"全国五百强民营企业"的数量已连续八年位居全国城市第一和浙江省第一。杭州市正在实现从民营经济大市向民营经济强市的跨越。

财政收入方面，杭州市财政收入持续增长，收入质量不断优化并着力加大城市建设，促进城市重点支持企业自主创新、节能减排，落实城市轨道交通建设及道路交通改造等基础设施建设，其中地铁 1 号线于 2012 年 10 月开通运营。2010 年，完成财政总收入 1245.43 亿元，比上年增长 22.2%，其中地方财政一般预算收入 671.34 亿元，增长 28.9%。2011 年，财政总收入和地方财政收入实现平稳较快增长，财政支出稳步运行，全市财政总收入完成 1419.54 亿元，同比增长 22.6%，为预算的 100.2%。其中地方财政收入完成 742.54 亿元，同比增长 21.2%，为预算的 98.7%；财政支出累计完成 617.13 亿元，同比增长 26.7%，为预算的 96.7%。

金融业发展方面，全市金融机构本外币存款余额 17084.35 亿元，比上年末增长 19.6%；贷款余额 15078.73 亿元，比上年末增长 15%，其中个人消费贷款余额 2426.46 亿元，比上年末增长 23.3%。"十一五"期间，本外币存款余额、贷款余额年均分别增长 20.4%、22.2%。杭州市 2009 年共有各类金融业机构已达 242 家，其中银行 38 家（政策性银行 3 家、商业银行 26 家、邮储银行 1 家、村镇银行 1 家、外资银行 7 家）；省级分公司以上保险公司 58 家（两家保险公司总部）；各类证券期货机构 133 家（3 家证券公司总部）；信托公司两家；农村合作金融机构 8 家，全市银行机构实现利润已达 228.05 亿元，证券机构实现利润 24.38 亿元，期货机构实现利润 2.88 亿元。全市实现金融业增加值 444.12 亿元，同比增长 16.5%，连续九年保持两位数增长，占 GDP 比重 8.7%。城市金融实力居全国第五位。

五　厦门市

厦门市与台湾省隔海相望，地理位置优越，是海峡西岸的重要中心

城市。厦门市现辖 6 个行政区，面积 1569 平方千米。全市常住人口 249
万人，户籍人口 173.7 万人。1980 年，国务院批准设立厦门经济特区，
面积 2.5 平方千米，1981 年 10 月开始动工兴建。1984 年，邓小平同志视
察厦门后，厦门经济特区范围扩大到全岛，面积 131 平方千米。随后，中
央又相继批准厦门设立海沧、杏林、集美三个台商投资区和火炬高新技
术产业开发区、象屿保税区，以及厦门出口加工区，批准厦门实行计划
单列，并赋予厦门市省一级经济管理权限和地方立法权；2008 年，国务
院又批准设立厦门海沧保税港区，形成了全方位、多层次的对外开放格
局。近年来，厦门市经济社会发展呈现以下特点：

（一）整体经济进入中速增长期

自 1980 年厦门经济特区设立以来，1981—2011 年的 31 年间，全市
地区生产总值年均递增 17.3%，保持高速增长。但从 2012 年以来，随着
全国经济持续回落，进入"三期"叠加阶段，厦门市经济增速也明显放
缓，2012 年，GDP 增幅下滑至 12.1%（见图 2-8）。

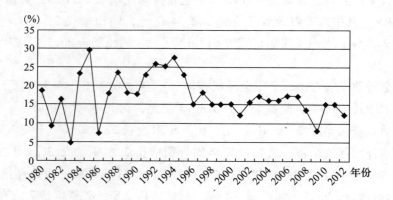

图 2-8 厦门市 1980—2013 年 GDP 增速情况

2012 年以来，无论是经济运行动力，还是政府宏观调控目标，都显
示中国经济正处于从高速增长阶段向 7% 左右的中速增长阶段转换时期。
在这个过程中，东部地区由于发展阶段相对较高，所面临的资源、环境、
市场、进一步对外开放等问题更为突出，经济增速下降更为明显，厦门
市也不能独善其身。2013 年厦门市常住人口人均 GDP 达到 13166 美元，
处于工业化后期向后工业化时期过渡阶段，一方面，按照国内外发展经

验，该阶段经济增长速度将相对放缓，进入提升质量和总量扩张并举的平稳发展期；另一方面，从当前的运行情况看，已经出现外需下降，土地、劳动力等生产要素供给的传统竞争优势逐渐削弱等问题。"十三五"时期，全市经济将不可避免地进入中速增长期。

（二）处于产业结构转型升级关键期

特区建设以来，厦门市产业结构持续优化，三次产业比例从 1981 年的 26.5∶51.6∶21.9 调整为 2013 年的 0.9∶47.5∶51.6，第二、第三产业年均分别增长 19.5% 和 17.0%，第三产业比重提高 29.7 个百分点，于 2008 年比重首次超过 50%，成为经济增长的最重要支柱，产业发展正处于重要转型期（见图 2-9）。

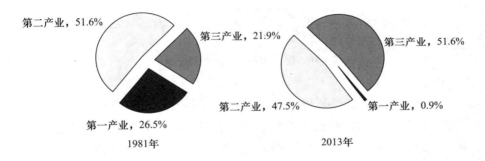

图 2-9　厦门市产业结构变化

与此同时，厦门市产业发展也存在着制造业缺乏核心竞争力、产品附加值低、市场同质化竞争激烈；现代服务业高端业态规模较小、生产性服务业比重偏低、辐射力、影响力不足等问题。中心城市优势弱化的压力使厦门市产业结构优化升级的要求越来越迫切，亟须加快促进产业发展方式向创新驱动为主转变，推动工业经济向高端化、集约化发展，提升现代服务业的综合服务功能，促进先进制造业和现代服务业有机融合，构建具有强大竞争力的产业体系。

（三）处于固定资产投资增长稳定期

特区建设以来，随着经济社会的快速发展，厦门市固定资产投资年均增速高达 23.6%。但是，从图 2-10 可以看到，近年来增幅已明显放缓，2008—2013 年的 6 年间，平均增速仅为 9.2%，固定资产投资增长回落至中速增长区间。主要原因是经过特区建设多年发展，全市原有的基础设施和产业建设已较为完备，而新一轮现代化大型基础设施、战略性新兴产业建设尚处于策划启动阶段，造成投资增长的回落趋稳。

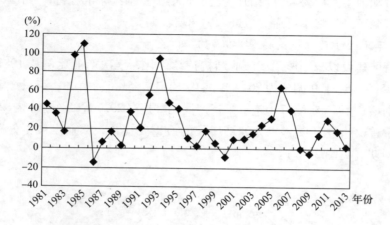

图 2 – 10　厦门市固定资产投资增速情况

　　从全国环境看，投资增速持续下滑，对经济增长的拉动力也正逐渐减弱。2013 年，消费对经济增长的贡献率达到 52.7%，已超过投资48.2% 的贡献率。未来投资发展既有促进因素，也有制约因素，一方面，投资仍是稳定经济增长的关键，国家已明确实施积极的财政政策并鼓励社会资本参与投资，宏观政策和措施将形成积极影响；另一方面，制造业产能过剩使企业缺乏投资热点、地方财政风险限制基础设施投资、东部建设趋于饱和等因素都将对投资增长形成一定阻力。"十三五"期间，厦门市随着轨道交通、新机场等大型项目建设的推进，未来几年将处于投资增长稳定期。

六　深圳市

　　深圳市位于中国南部海滨，毗邻香港，地处广东省南部，珠江口东岸，东邻大亚湾和大鹏湾；西濒珠江口和伶仃洋；南边深圳河与香港特区相连；北部与东莞、惠州两城市接壤。1980 年，深圳特区建立前，广九铁路以东，主要是客家人；广九铁路以西，主要是广府人。2014 年年末，全市常住人口 1077.89 万，比上年末增加 15.00 万，增长 1.4%。其中户籍人口 332.21 万，占常住人口的 30.8%；非户籍人口 745.68 万人，占 69.2%。

　　深圳市是华南沿海重要的交通枢纽，在中国高新技术产业、金融服

务、外贸出口、海洋运输、创意文化等多方面占有重要地位。深圳市在
中国的制度创新、扩大开放等方面承担着试验和示范的重要使命。2015
年，深圳市本地生产总值为 17502.99 亿元，比上年增长 8.9%。其中，
第一产业增加值为 5.66 亿元，下降 1.7%；第二产业增加值为 7205.53
亿元，增长 7.3%；第三产业增加值为 10291.80 亿元，增长 10.2%。第
一产业增加值占全市生产总值的比重不到 0.1%；第二和第三产业增加值
占全市生产总值的比重分别为 41.2% 和 58.8%。人均生产总值为 157985
元，增长 5.2%，按 2015 年平均汇率折算为 25365 美元。

2015 年，深圳市全年规模以上工业增加值排名前五行业依次为：通
信设备、计算机及其他电子设备制造业增加值 4214.95 亿元，比上年增长
10.6%；电气机械和器材制造业增加值 355.77 亿元，增长 2.4%；石油
和天然气开采业增加值 257.62 亿元，增长 27.1%；电力、热力生产和供
应业增加值 249.00 亿元，下降 2.3%；专用设备制造业增加值 213.75 亿
元，增长 6.9%。2015 年，深圳市全年规模以上工业销售产值 24529.39
亿元，比上年增长 0.9%。其中，出口交货值 11239.20 亿元，下降
4.9%，占规模以上工业销售产值的 45.8%，比上年下降 3.3 个百分点。
工业产品销售率 97.9%，比上年提高 0.1 个百分点。2015 年，深圳全年
规模以上工业企业主营业务收入比上年增长 1.3%；实现利税总额增长
12.3%；实现利润总额增长 9.6%。2015 年，深圳市全年建筑业增加值
479.72 亿元，比上年增长 3.9%。

2015 年，深圳市七大战略性新兴产业中，生物产业增加值 254.68 亿
元，比上年增长 12.4%；互联网产业增加值 756.06 亿元，增长 19.3%；
新能源产业增加值 405.87 亿元，增长 10.1%；新一代信息技术产业增加
值 3173.07 亿元，增长 19.1%；新材料产业增加值 329.24 亿元，增长
11.3%；文化创意产业增加值 1757.14 亿元，增长 13.1%；节能环保产
业增加值 327.42 亿元，增长 12.0%。2015 年，深圳市交通运输、仓储和
邮政业增加值 526.51 亿元，增长 7.6%；批发和零售业增加值 2006.90
亿元，增长 2.6%；住宿和餐饮业增加值 340.72 亿元，增长 4.0%；房地
产业增加值 1627.77 亿元，增长 16.8%。

深圳市的发展主要呈现以下特征：

（一）以国家政策的特殊支持为初创基础

深圳市作为我国首批试点的经济特区之一，享受了国家在经济特区

上独特的优惠政策。在税收方面，深圳经济特区的外商投资企业、服务性企业、生产性企业等都不同程度地享受税收优惠政策。如深圳经济特区的外商投资企业能够免缴3%的地方所得税，对从事工业、农业和交通运营等生产性行业的特区企业，经营期在10年以上，从获利年度起的头两年免缴企业所得税；第3—5年减半缴纳企业所得税；经市政府确定为高新技术企业的，第3—8年减半缴纳企业所得税。在法律方面，深圳经济特区在遵循宪法规定、不违背法律和行政法规的基础上，可以根据经济特区的具体情况和实际发展的需要自主制定地方法规，甚至可以做出一些变通性的规定。也就是说，深圳经济特区在授权立法上具有很大的灵活性和自主性。

深圳特区充分利用了国家的优惠政策，以及毗邻香港特区的区位优势，大量吸引外资企业到深圳市创办企业，虽然初期外资企业大多是"三来一补"企业，但这些企业的创办带动了深圳市的经济发展，增加了深圳的就业，为深圳特区发展积累了大量的初创资金；另外，深圳特区作为我国对外开放的窗口，学习了很多国外的先进技术以及优秀的管理经验，为深圳市自主创新和发展提供了基础。

（二）以市场为导向

深圳是我国经济发展的先驱，更是我国市场经济改革的先驱。深圳市冲破了传统计划经济的束缚，1980年，深圳特区最早对土地进行拍卖，这一措施开创了我国先例，既盘活了土地价值，为深圳市积累了大量的建设资金，而且还催生了我国房地产业，加速了城市化进程；1982年，深圳市开始实施价格改革，取消了计划经济时代的各种票证，下放了定价权、实行浮动价格制度，到20世纪90年代，深圳市97%以上的商品价格都转变成了市场调节；1983年，深圳市发行了新中国第一张股票——"深宝安"，开启了资本化市场和股份制企业的发展进程；1987年，我国首个公开发行股票的商业银行即深圳发展银行成立；1990年，深圳证券交易所成立。深圳市不断推行经济体制改革，从计划经济转向市场经济，以市场为导向。深圳经济体制的改革成为我国的先导，带动了深圳市乃至全国经济的发展。

（三）以发展高新技术企业为主体

深圳市发展初期是以加工贸易为主，加工贸易企业具有技术密集型和劳动密集型的双重特点，由于规模化经营和最优化成本生产的需要，加工贸易对技术人才没有特别高的要求，因此，不属于技术密集型产业。这就导致加工贸易企业产品的附加价值较低，无法掌握核心技术，无法拥有自主知识产权，更加导致深圳自主创新能力低，不利于深圳市进一步向世界级城市发展。为了改变这一状况，深圳市政府采取了积极的政策与措施，一方面鼓励加工贸易企业转型升级；另一方面支持高新技术企业的发展，双管齐下，提升企业的市场竞争力，加速推进城市的经济发展。根据深圳市"十二五"规划纲要，深圳市继续坚持自主创新，更加注重科技引领创新驱动。"十二五"期间，深圳市建设了100—150个国家级高新技术产业发展项目、200—300个市级高新技术产业化项目；50多个国家级工程技术研究中心、工程实验室、重点实验室和企业技术中心等，新增市级工程实验室、工程研究中心、重点实验室、技术中心200家以上。2015年，深圳市科技进步贡献率超过了60%，高新技术产业增加值占GDP的35%，战略性新兴产业增加值占GDP的20%，全社会研发支出占GDP的4%，每万人口年度发明专利授权数量达到12项。

综上可见，高新技术产业已经成为深圳市最重要的支柱性产业。在未来发展中，深圳市政府将进一步推进高新技术产业的发展，进一步坚持以高新技术企业为主体，提升企业的核心竞争力，形成城市的核心竞争力，推动全市的技术提升与经济发展。

第三节　东部省域首位城市竞争力比较分析

发展实力表现在学术研究上，通常视为竞争力的研究。竞争力的一般是指参与者双方或多方的一种角逐或比较而体现出来的综合能力，理论研究中的竞争力有企业竞争力、区域竞争力、产业竞争力等，对于本书涉及的城市现状分析，城市竞争力属于区域竞争力的研究范畴，其更注重城市发展质量的对比研究，本书所选取的东部省（市）包括河北省、山东省、江苏省、浙江省、福建省和广东省。

一　东部省域首位城市竞争力的指标选取

考虑到东部省域城市发展的实际情况，综合城市经济发展、基础设施、科技教育、资源环境、居民生活质量等诸多因素，并参照目前研究中已有的城市竞争力体系及城市竞争特点等成果，建立包含经济发展竞争力、社会发展竞争力、基础设施竞争力和生态环境竞争力的 4 个一级指标，并在每个一级指标后设置相应的二级指标（共 22 个），由此构成首位城市的竞争力评价指标体系，如表 2 - 3 所示。

表 2 - 3   首位城市发展竞争力评价指标体系

评价目标层	一级指标	二级指标
东部地区首位城市竞争力评价指标体系	经济发展竞争力	人均地区生产总值（元）
		固定资产投资额（亿元）
		社会消费品零售总额（亿元）
		地方财政一般预算收入（亿元）
		第二、第三产业占 GDP 比重（%）
		城镇居民可支配收入（元）
	社会发展竞争力	基本社保覆盖占全省比重（%）
		科学支出占 GDP 比重（%）
		教育支出占 GDP 比重（%）
		百人公共图书馆藏书量（本、册）
		千人拥有的医院床位数（张）
	基础设施竞争力	每万人拥有公交车数量（辆）
		人均城市道路面积（平方米）
		供电总量（万千瓦时）
		供水总量（万吨）
		供气总量（吨）
		国际互联网用户数（户）
	生态环境竞争力	生活垃圾无害化处理率（%）
		生活污水集中处理率（%）
		工业固体废弃物综合利用率（%）
		空气质量达标率（%）
		人均公园绿地面积（平方米）

将上述指标的选取原因和具体说明如下：

经济发展竞争力：城市经济发展是一个城市经过长期发展而呈现出来的状况，是城市在长期的发展过程中，城市经济行为主体与自然、社会不断调和的结果。它反映一个城市经济发展水平和经济发展所处阶段，主要体现经济发展水平、经济增长潜力、收入水平等。具体指标有人均地区生产总值，固定资产投资额，社会消费品零售总额，地方财政一般预算收入，第二、第三产业占 GDP 比重和城镇居民可支配收入。

社会发展竞争力：实现城市的社会全面发展也是城市发展质量的内涵和本质要求，社会发展主要依靠科技进步提升创新能力，依靠社会保险实现人居和谐，以人口素质提高为前提，培育和提升人力资源及其素质，不断提高或改善人民的生活质量，成为城市竞争力的重要保障。其具体指标有基本社保覆盖占全省比重、科学支出占 GDP 比重、教育支出占 GDP 比重、百人公共图书馆藏书量和千人拥有的医院床位数。

基础设施竞争力：城市基础设施和服务是以物质形态为特征的基础设施结构系统，是指城市可以利用的各种设施及其质量，包括交通、通信、能源、动力、住房设施系统等。城市基础设施是现代城市赖以生存和发展的基本条件，是为城市国民经济各部门、人民生活提供服务的载体，能够体现一个城市对社会经济活动的承载能力，反映城市竞争力发展的基本条件。其具体指标有每万人拥有公共汽车数量、人均城市道路面积、供电总量、供水总量、供气总量和国际互联网用户数。

生态环境竞争力：城市生态环境是城市区域内与居民生产、生活密切相关的因素，它一方面可以直接为城市居民所享用，另一方面对城市产业发展有着重要影响。良好、优美怡人的自然环境会对人民产生巨大的吸引力、推动力，同时，城市生态环境是其能否实现城市竞争力可持续性的关键条件。其具体指标有生活垃圾无害化处理率、生活污水集中处理率、工业固体废弃物综合利用率、空气质量达标率和人均公园绿地面积。

二　选取竞争力评价方法

由于首位城市发展竞争力产业选取的指标较多，在参阅了当前对城市发展水平及其竞争力评价文献的基础上，最终选择因子分析法作为城市竞争力的比较评价方法。

因子分析法是通过研究众多变量之间的内部依赖关系，寻求数据的基本结构，用少数几个被称为公因子的不可观测变量来表示基本数据结构的一种经济数量方法，其主体思想是"降维"，即通过对诸多变量的相关性研究，可以用少数几个变量，来表示原来变量的主要信息，进而用以替代原来的变量解释一些经济、社会信息等。

因子分析法的一般模型为：

$\mathrm{X} = (\mathrm{X}_1,\ \mathrm{X}_2,\ \cdots,\ \mathrm{X}_p)'$ 为 P 元随机变量，如果可表示为：

$$X_i = \mu_i + a_{i1}F_1 + \cdots + a_{im}F_m + \varepsilon_i,\ (i = 1,\ 2,\ \cdots,\ p,\ m \leqslant p)\ 或 \begin{bmatrix} X_1 \\ X_2 \\ \vdots \\ X_p \end{bmatrix} =$$

$$\begin{bmatrix} \mu_1 \\ \mu_2 \\ \vdots \\ \mu_p \end{bmatrix} + \begin{bmatrix} a_{11} & a_{12} & \cdots & a_{1m} \\ a_{21} & a_{22} & \cdots & a_{2m} \\ \vdots & \vdots & & \vdots \\ a_{p1} & a_{p2} & \cdots & a_{pm} \end{bmatrix} \begin{bmatrix} F_1 \\ F_2 \\ \vdots \\ F_m \end{bmatrix} + \begin{bmatrix} \varepsilon_1 \\ \varepsilon_2 \\ \vdots \\ \varepsilon_p \end{bmatrix} 或 X - \mu = AF + \varepsilon$$

称模型 $\mathrm{X} - \mu = \mathrm{AF} + \varepsilon$ 为正交因子模型，称 F_1，F_2，$\cdots$，F_m 为公共因子，它们是不可观测的变量，它们的系数矩阵 A 称为因子载荷矩阵；$a_{ij}(i = 1,\ 2,\ \cdots,\ p,\ j = 1,\ 2,\ \cdots,\ m)$ 称为第 i 个变量在第 j 个因子上的载荷（简称因子载荷），ε_1，ε_2，$\cdots$，ε_p 称为特殊因子，它们是不能被前 m 个公共因子包含的部分；并且满足：$\mathrm{cov}(\mathrm{F},\ \varepsilon) = 0$，即 F、$\varepsilon$ 不相关：

$$E(F) = 0,\ D(F) = \begin{bmatrix} 1 & & & \\ & 1 & & \\ & & \ddots & \\ & & & 1 \end{bmatrix} = I_m$$

即 F_1，F_2，$\cdots$，F_m 不相关：

$$E(\varepsilon) = \begin{pmatrix} 0 \\ \vdots \\ 0 \end{pmatrix},\ \mathrm{var}(\varepsilon) = \begin{bmatrix} \sigma_1^2 & & & \\ & \sigma_2^2 & & \\ & & \ddots & \\ & & & \sigma_p^2 \end{bmatrix}$$

式中，$F = (F_1,\ F_2,\ \cdots,\ F_m)'$，$\varepsilon = (\varepsilon_1,\ \varepsilon_2,\ \cdots,\ \varepsilon_p)'$。

用矩阵的表达方式：

$$X - \mu = AF + \varepsilon,\ E(F) = 0,\ E(\varepsilon) = 0,\ \mathrm{var}(F) = I_m$$

$$\mathrm{cov}(F,\ \varepsilon) = E(F\varepsilon') = \begin{bmatrix} E(F_1\varepsilon_1) & E(F_1\varepsilon_2) & \cdots & E(F_1\varepsilon_p) \\ E(F_2\varepsilon_1) & E(F_2\varepsilon_2) & \cdots & E(F_2\varepsilon_p) \\ \vdots & \vdots & \ddots & \vdots \\ E(F_m\varepsilon_1) & E(F_m\varepsilon_2) & \cdots & E(F_m\varepsilon_p) \end{bmatrix} = 0$$

$$\text{var}(\varepsilon) = \begin{bmatrix} \sigma_1^2 & & & \\ & \sigma_2^2 & & \\ & & \ddots & \\ & & & \sigma_p^2 \end{bmatrix}$$

三　实证分析及结论

首先，确定要进行评价的首位城市，从目前东部地区经济发展的实践情况来看，东部地区首位城市不仅仅局限于省会城市，福建省的福州市与厦门市，厦门市在经济发展、人口规模的方面超过福州市，为福建省首位城市；广东省的广州市与深圳市，深圳市经过改革开放的飞速发展，超越广州市成为广东省首位城市。此外，河北省的石家庄、山东省的济南市、浙江省的杭州市、江苏省的南京市都面临着各自省地级市的竞争，如河北省的保定市、山东省的青岛市、浙江省的温州市、江苏省的苏州市等，从目前的经济发展与人口规模来看，河北省、山东省、浙江省、江苏省首位城市分别为石家庄市、济南市、杭州市、南京市。

根据前面设定的评价指标体系，对 6 个城市 2011 年的相关指标对应数据进行收集整理，得到表 2 - 4。其中，大部分数据根据《中国城市统计年鉴（2012）》整理所得，部分数据由相关指标计算所得，特别说明的是"基本社会保险覆盖率"这一指标，其根据最权威的算法，由国家统计局推出的《全面建设小康社会统计监测方案》中的计算方法：指已参加基本养老保险和基本医疗保险人口占政策规定应参加人口的比重。计算公式为：基本社会保险覆盖率 = 已参加基本养老保险的人数/应参加基本养老保险的人数×50% + 已参加基本医疗保险的人数/应参加基本医疗保险的人数×50%。

表 2 - 4　　　　　　　东部省域首位城市竞争力评价指标及数据

指标	石家庄市	济南市	南京市	杭州市	厦门市	深圳市
人均地区生产总值（元）	39919	64331	76263	80478	70832	110421
固定资产投资额（亿元）	3026.98	1934.34	3757.25	3100.02	1128.09	2136.39
社会消费品零售总额（亿元）	1663	2114.29	2697.10	2548	800	3521
地方财政一般预算收入（亿元）	221	325.42	635.01	785.15	370.78	1339.57
第二、第三产业占 GDP 比重（%）	89.84	94.60	97.33	96.63	99.03	99.04

续表

指标	石家庄市	济南市	南京市	杭州市	厦门市	深圳市
城镇居民可支配收入（元）	23038	32570	35092	35704	37576	40742
基本社保覆盖占全省比重（%）	35.42	48.39	63.51	53.23	49.36	65.84
科学支出占 GDP 比重（%）	0.14	0.16	0.33	0.45	0.43	0.54
教育支出占 GDP 比重（%）	1.94	1.36	1.32	1.69	2.07	1.52
百人公共图书馆藏书量（本、册）	50.11	163.03	216.45	206.48	248.62	930.16
市辖区千人拥有的医院床位数（张）	3.79	5.20	4.69	5.82	5.73	8.33
每万人拥有公交车数量（辆）	19.24	11.94	11.44	17.13	20.35	110.52
人均城市道路面积（平方米）	17.07	18.20	18.96	11.13	17.96	33.89
供电总量（万千瓦时）	1421732	1983821	3789004	4325675	1745300	6960198
供水总量（万吨）	34521	32268	118862	52660	33739	161480
供气总量（吨）	58025	73268	198673	162828	106537	716285
互联网用户数	1668017	1327000	2473600	2411439	1006700	2805200
生活垃圾无害化处理率（%）	100.00	98.82	87.40	100.00	98.32	95.00
生活污水集中处理率（%）	95.46	86.55	59.50	93.61	90.40	93.97
工业固体废弃物综合利用率（%）	93.43	99.15	90.40	92.70	91.55	99.81
空气质量达标率（%）	87.67	87.67	86.85	91.00	99.00	99.00
人均公园绿地面积（平方米）	9.30	19.71	126.93	7.62	15.89	64.47

为简便起见，将上述指标分别记为 X_1、X_2、…、X_{21}、X_{22}。根据统计数据，运用 SPSS 18.0 统计软件包中的因子分析方法，将对应数据输入统计分析软件中进行处理。

首先，采用主成分分析法，提取特征值大于 1 的 3 个因子，同时运用最大方差法（Varimax）进行因子旋转。根据输出结果（见表 2-5），特征值大于 1 的 3 个因子的贡献率高达 79.213%，说明提取该 3 个主因子是比较合适的。

表 2-5 解释的总方差

成分	初始特征值			提取平方和载入			旋转平方和载入		
	合计	方差的百分比（%）	累计（%）	合计	方差的百分比（%）	累计（%）	合计	方差的百分比（%）	累计（%）
1	12.411	56.413	56.413	12.411	56.413	56.413	7.129	32.404	32.404
2	4.717	21.441	77.853	4.717	21.441	77.853	5.618	25.539	57.942
3	2.474	11.243	89.097	2.474	11.243	89.097	4.680	21.271	79.213

表 2-6 是初始因子载荷矩阵，可得到各观测量的因子表达式，如主因子一 $= 0.969X_1 + (-0.010X_2) + 0.792X_3 + \cdots + (-0.520X_{21}) + 0.519X_{22}$，各因子前的系数表示变量在因子上的载荷。

表 2-6　　　　　　　　　　初始因子载荷矩阵

因子	X_1	X_2	X_3	X_4	X_5	X_6	X_7	X_8	X_9	X_{10}	X_{11}
主因子一	0.969	-0.010	0.792	0.969	0.719	0.804	0.899	0.797	-0.433	0.934	0.893
主因子二	0.114	-0.798	-0.337	0.067	0.129	0.180	-0.307	0.297	0.647	0.260	0.436
主因子三	0.154	0.191	0.408	0.079	0.645	0.494	0.267	0.459	0.258	0.160	0.003

因子	X_{12}	X_{13}	X_{14}	X_{15}	X_{16}	X_{17}	X_{18}	X_{19}	X_{20}	X_{21}	X_{22}
主因子一	0.840	0.769	0.960	0.914	0.948	0.753	-0.457	-0.089	0.405	-0.520	0.519
主因子二	0.332	0.125	-0.030	-0.316	0.136	-0.385	0.798	0.899	0.359	-0.671	-0.790
主因子三	0.338	0.343	0.115	0.113	0.228	0.208	0.247	0.349	0.679	0.430	0.154

初始因子载荷矩阵中的各公因子虽然在众多变量上具有较高载荷，但实际含义仍比较模糊。为使公因子的解释能力更强，通常对因子载荷矩阵进行旋转，采用最大方差法（Varimax）得到因子旋转后的载荷矩阵（见表 2-7）。

表 2-7　　　　　　　　　　旋转后的载荷矩阵

因子	X_1	X_2	X_3	X_4	X_5	X_6	X_7	X_8	X_9	X_{10}	X_{11}
主因子一	0.785	-0.354	0.162	0.635	0.931	0.907	0.663	0.956	0.124	0.595	0.738
主因子二	0.481	-0.339	0.535	0.521	0.107	0.256	0.297	0.119	-0.362	0.748	0.648
主因子三	0.215	0.387	0.340	0.112	0.305	0.249	0.606	-0.038	-0.727	0.062	-0.080

因子	X_{12}	X_{13}	X_{14}	X_{15}	X_{16}	X_{17}	X_{18}	X_{19}	X_{20}	X_{21}	X_{22}
主因子一	0.446	0.296	0.574	0.428	0.527	0.276	-0.178	0.037	-0.090	-0.884	0.162
主因子二	0.797	0.856	0.502	0.506	0.719	0.246	0.016	0.300	0.934	-0.054	0.074
主因子三	-0.091	0.206	0.172	0.501	0.111	0.289	-0.936	-0.953	-0.156	0.458	0.921

从旋转的因子载荷矩阵可知，指标 X_1、X_4、X_5、X_6、X_8、X_{16}、X_{11}、X_{14}、X_{21} 在主因子一上具有较高的载荷值，说明这些指标的绩效可通过主

因子一的载荷值体现出来，其中，较为集中的是经济发展竞争力，因此，该因子集中体现了这方面的竞争力，具有较为广泛的竞争力含义；指标 X_2、X_3、X_{10}、X_{12}、X_{13}、X_{16}、X_{17}、X_{20} 在主因子二上具有较高载荷值，反映出城市基础设施和公共服务方面的情况，其涵盖的竞争力意义更为具体；X_7、X_9、X_{15}、X_{18}、X_{19}、X_{22} 的载荷值在主因子三上较高，多体现的是生态建设方面的指标，从各指标的含义来看，主要体现的是城市的人居质量和可持续发展情况，体现了城市的公共服务功能。

进一步地，SPSS 18.0 统计软件中已经计算出各主因子在不同对象上的得分（见表 2 - 8），而最后的综合得分是根据回归法对各主因子得分计算而得出，具体采用加权平均法，其计算公式为：

$$F = \frac{32.404\% \times F_1 + 25.539\% \times F_2 + 21.271\% \times F_3}{79.213\%}$$

由此，计算出综合得分，并进行排序，如表 2 - 8 所示。

表 2 - 8　　　　　　2011 年东部六省首位城市竞争力综合排名

城市	GDP（亿元）	排名	F	排名
深圳	9510.91	1	2.236	1
杭州	5945.82	2	1.732	2
南京	5086.00	3	1.663	3
厦门	2539.31	6	1.411	4
济南	3910.80	4	1.322	5
石家庄	3110.00	5	1.213	6

根据上述得分及排名结果，可以看出，深圳市在东部省域的城市竞争力排名第一，其在地区 GDP 总量、人均 GDP 方面均处于 6 个东部地区城市首位，主要原因是深圳市处于珠三角经济发达地区，又是香港特区进入大陆的前沿阵地，依托了香港特区发展的产业转移，并在高新技术产业的发展上处于全国领先地位，涌现出了众多诸如腾讯、华为等知名高新技术企业。排名第二位的是杭州市，杭州市在城市的发展质量以及居民的生活水平上占有较大优势，地理位置上属于长三角城市圈，沿海发达地区，在互联网经济上发展赢得先机，是互联网巨头阿里巴巴总部所在地，对于杭州市的城市发展具有较大促进作用。南京市居于第三位，

虽然随着苏州的崛起，南京市在江苏省的经济地位逐步下降，但良好的产业基础及高素质的国民素质对于南京市的发展也有着重要的推动作用，整体较为平稳的发展态势保证其竞争力的表现中规中矩，城市建设及对生态环境的重视让南京市在东部 6 个城市中也有着强的竞争力。厦门作为东部六个城市中唯一一个非省会城市，其能保持第四位的综合竞争力与其良好的发展环境有关，厦门市是沿海城市，隔海与台湾省相邻，中国宜居城市的称号为其带来了优质的人才资源，虽然经济实力稍微逊色，但城市基础设施建设完善，城市发展前景广阔。济南市在所选东部 6 个城市中排名较靠后，虽然山东省是经济大省，但济南市的发展与山东省的经济地位不太契合。济南市的经济发展状况在全国 15 个副省级城市中地位较为落后，即便在全国地级以上城市比较中，部分指标也相对滞后，产业集群不明显，无产业优势，无行业领袖，自然资源不足等问题突出。石家庄市综合竞争力位于东部省域末位，城市面积较小，资源相对匮乏，又面临着来自保定、秦皇岛、廊坊等城市的竞争，城市在转型中定位不明确，没有建设成为河北省经济文化中心，竞争力较弱。

综上所示，通过对首位城市的竞争力比较评价，较为全面地分析了东部省域首位城市的发展情况，首位城市在发展中各有所长，以比较优势提升自身实力，结合各省域的经济总量具体分析两者之间排名存在的差异。

表 2-9　　　东部省域经济发展与首位城市竞争力排名比较

省域	经济总量排名	首位城市	城市实力排名
广东	1	深圳	1
浙江	4	杭州	2
江苏	2	南京	3
福建	6	厦门	4
山东	3	济南	5
河北	5	石家庄	6

根据东部省域的经济总量，2011 年，东部省域经济总体实力最强的为广东省，经济总量达 45636 亿元；其次为江苏省、山东省和浙江省，分别达到 40088 亿元、38165 亿元和 27005 亿元，河北省和福建省分别为

20137 亿元和 13601 亿元。表 2 – 9 列示了经济总量和城市竞争力的排名比较情况，经济总量排在第一位的省域，其城市竞争力同样排在第一位，前三位的省域和城市竞争力排名中，除经济大省山东省经济总量进入前三而首位城市济南市居第五位外，其他省域及城市排名中，经济总量前三的省域其首位城市竞争力也在前三位；经济总量后三位的省域其首位城市竞争力也在后三位，江苏省南京市除外。

第三章　中部省域首位城市发展现状分析

近年来，中部地区在国家中部崛起的总体战略指导下，以太原城市圈、中原经济区、武汉城市圈、长株潭城市群、皖江城市带以及鄱阳湖生态经济区为代表的国家级战略发展规划区正在全面实施中。中部地区经济迎来了新时期的发展机遇，经济社会总体发展迅速，纵向比较的发展速度显著；但是，也应该看到，当前中部地区与东部发达地区相比，无论是产业发展，还是城市建设，均存在较大差距。另外，中部地区不同省份经济发展水平，尤其是城市发展的差异也较为显著。本章主要对中部地区经济社会总体发展现状进行简要分析，进而对中心城市发展的竞争力进行比较，作为现状分析的主要内容，并为后面的首位度与经济增长的关系研究奠定基础。

第一节　中部地区经济发展概况

2011 年，中部地区实现生产总值 10.45 万亿元，占全国生产总值的 20.0%，人均生产总值为 2.92 万元；地方财政收入 8496.2 亿元，占全国的 16.2%；全社会固定资产投资达 7.08 万亿元，占全国的 23.2%；社会消费品零售总额达 3.70 万亿元，占全国的 20.1%；对外贸易进出口总额为 1626.7 亿美元，占全国的 4.5%。

产业是区域、城市发展的经济基础，了解产业发展情况可以对城市发展提出具体的对策建议。近年来，中部地区产业呈现良好发展态势。2011 年，第一产业实现增加值 12897.4 亿元；第二产业实现增加值 55940.2 亿元，其中，工业 49043.9 亿元；第三产业实现增加值 35636.3 亿元。中部地区整体呈现出工业化中期的典型特征。表 3 - 1 为近十年来中部地区产业结构的变化情况，从表 3 - 1 中可以看出，中部地区的第一产业和第三产业比重整体呈下降趋势，而第二产业比重则缓慢上升，形成了"二三一"的产业结构特征，工业在经济发展的过程中起着支柱性作用。

表 3 – 1　　　　　　　　　　中部地区产业结构情况　　　　　　　　单位:%

年份	2002	2003	2004	2005	2006	2007	2008	2009	2010	2011
第一产业	14.20	14.70	17.83	16.67	15.30	14.60	14.62	13.38	13.11	12.34
第二产业	49.20	47.80	47.68	46.77	48.50	49.45	51.17	50.20	52.66	54.10
第三产业	36.60	37.50	34.49	36.56	36.20	35.95	34.22	36.42	34.23	33.56

相对而言，长三角和珠三角地区经过改革开放 30 多年的快速发展，产业结构已发生了重大变化，传统的劳动密集型产业（如纺织、食品等行业）逐步退出了支柱产业的地位，而技术密集型产业（如电子通信等高科技产业）则逐步占据了重要位置；京津冀地区由于特殊的地理环境和资源优势，第三产业比重已超过第二产业。而中部六省仍然是农业大省，农业在国民经济中仍占有较大份额，2011 年的比重超过了 12%，农业劳动力在全部劳动力中仍占一半以上；工业虽然增长较快，但发展质量和层次还不高，传统工业还占较大比重。表 3 – 2 为 2011 年中部六省与其他经济圈产业结构对比情况。随着信息化和全球一体化背景下科学技术的不断进步和演化，产业结构的演进正日益向高级化、合理化、科学化的方向发展。虽然在国家宏观政策的引导下，中部地区的产业结构有所调整和优化，但产业结构还不够科学合理，产业结构调整的压力依然很大，产业整体上还处在相对较低水平，产业发展的协调性还有待加强。

表 3 – 2　　　　2011 年中部六省与其他经济圈产业结构对比情况　　　　单位:%

区域	第一产业	第二产业	第三产业
中部六省	12.34	54.10	33.56
长三角地区	4.76	49.51	45.73
珠三角地区	5.0	49.8	45.2
京津冀地区	6.23	44.19	49.59

第二节 中部省域首位城市发展现状

一 郑州市

郑州市，简称"郑"，是河南省省会，地处华北平原南部，河南省中部偏北，黄河下游。北邻黄河，西依嵩山，东南为广阔的黄淮平原。截至 2013 年 9 月底，郑州市辖 6 个市辖区（中原区、二七区、金水区、惠济区、管城区、上街区）、5 个县级市（巩义市、新郑市、登封市、新密市、荥阳市）和 1 个县（中牟县），另设省级新区郑州新区（含郑东新区）、1 个国家级高新技术产业开发区、1 个国家级经济技术开发区、1 个国家级综合保税区、1 个国家级航空经济综合实验区。其中，郑州都市区规划面积 1700 平方千米、郑州市区面积 1010.3 平方千米，郑州中心城区规划面积 980 平方千米、建成区面积 373 平方千米。人口密度居全国省会城市第二位，仅次于广州市。郑州市远景规划到 2020 年，市区总人口达到 1500 万以上。郑州市 2013 年年末总人口 919.1 万，比 2012 年增长 1.8%；城镇人口 616.5 万，增长 3%；乡村人口 302.6 万，下降 0.6%。郑州市全年出生人口 9 万，增长 3.4%，人口出生率 9.91‰；死亡人口 3.9 万，增长 1.8%，死亡率 4.31‰。全年净增人口 5.1 万，增长 4.7%；人口自然增长率 5.60‰。

作为国家中心城市、国际航空大都市、世界文化旅游名城、中原经济区核心增长区，未来 15 年郑州市的发展定位已确定。战略定位为国家中心城市、全国经济格局的战略支点、"三化"协调科学发展示范区、世界文化名城、国际陆港、中原经济区的核心增长区。结合战略规划，进一步确定郑州都市区的发展定位为一区三城，即国家中心城市、国际航空大都市、世界文化旅游名城和中原经济区核心增长区。确定都市区的战略格局为"一主、一城、三区、四组团，一带、两翼、三轴"，建立"一主、一城、三区、四组团、26 个新市镇、若干新型农村社区"的新型城镇体系。"一主"即主城区，为都市区现代综合服务中心，功能定位为"国家级商贸中心、区域性金融服务中心、高新技术产业基地"。"一城"是航空经济新城。"三区"即东部、南部和西部三个新城区。"四组团"

即巩义、登封、新密和新郑四个外围组团，主要承担次区域服务中心的
作用。26 个新市镇承担统筹城乡发展的重要节点服务职能，发展特色产
业。新型农村社区为都市区最基层的社区单元。发展目标为优化布局，
组团发展。按照产城互动、组团发展的空间开发原则，重点推进航空港
经济综合实验区建设，合理调整城市空间布局和功能分区，加快宜居城
市组团建设，以便捷交通为纽带，以绿色生态为基础，进一步拉大城市
框架，成为千万人口城市。

2015 年全市实现生产总值 7315.2 亿元（见表 3 - 3），同比增长
10.1%，高于全国和全省 3.2 个、1.8 个百分点。分产业看，第一产业增
加值 151 亿元，同比增长 3%；第二产业增加值 3625.5 亿元，增长
9.4%；第三产业增加值 3538.7 亿元，增长 11.4%，经济增长呈加速态
势。农业稳定发展，全年粮食种植面积 521.6 万亩，粮食总产量 168.3 万
吨，比上年增长 3.9%。全年猪、牛、羊、禽肉总产量 25.7 万吨。禽蛋
产量 23.0 万吨，比上年增长 1.1%；牛奶产量 42.8 万吨，比上年下降
10.7%。工业经济均衡发展，全市规模以上工业增加值 3312.3 亿元，比
上年增长 10.2%，增速比全国高 4.1 个百分点，比全省高 1.6 个百分点。
产业集聚区成为支撑郑州都市区建设和县域发展的重要增长极。全市产
业集聚区工业增加值同比增长 14.4%，增速高于全市平均水平 4.2 个百
分点，占全市的 43.2%，对全市工业增长的贡献率达到 66.7%，拉动工
业增长 6.8 个百分点。

表 3 - 3   **郑州主要经济指标占全省比重**

指标	2014 年			2015 年		
	郑州市	全省	占全省比重（%）	郑州市	全省	占全省比重（%）
生产总值（亿元）	6777.0	34938.2	19.4	7315.2	37010.3	19.8
固定资产投资（亿元）	5259.6	30012.3	17.5	6288	34951.3	18.0
进出口总值（亿元）	2891.9	3994.4	72.4	3552.1	4600.2	77.2
地方财政一般公共预算收入（亿元）	833.9	2739.3	30.4	942.9	3009.7	31.3
金融机构存款余额（亿元）	13955.6	41374.9	33.7	16936.3	47629.9	35.6
金融机构贷款余额（亿元）	10868.4	27228.3	39.9	12650.3	31432.6	40.2

投资增速高位运行。全市固定资产投资（不含农户）6288 亿元（见表 3 - 3），同比增长 19.6%，增速比全国高 9.6 个百分点，比全省高 3.1 个百分点。全市基础设施投资 1297.4 亿元，同比增长 23.1%，民间投资 4509.8 亿元，同比增长 14.5%。全市房地产开发投资 2000.2 亿元，同比增长 14.7%，增速比全国高 13.7 个百分点，比全省高 4.6 个百分点。房地产开发企业本年购置土地面积 362.7 万平方米，同比下降 43.9%。房屋待售面积 477.6 万平方米，同比增长 3.4%，其中住宅待售面积 315.3 万平方米，同比增长 2.9%。市场销售总体平稳。全市社会消费品零售总额 3294.7 亿元，增长 11.5%，增速高于全国 0.8 个百分点，低于全省 0.9 个百分点。进出口高速增长，全市外贸进出口总额 570.3 亿美元；增长 22.9%。其中，出口 312.4 亿美元，增长 17.2%；进口 257.8 亿美元，增长 30.5%。居民消费价格温和上涨，全市居民消费价格比上年上涨 1.1%，涨幅收窄 0.9 个百分点。涨幅比全国低 0.3 个百分点，比全省低 0.2 个百分点。

结构优化升级，动力转换加快，三次产业结构调整不断趋优，动力转换成效显现。全市三次产业结构由 2014 年的 2.2∶51.4∶46.4 变化为 2.1∶49.5∶48.4，与 2014 年相比，第一产业和第二产业分别降低 0.1 个、1.9 个百分点，第三产业提高 2 个百分点。工业增加值占 43.6%，第三产业比重超过工业 4.8 个百分点。经济结构得到进一步优化。与现代产业紧密联系的金融保险业、房地产业等技术资本和知识密集型服务业不断发展，增加值合计占服务业增加值的 30.4%，比 2014 年提高 0.7 个百分点；第二产业对经济增长的贡献率为 52.2%，比 2014 年降低 6.9 个百分点，第三产业对经济增长的贡献率为 47.1%，比 2014 年提高 7 个百分点。第三产业与第二产业在经济增长拉动力上的差距进一步减小。工业结构转型升级，动力转换加快。全市七大主导产业增加值增长 12.6%，高出全市规模以上工业 2.4 个百分点，占规模以上工业的 71.7%，同比提高 2 个百分点。存贷款保持较快增长，12 月末，全市金融机构人民币存款余额 16936.3 亿元，同比增长 16.4%；人民币各项贷款余额 12650.3 亿元，同比增长 16.4%。

总的来看，全市经济呈现稳中有进、稳中有升的良好态势，整体好于全国、全省水平。主要经济指标在全国 35 个大中城市和中部六省会城市的位次前移，基本实现"争先晋位"和"全国找坐标、中部求超越、河南挑大梁"。

二　南昌市

南昌市地处江西中部偏北，赣江、抚河下游，鄱阳湖西南岸，东连余干、东乡，南接临川、丰城，西靠高安、奉新、靖安，北与永修、都昌、鄱阳 3 个县共享鄱阳湖，南北最大纵距约 121 千米，东西最大横距约 108 千米，是中国唯一一个毗邻长江三角洲、珠江三角洲和闽南金三角的省会中心城市，是连接三大重要经济圈（长江三角洲、珠江三角洲、海峡西岸经济区）的省际交通廊道。截至 2016 年 6 月，南昌市下辖东湖区、西湖区、青云谱区、青山湖区、湾里区、新建区 6 个市辖区和南昌县、进贤县、安义县 3 个县，以及 1 个国家级新区，总面积 7402.36 平方千米，年常住人口为 530.29 万。

作为江西省的省会城市，全省的政治、经济、科技、文化与信息中心，随着中部崛起战略的实施，南昌市开始打造可以全面带动全省发展的核心增长极，实现龙头昂起的新兴城市。无论是从"一江两岸"的赣江时代走向"跨江临湖、揽山入城"的"鄱阳湖时代"，还是在奠定在中国迈向第二个 100 年战略目标伟大进程中"南昌历史方位"的关口阶段，南昌市都始终走在创新崛起的前列。从中部崛起到"一带一路"、长江经济带、长江中游城市群，到鄱阳湖生态经济区，到打造核心增长极、"昌九一体、龙头昂起"，南昌市成为国家和全省重大区域发展战略的密集叠加区，迎来了千载难逢的历史机遇。2016 年 6 月，国务院发布批复同意设立江西赣江新区。江西赣江新区范围包括南昌市青山湖区、新建区和共青城市、永修县的部分区域，规划面积 465 平方千米，这个新区的成立将推进长江中游江西段 6 米深水航道建设，加快赣江、信江高等级航道建设，建成长江九江段一级航道、赣江湖口至南昌段二级航道，形成若干支有机衔接的高等级航道网络，全面对接周边省份高速路网，开辟南昌至东南亚欧美国际航线等。

2015 年人口普查数据显示，南昌市人口数合计 530.29 万。近年来，全市经济持续平稳较快增长。2015 年，全市地区生产总值突破 4000 亿元，增长 9.6%，增速高于调整后的计划目标 0.6 个百分点。三次产业结构由 2014 年的 4.4∶55∶40.6 调整为 2015 年的 4.3∶54.5∶41.2，服务业比重进一步提高。人均生产总值 75879 元，增长 8.3%；全市财政总收入 727.2 亿元，增长 13.9%；地方一般公共预算收入 389.2 亿元，增长

13.7%。金融业稳步发展，全市金融机构本外币存款余额 8534.34 亿元，增长 12.1%；金融机构本外币贷款余额 7556.91 亿元，增长 16.3%。南昌市在"十二五"期间，全市 500 万元以上固定资产投资增幅年年位居中部省会城市前 3 位，全社会固定资产累计投资 15000 亿元，年均增长 20.3%，使 2015 年全市固定资产投资增长至 4000 亿元，相较于 2010 年的约 2200 亿元，几乎翻倍，年平均增长为 11%。人均生产总值也从 2010 年的 6450 美元增加到 2015 年的 12183 美元，年均增长 13.6%（按可比汇率年均增长 12%）。南昌市的经济增长速度不断提升，各项指标位于全省前列，2015 年南昌市固定资产投资、地方一般公共财政预算收入、地区生产总值、规模以上工业增加值和利用外资实际到位资金 5 项指标增速较 2010 年在全省排名分别上升了 5 位、7 位、8 位、5 位和 5 位（见图 3 - 1）。

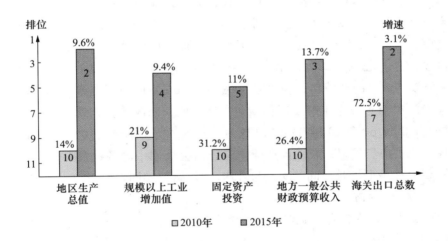

图 3 - 1　南昌市 2010 年和 2015 年经济指标对比

南昌市是全国唯一一个与长三角、珠三角和闽东南三角区相毗邻的省会城市，具有承东启西、沟通南北的独特的区位优势，是发达国家和地区先进制造业及现代服务业产业转移的首选之地。南昌市现建有 2 个国家级开发区和 6 个省级开发区，近千家规模及规模以上的工业制造企业，光伏光电、硅芯片蓝宝石、大飞机及零配件、生物医药、汽车及零部件、计算机软件和服务外包等多项战略性支柱产业粗具规模。"城中大商场、城郊大市场、城外大物流"的现代服务业格局基本形成。特别是南昌市被授予中国服务外包示范城市、国家低碳经济试点城市、国家创新型试点城市之后，金融、物流、服务外包、总部经济、文化创意等现代服务业得到迅猛发展。南昌市在全国第一个提出了"亲商、扶商、安商、护商、富商"的庄严承诺；颁布了全国第一部《南昌市优化投资环境条例》的地方性法规，以成本最低、回报最快、效率最高、信誉最好的"四最"品牌名扬海内外。2015 年，南昌市被评为中国最佳商业城市、中国城市投资环境 B$^+$ 城市、台商投资"极力推荐城市"，截至目前，已有 39 家世界 500 强企业和 37 家国内 200 强企业投资南昌。

根据南昌市 2016 年国民经济和社会发展计划草案报告，在兼顾全市九大基础产业的基础之上，重点发展南昌市的电子信息产业、医药产业和汽车产业；制定了《"十三五"新能源汽车产业发展规划》，支持江铃集团、百路佳客车引进战略合作伙伴，大力发展新能源汽车产业；在各高校、院所、企业之间建立产业技术联盟，合作开发新能源汽车电池、电控、电机等关键共性技术。LED 产业方面：抓住 LED 产业的高速发展机遇，引进先进的 LED 芯片封装和产品应用类企业，形成上、中、下协调发展的成熟的产业链；积极承接飞利浦 Lumileds 公司产能转移，使南昌市在 LED 产业上不断发展创新，提高产能，完成跨越式发展，并制定《南昌市 2016—2020 年打造"LED 南昌光谷"行动纲要》，力争"南昌光谷"建设初步成型，鼓励各产业协会、商会等同中国各地及海外地区等的 LED 企业开展长时间的交流与合作，"双赢"共同发展。

三 长沙市

长沙是湖南省省会城市，地处湖南省东部偏北，介于东经 111°53′—114°15′、北纬 27°51′—28°41′之间。长沙市是全国文明城市，两型社会试验区，中南地区重要的工商业城市，长江中游城市群中心城市之一，也是长株潭城市群中的核心。长沙市历经三千年历史，有"屈贾之乡""楚汉名城""潇湘洙泗"之称，在这里曾发生过清末维新运动、旧民主主义革命和新民主主义革命等爱国运动，这里也是楚文化和湖湘文化的重要始源地之一。长沙市在中国最具竞争力的十大城市中排名第九（分别为香港、上海、北京、深圳、台北、广州、天津、大连、长沙、杭州），被称为"中国内地娱乐之都"。其传媒业十分发达，拥有中国大陆收视率最高的地方电视台——湖南卫视。

　　2006年年末，长沙市常住总人口646.5万，户籍总人口631.00万，主要民族为汉族。根据2000年第五次全国人口普查，长沙市有少数民族48564人，主要为土家族、苗族、侗族、瑶族、回族、壮族和白族。长沙市的高等教育比较发达，拥有4所"211"工程重点大学，有3所进入"985"工程，数量上与上海和西安并列第二。其中，国防科技大学是最好的军事院校之一，中南大学在材料、桥梁隧道工程、机械和医学等方面的研究进入前列，湖南大学的前身为岳麓书院，其土木建筑、化学和生命科学等领域研究占有重要地位。2010年，长沙市实现地区生产总值4547.06亿元，在全国省会城市中居第7位，同比增长15.5%，GDP百强城市中排名第18位，人均收入居省会城市第3位。截至2010年，长沙市建成区已达320平方千米，全市城市化率为67.7%。长沙市以媒体和娱乐业闻名全国，产业以机械、电子、纺织、商贸和食品加工工业为主。2008年，长沙市工业总产值跃居全国省会城市第10位，是中西部地区主要的区域性中心城市之一。

　　如图3-2所示，2000年以来，长沙市经济总量一年上一个新台阶，2011—2014年分别为5619.33亿元、6399.91亿元、7153.13亿元和7824.81亿元；经济增速保持省会城市前列：2011—2014年分别为14.5%、13.0%、12.0%和10.5%，分别居第7位、第7位、第6位和第3位，保持持续快速增长。与此同时，长沙市人均GDP稳步提高。

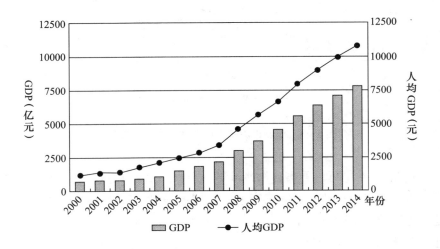

图3-2　长沙市历年GDP与人均GDP发展情况

如图 3 - 3 所示，"十二五"期间，长沙市外贸进出口实现跨越式增长，五年累计实现进出口总额 514.26 亿美元，较"十一五"期间增长129.8%，五年年均增长 16.3%，高出同期 GDP 年均增速 4.3 个百分点。其中，出口累计实现 327.70 亿美元，较"十一五"期间增长 133.9%，五年年均增长 19.5%；进口累计实现 186.56 亿美元，较"十一五"期间增长 122.9%，五年年均增长 11.1%。从进口、出口增长情况看，出口增速明显高于进口，五年累计实现贸易顺差 141.14 亿美元，出口占进出口总额的比重逐步增大，2015 年占 66.9%，比 2010 年高出 8.6 个百分点。"十二五"以来，进出口主体规模不断壮大，出口产品结构逐步优化，长沙市外贸出口加快向产业链、价值链高端延伸，附加值较高的机电和高新技术产品成为主要出口支撑点。进出口市场不断拓展，长沙市积极开拓全球市场，外贸市场多元化发展，传统市场持续巩固，新兴市场开拓成效明显。随着外贸发展环境持续优化，增加外贸资金支持的额度，将进一步完善通关机制。

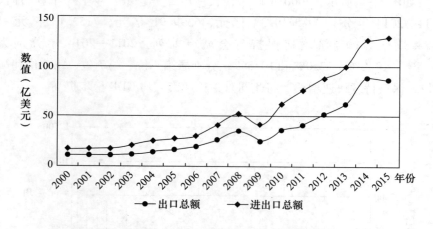

图 3 - 3　长沙市历年出口总额与进出口总额

从图 3 - 4 中可以看出，长沙市第一产业占 GDP 比重越来越小，第二产业占比呈增长趋势，而第三产业占比略有波动。2015 年，长沙市实现地区生产总值 8510.13 亿元，比 2014 年增长 9.9%。分产业看，第一产业实现增加值 341.78 亿元，增长 3.6%；第二产业实现增加值 4478.20亿元，增长 8.8%，其中，工业实现增加值 3745.03 亿元，增长 8.8%；

第三产业实现增加值 3690.15 亿元，增长 12.1%。第一、第二、第三产业分别拉动 GDP 增长 0.1 个、5.0 个、4.8 个百分点，三次产业对 GDP 增长的贡献率分别为 1.1%、50.3%、48.6%。按常住人口计算，人均地区生产总值达 115443 元，增长 8.4%。三次产业结构调整为 4.0∶52.6∶43.4。值得一提的是，截至2013年，长沙市第二产业形成了电子信息、烟草制品、汽车制造、非金属制品业和新材料五大支撑行业。2012 年，长沙市第三产业形成以新型商贸流通、金融、旅游、现代物流、服务外包、电子商务、会展业、体育产业八大产业为重点的格局。从服务业就业结构看，传统批发零售和住宿餐饮仍是长沙市稳定就业的重要渠道。长沙市有银行机构41 家，省级保险分支机构44 家，法人保险机构1 家，上市公司46 家，小额贷款公司26 家，融资性担保机构69 家，各类私募投资机构近200 家，花旗银行、东亚银行、渣打银行等一批外资银行入驻长沙市。

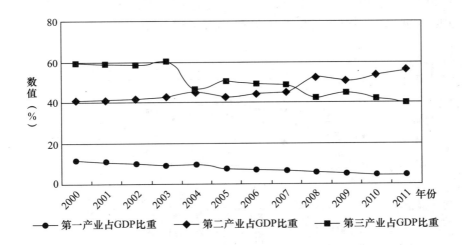

图 3 - 4　长沙市历年产业结构状况

四　武汉市

武汉市地处江汉平原东部、长江中游，别称江城，号称九省通衢，是湖北省省会、中部六省唯一的副省级市、国家区域中心城市，是中国中部地区的中心城市，是中国内陆最大的水陆空交通枢纽、国家的经济地理中心、全国重要的工业基地、科教基地和综合交通枢纽。武汉市也是内陆地区的金融、商业、贸易、物流、文化中心，被誉为世界开启中国内陆市场的"金钥匙"，经济发展的"立交桥"，具有承东启西、接南转北、吸引四面、辐射八方的区位优势。

截至 2015 年年末，武汉市下辖 13 个市辖区，3 个国家级开发区，总面积 8594 平方千米，全市常住人口 1060.77 万，城镇化率 79.3%。2015年，武汉市地区生产总值 10905.60 亿元，居中国大陆城市第 8 位，按可比价格计算，比 2014 年增长 8.8%。其中，第一产业增加值 359.81 亿元，增长 4.8%；第二产业增加值 4981.54 亿元，增长 8.2%；第三产业增加值 5564.25 亿元，增长 9.6%。人均生产总值 104132 元，增长6.8%。"十二五"时期，全市地区生产总值累计 44792.37 亿元，是"十一五"时期的 2.2 倍；年均增长 10.4%，低于"十一五"时期的平均增速 4.3 个百分点，其中，第一产业、第二产业和第三产业年均分别增长4.6%、11.6% 和 9.8%。三次产业结构由 2014 年的 3.5∶47.5∶49.0 调整为 2015 年的 3.3∶45.7∶51.0，第三产业比重提高两个百分点。2001—2013 年武汉市 GDP 增长与增速情况如图 3-5 所示。

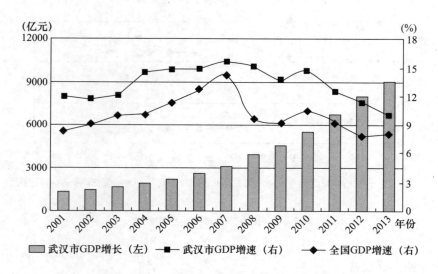

图 3-5　2001—2013 年武汉市 GDP 增长与增速

2015 年，完成农业总产值 620.28 亿元，比 2014 年增长 4.8%。其中，种植业 359.16 亿元，增长 5.2%；林业 9.95 亿元，增长 11.7%；牧业135.27亿元，增长1.2%；渔业91.81亿元，增长5.0%；农林牧渔服务业24.09亿元，增长19.3%。

武汉市是中国重要的工业基地，拥有钢铁、汽车、光电子、化工、冶金、纺织、造船、医药等完整的工业体系。2015年，实现工业增加值4081.91亿元，增长8.4%。其中，规模以上工业增加值增长8.5%。规模以上工业总产值增长6.8%，其中，制造业增长8.3%，电力、热力、燃气及水生产和供应业增长1.7%。年末规模以上工业企业2411户，产值超100亿元的企业17户，过10亿元的企业121户。在11大工业行业中，5个行业产值超千亿元，分别是汽车及零部件制造业、电子信息制造业、装备制造业、食品烟草和能源及环保业。2015年年末，具有资质等级的总承包和专业承包建筑业企业1232户，建筑业增加值906.98亿元，比2014年增长7.1%。建筑业总产值6016.26亿元，增长3.0%。"十二五"时期，建筑业增加值年均增长9.6%，低于"十一五"时期平均增速2%。

武汉市是中国首批沿江对外开放城市之一，是外商投资中部的首选城市，在武汉市所有外商投资中，港资比重最大。武汉市是法国在华投资额最高的城市，占法国在华全部投资的1/3。截至2012年年底，世界500强已有98家在武汉市投资，居中国中西部地区首位。

武汉市是同时具备金融市场、金融机构、金融产品三要素的城市。截至2015年年底，共有汉口银行、武汉农村商业银行、湖北银行、合众人寿、长江财险、长江证券、天风证券、交银国际信托等13家金融机构总部设在武汉市。金融机构在汉签约入驻的后台服务中心达31家，位列中国第一。

2015年，武汉市的金融机构本外币存款余额19393.16亿元，比2014年增长16.1%。其中，住户存款6059.03亿元，增长5.8%。金融机构本外币贷款余额17135.79亿元，增长18.4%。境内贷款中，短期贷款3918.26亿元，增长2.7%；中长期贷款11346.95亿元，增长17.1%；消费贷款2834.60亿元，增长36.1%。其中，个人住房贷款2421.46亿元，增长39.1%；个人购车贷款170.38亿元，增长30.7%。

2015年，武汉市全年社会消费品零售总额5102.24亿元，比2014年增长11.6%。其中，限额以上企业零售额3519.32亿元，增长9.9%。按行业分，批发零售业零售额4626.71亿元，增长11.4%；住宿餐饮业零售额 475.53 亿元，增长 12.7%。"十二五"时期，社会消费品零售总额累计实现 20091.54 亿元，是"十一五"时期的 2.1 倍；年均增长 14.7%，低于"十一五"时期平均增速 3.2 个百分点。

2001—2013 年武汉市社会消费品零售总额与增速情况如图 3-6 所示。

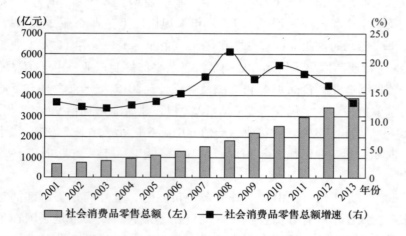

图 3-6　2001—2013 年武汉市社会消费品零售总额与增速

武汉市是中国四大科教中心城市（北京、上海、武汉、南京）之一。截至 2015 年，武汉市有普通高校 82 所，教育部直属全国重点大学 7 所、国家重点实验室 25 个、教育部重点实验室数百所，均仅次于北京市和上海市，位居中国第三；在校大学生和研究生总数 106.95 万人，其中，研究生 11.2 万人，居中国第一。

截至 2014 年年末，武汉市拥有政府部门所属科学技术研究机构 98 所。国家实验室 1 个、国家重点实验室 23 个、国家工程实验室 3 个、国家级工程技术研究中心 27 个、国家级企业技术中心 23 个、两院院士 60 人。实施市级科技计划项目 1019 项，市级登记科技成果 278 项，武汉地区获奖科技成果 374 项，其中获国家科技奖 25 项。专利申请 27802 件，增加 2122 件。其中，发明专利 11871 件，增加 2136 件。专利授权 16335 件，增加 434 件。其中，发明专利授权 3874 件，增加 703 件。每万人发明专利拥有量 14.5 件。技术市场合同成交额 309.23 亿元。

国家自主创新示范区即"中国光谷"是我国最大的光纤光缆和光电

器件研发生产基地。2001 年获批为国家光电子产业基地即"武汉·中国光谷"。"武汉·中国光谷"建成了国内最大的光纤光缆、光电器件生产基地、最大的光通信技术研发基地、最大的激光产业基地。光纤光缆的生产规模位居全球第二，国内市场占有率达 50%，国际市场占有率为 12%；光电器件、激光产品的国内市场占有率为 40%，在全球产业分工中占有一席之地。目前，示范区注册企业达两万多家，初步形成了以光电子信息产业为主导的产业格局，2013 年，示范区企业总收入达到 6517 亿元，增长 30.18%。

五　合肥市

合肥市位于安徽省中部，北纬 31°52′，东经 117°17′，地处长江淮河之间、巢湖之滨，通过南淝河通江达海，具有承东启西、接连中原、贯通南北的重要区位优势，北与淮南市接壤，南与安庆市相连，东与滁州市、马鞍山市、芜湖市毗邻，西与六安市交界。合肥市辖肥东县、肥西县、长丰县、庐江县、县级巢湖市以及瑶海区、庐阳区、蜀山区、包河区，并赋予合肥高新技术产业开发区、合肥经济技术开发区、合肥新站综合试验区市级管理权限，拥有 3 所国家实验室和 4 座重大科学装置，数量位居全国第二，仅次于首都北京。合肥市土地面积达 1.14 万平方千米，户籍人口 710.5 万，常住人口达 757.2 万，占全省总人口的 12.72%。

合肥市作为安徽的省会城市，是全省的政治、经济、文化、信息、金融和交通中心。2013 年，合肥市本地生产总值 4672.91 亿元，第一、第二、第三产业所占比重分别为 5.3%、55.3%、39.4%。与 2012 年相比，2013 年，全市生产总值增长速度达到 11.5%。其中，三大产业中的第一产业增长幅度最小，与上年相比只增长 3.2%，产业增加值只有 18.16 亿元；第二产业的增长幅度最大，产业增加值达到了 279.85 亿元，增幅达到 12.9%；第三产业增加值 210.58 亿元，增速达到 10.6%。第三产业中，批零贸易餐饮业所占比重最大，产值达到 355.47 亿元，所占比重达到 19.3%，紧随其后的分别是房地产业、金融业和交通运输邮电业，它们的产值分别为 269.88 亿元、252.48 亿元和 183.52 亿元。按 2013 年合肥市的户籍人口计算，其人均生产总值 61555 元，与 2012 年相比，增长 10.9%，增加额为 6931 元。

2013 年，合肥市全年规模以上工业企业产值 7526.58 亿元，与 2012 年的 6696.42 亿元相比，增加 830.16 亿元，增长幅度达到 12.4%。其中，全市轻工业的工业产值总额 2881.45 亿元，与上年相比，增长 7.19%，增加额达到 193.18 亿元，重工业的工业总产值为 4645.13 亿元，与上年相比，增长 15.9%，增加额达到了 636.98 亿元。全市工业总产值中，重工业的工业总产值所占的比重超过一半，达到了 61.71%。由此可以看出，重工业在合肥市的经济中占有非常重要的地位，对合肥市经济的高速发展起着至关重要的作用。其中，重工业中工业产值排名前四的行业分别为电气机械和器材制造业，通用设备制造业，汽车制造业，计算机、通信和其他电子设备制造业。电气机械和器材制造业的工业产值 1803.02 亿元，增长 9.61%，增加值 158.2 亿元；汽车制造业的工业产值 700.18 亿元，增长 2.14%，增加值 14.67 亿元；计算机、通信和其他电子设备制造业的工业产值 618.47 亿元，增长 39.69%，增加值 175.69 亿元；通用设备制造业的工业产值 527.30 亿元，增长 21.92%，增加值 94.8 亿元。2013 年，合肥市全年规模以上工业企业主营业务收入 1085.54 亿元，比上年增长 13.41%，利税总额 809.45 亿元，比上年增长了 3.08%，利润总额实现增长 2.11%。2013 年，合肥全年建筑业企业的利税总额 162.84 亿元，与上年相比，增加了 8.1 亿元，增幅达到了 5.23%；利润总额 85.6 亿元，实现增长 3.89%，产值利润率基本与上年持平，为 3.38%。

2013 年，合肥市全年财政收入总额 768.28 亿元，与 2012 年相比，财政收入总额增加 73.92 亿元，增幅达到 10.65%；财政支出总额 630.85 亿元。与 2012 年相比，财政支出总额增加 58.56 亿元，增幅达到 10.23%，财政收入的增长幅度要略大于财政支出的增幅。政府财政支出的两个大头是教育事业和城乡社区事务，财政支出总额分别为 104.47 亿元和 126.99 亿元，在财政总支出中所占比重分别为 16.56% 和 20.13%，由此可以看出，合肥市政府高度重视教育事业的发展与城市公共服务的质量。

合肥市城市的发展主要呈现以下特征：

（1）充分利用了安徽省委、省政府的政策倾斜。合肥市作为安徽的省会城市，是安徽省的政治、经济、文化、交通中心，在资源利用、产业布局、政策落实等方面具有省内其他城市所不具有的得天独厚的先天优势。安徽省在合肥市建立与扶持了很多企业，这些企业为合肥市经济的快速腾飞做出了不可磨灭的贡献。作为全省的交通中心，目前合肥市已经形成了公路、铁路、水运和航空多种运输手段的区域性交通枢纽，发达而完善的交通系统使合肥市的经济发展更加快速。国家《第十一个五年计划期间》提出了"中部崛起"战略，战略提出要安徽省"沿江起舞承接长三角"的策略，要安徽省充分发挥出紧靠长江经济带的地理优势，承接长江经济带的产业转移，而合肥市作为安徽省的省会城市，更是充分地抓住了这次长江经济带产业大转移所带来的发展机遇。

（2）高新技术企业发展迅速。合肥市发展初期是以制造业为主的，制造业具有技术密集型和劳动密集型的双重特点，制造业并不是技术密集型的产业，因为它对技术人才的要求并不高，工人只要经过简单的职业培训就可以胜任这一工作。这就导致制造业企业的管理者不重视科学技术创新，无法自己掌握核心技术，制造出来的产品属于初级产品，没有很高的附加价值，所以，早期合肥市的自主创新能力是比较低的。后来，为了改变这一状况，合肥市政府采取了一系列行之有效的措施，一方面鼓励制造业企业加快转型升级，另一方面不断地加大对高新技术企业的扶持力度，给它们提供税收优惠政策和政府财政补贴，双管齐下，不断地提升企业的市场竞争力，加快推进城市经济发展。如今，电子信息产业已经成为合肥市经济增长的另一个重要动因。合肥市市经信委公布的数据显示，2013 年，合肥市电子信息产业共实现产值 1102.77 亿元，其中，电子制造业 813.17 亿元、光伏产业 149.6 亿元、软件信息服务业140 亿元，电子信息产业总产值在中部省会城市中排名第三，在全国省会城市中排名第十。

（3）依托不断提高的科技创新能力。合肥市的科教优势突出，是全国四大科教基地之一，也是目前国内唯一的国家科技创新型试点市。拥有以中国科学院合肥物质科学研究院为代表的各类科研机构 200 多个，各类高等院校 59 所，其中又属中国科技大学最为突出。合肥市科研基础非常雄厚，是除北京之外，国家重大科学工程布局最密集的城市；合肥市创新能力较强，是世界科技城市联盟（WTA）会员城市，自 2001 年起，中国合肥高新技术项目与资本对接会每年在合肥举办，促进高新技术的交流共享，为全国的高新技术企业、个人搭建起国内、国际科技产业投资的平台。

六　太原市

据 2014 年人口抽样调查，太原市年末常住人口 429.89 万，比 2013年年末增加 2.12 万。其中，城镇人口 362.18 万，增加 2.34 万人；乡村人口 67. 71 万，减少 0. 22 万。城镇化率 84. 25%，比 2013 年提高 0. 13 个百分点。男性人口 217. 81 万，女性人口 212. 08 万，性别比为 102. 70：100。全年出生人口 4. 28 万，人口出生率 9. 98‰；死亡人口 2. 16 万，死亡率 5. 03‰；自然增加人口 2. 12 万，自然增长率 4. 95‰。2014 年，太原市 97. 28% 的人口为汉族，除汉族外，比较常见的还有满族、维吾尔族、藏族、蒙古族、回族等。

2014 年，太原市实现地区生产总值 2531. 09 亿元，比 2013 年增长 3. 3%。其中，第一产业增加值 38. 93 亿元，增长 4. 3%；第二产业增加值 1012. 31 亿元，增长 1. 0%；第三产业增加值 1479. 85 亿元，增长 5. 1%。第三产业中，交通运输、仓储和邮政业增加值 126. 94 亿元，增长 1. 1%；批发零售和住宿餐饮业增加值 441. 30 亿元，增长 3. 4%；金融业增加值 307. 05 亿元，增长 4. 9%；房地产业增加值 139. 91 亿元，增长 6. 8%；营利性服务业增加值 262. 26 亿元，增长 11. 0%；非营利性服务业增加值 200. 80 亿元，增长 3. 3%。人均地区生产总值 59023 元，比 2013 年增长 2. 8%，按 2014 年平均汇率计算达到 9606 美元。三次产业比重分别为 1. 5%、40. 0%、58. 5%，分别拉动经济增长 0. 06 个、0. 47 个和 2. 77 个百分点。与上年相比，第一产业比重持平，第二产业比重下降 1. 7 个百分点，第三产业比重提高 1. 7 个百分点。

（一）第一产业

2014 年，太原市全年农作物种植面积 101. 94 千公顷，比 2013 年减少 5. 24 千公顷。粮食种植面积 76. 12 千公顷，比 2013 年减少 4. 36 千公顷。其中，夏粮种植面积 0. 15 千公顷，秋粮种植面积 75. 97 千公顷；蔬菜种植面积 21. 68 千公顷，药材种植面积 0. 71 千公顷。全年造林面积 17. 04 千公顷，零星植树 1200 万株，新增育苗面积 1. 48 千公顷。2014 年年末，太原市大牲畜存栏 4. 42 万头，猪出栏 45. 08 万头。肉类产量 5. 35 万吨，禽蛋产量 2. 90 万吨，牛奶产量 9. 94 万吨。水产品养殖面积 2. 39 千公顷，水产品产量 2569 吨。年末全市农业机械总动力 137. 90 万千瓦。全年农用化肥施用量 29037 吨。

（二）第二产业

太原市是新中国成立初期的重要工业基地之一。20 世纪末以来，在山西省新型能源和工业基地建设中，太原市坚持走新型工业化道路，承担起山西省产业结构调整和升级转化的重任。以不锈钢生产基地、新型装备制造工业基地和镁铝合金加工制造基地三大基地为代表的优势产业发展态势良好。经过 50 多年的建设，已形成了以能源、冶金、机械、化工为支柱，纺织、轻工、医药、电子、食品、建材精密仪器等门类较齐全的工业体系。

2014 年，太原市规模以上工业增加值 647.24 亿元，比 2013 年增长 0.4%。其中，中央企业增加值 72.53 亿元，下降 8.2%；省属企业增加值 259.65 亿元，下降 4.8%；市属及以下企业增加值 315.06 亿元，增长 7.4%。占全市规模以上工业增加值 85.3% 的十大行业中，增加值比上年增长的有 5 个。新兴接替产业增加值 387.28 亿元，增长 9.3%，占全市规模以上工业增加值的 59.8%。其中，装备制造业增加值 268.96 亿元，增长 15.1%，占全市规模以上工业增加值的 41.6%。煤炭、钢铁、炼焦、电力等传统行业增加值 259.96 亿元，下降 10.1%，占全市规模以上工业增加值的 40.2%。其中，占 18.9% 的钢铁行业增加值下降 10.0%，占 14.9% 的煤炭行业增加值下降 7.4%，占 2.7% 的电力行业增加值下降 18.9%，占 2.1% 的炼焦行业增加值下降 9.8%；规模以上工业主营业务收入 3279.40 亿元，下降 0.5%；利税总额 108.30 亿元，增长 3.0%；利润总额 19.66 亿元，增长 151.1%；亏损企业亏损额 49.82 亿元，增长 1.2%。

（三）第三产业

2014 年，太原市邮电业务总量 90.58 亿元，比 2013 年增长 13.8%。其中，邮政业务总量 5.64 亿元，增长 8.3%；电信业务总量 84.94 亿元，增长 14.2%。年末市话用户达到 116.37 万户，农话用户达到 4.66 万户，移动电话用户达到 742.66 万户，其中，3G、4G 移动电话用户分别为 229.19 万户和 43.08 万户。全市固定及移动电话用户总数达到 863.69 万户，每百人拥有电话 201 部。其中，固定电话和移动电话普及率分别达到 28 部/百人和 173 部/百人。计算机互联网用户 150.79 万户，净增加 7.31 万户，其中，宽带网用户 144.45 万户，增加 11.33 万户。2014 年，太原市接待海内外游客 4196.51 万人次，比 2013 年增长 14.5%。其中，国内游客 4176.44 万人次，增长 14.6%；海外游客 20.07 万人次，增长 5.0%。海外游客中，外国人 14.14 万人次，香港同胞 3.32 万人次，澳门同胞 0.39 万人次，台湾同胞 2.22 万人次。全年旅游总收入 500.01 亿元，增长 16.0%。其中，国内旅游收入 495.33 亿元，增长 16.8%；旅游外汇收入 0.77 亿美元，增长 4.5%。

2014 年，太原市金融机构本外币各项存款余额 10144.00 亿元，比年初增长 2.0%；本外币各项贷款余额 8054.64 亿元，增长 10.8%。人民币各项存款余额 10011.26 亿元，增长 2.0%，其中，个人储蓄存款余额 3325.78 亿元，增长 0.5%。人民币各项贷款余额 7945.33 亿元，增长 11.0%。人民币贷款中，中长期贷款余额 4906.03 亿元，增长 11.0%；短期贷款余额 2475.19 亿元，增长 1.4%。

2014 年，太原市保险保费收入 113.96 亿元，增长 16.8%。其中，寿险业务保费收入 62.89 亿元，增长 18.9%；健康险业务保费收入 7.55 亿元，增长 25.6%；意外伤害险业务保费收入 2.76 亿元，增长 17.8%；财产险业务保费收入 40.76 亿元，增长 12.4%。支付各类赔款及给付 41.17 亿元，增长 16.7%。其中，寿险业务给付 17.23 亿元，增长 23.2%；健康险业务赔款及给付 2.33 亿元，增长 4.2%；意外伤害险业务赔款 0.92 亿元，增长 61.9%；财产险业务赔款 20.69 亿元，增长 11.9%。

2014 年，太原市社会消费品零售总额 1411.13 亿元，比 2013 年增长 10.1%。其中，城镇消费品零售额 1382.58 亿元，增长 10.0%；乡村消费品零售额 28.55 亿元，增长 14.7%。限额以上贸易企业零售额 840.26 亿元，比上年增长 0.5%，占社会消费品零售总额的 59.5%。限额以上批发零售业企业通过互联网实现商品零售额 5.26 亿元，增长 2.1 倍。

2014 年，太原市外贸进出口总额 106.71 亿美元，比 2013 年增长 16.5%。其中，出口额 65.70 亿美元，增长 24.1%；进口额 41.01 亿美元，增长 6.0%。出口商品中，煤炭、焦炭、金属镁分别为 0.52 亿美元、1.28 亿美元、1.13 亿美元，占出口额的 4.5%。不锈钢材、机电产品分别为 14.49 亿美元、41.14 亿美元，占出口额的 84.7%。有贸易往来的国家和地区 151 个。年进出口额在千万美元以上的国家和地区 54 个，比上年增加 2 个。全年新设立外商投资企业 20 家。实际利用外商直接投资额 10.77 亿美元，增长 14.0%。

第三节　中部省域首位城市竞争力比较分析

发展实力表现在学术研究上通常视为竞争力。竞争力一般是指参与者双方或多方的一种角逐或比较而体现出来的综合能力，理论研究中的竞争力有企业竞争力、区域竞争力、产业竞争力等,对于本书研究涉及的城市现状分析,城市竞争力属于区域竞争力的研究范畴,其更注重城市发展质量的对比研究。根据东部地区关于城市竞争力相关理论的论述以及所构建的竞争力评价指标体系相关内容,对于中部省域首位城市竞争力相关内容不再赘述,仅对中部省域首位城市竞争力做实证分析。

首先确定要进行评价的首位城市,从目前中部地区经济发展的实践情况来看,中部省域的区域经济发展均表现为"一城独大"的城市发展体系,其不论城市发展规模、经济实力等各方面均处于明显优势,基于此,这里的竞争力分析仅选取中部省域6个首位城市(省会城市)进行比较评价,根据前面设定的评价指标体系,对6个城市2011年的相关指标对应数据进行收集整理,得到表3-4。其中,大部分数据根据《中国城市统计年鉴(2012)》整理所得,部分数据由相关指标计算所得,特别说明的是"基本社会保险覆盖率"这一指标,其根据最权威的算法,由国家统计局推出的《全面建设小康社会统计监测方案》中的计算方法:指已参加基本养老保险和基本医疗保险人口占政策规定应参加人口的比重。其计算公式为:基本社会保险覆盖率 = 已参加基本养老保险的人数/应参加基本养老保险的人数 × 50% + 已参加基本医疗保险的人数/应参加基本医疗保险的人数 × 50%。

表3-4　　　　　　中部省域首位城市竞争力评价指标及数据

指标	太原市	合肥市	南昌市	郑州市	武汉市	长沙市
人均地区生产总值(元)	54771	103049	72164	52981	75266	97435
固定资产投资额(亿元)	1024.14	3376.97	2022.33	3002.50	4255.16	3510.24
社会消费品零售总额(亿元)	973.29	1111.12	928.34	1987.11	3031.79	2201.61
地方财政一般预算收入(亿元)	174.12	338.51	187.02	503.01	673.26	425.78
第二、第三产业占GDP比重(%)	0.9608	0.6869	0.7795	0.8120	0.9205	0.6238
城镇居民可支配收入(元)	44868	45442	39816	35756	45644	44495
基本社保覆盖占全省比重(%)	44.54	24.44	31.72	18.05	51.79	30.29
科学支出占GDP比重(%)	0.3542	0.4378	0.1045	0.1585	0.2120	0.2334
教育支出占GDP比重(%)	1.7264	0.9971	1.0899	1.1052	0.9040	0.9440
百人公共图书馆藏书量(本、册)	132.90	69.53	82.60	60.21	138.51	145.20

续表

指标	太原市	合肥市	南昌市	郑州市	武汉市	长沙市
市辖区千人拥有的医院床位数	755.1	466.1	413.3	487.4	598.7	654.1
每万人拥有公交车数量（辆）	9.44	16.13	14.15	9.95	14.49	12.3
人均城市道路面积（平方米）	9.70	21.36	11.79	6.35	15.00	14.35
供电总量（万千瓦时）	2260178	1004013	598900	3233661	3281625	1156205
供水总量（万吨）	32147	32207	38352	35785	120051	51224
供气总量（吨）	31439	24258	85194	65800	204800	93000
互联网用户数	1038783	533300	570000	1254423	2210000	891398
生活垃圾无害化处理率（%）	94.00	77.22	100.00	86.78	90.24	100.00
生活污水集中处理率（%）	84.00	93.72	93.00	97.20	92.20	94.35
工业固体废弃物综合利用率（%）	53.02	93.90	98.34	76.55	95.96	98.40
空气质量达标率（%）	84.40	80.00	94.80	87.10	83.80	93.40
人均公园绿地面积（平方米）	10.64	15.83	8.95	10.94	11.66	9.46

资料来源：《中国城市统计年鉴（2012）》及 2012 年中部各省份统计年鉴。

为简便起见，将上述指标分别记为 X_1、X_2……X_{21}、X_{22}。根据统计数据，运用 SPSS 17.0 统计软件包中的因子分析方法，将对应数据输入统计分析软件中进行处理。

首先，采用主成分分析法，提取特征值大于 1 的因子，同时运用最大方差法（Varimax）进行因子旋转。根据输出结果（见表 3-5），特征值大于 1 的因子共 4 个，且前 4 个主因子的贡献率高达 89.794%，说明提取前 4 个主因子是比较合适的。

表 3-5　　　　　　　　　　解释的总方差

成分	初始特征值			提取平方和载入			旋转平方和载入		
	合计	方差的百分比（%）	累计百分比（%）	合计	方差的百分比（%）	累计百分比（%）	合计	方差的百分比（%）	累计百分比（%）
1	6.810	30.955	30.955	6.810	30.955	30.955	6.260	28.454	28.454
2	6.173	28.058	59.014	6.173	28.058	59.014	5.343	24.287	52.741
3	4.551	20.688	79.701	4.551	20.688	79.701	4.194	19.064	71.805
4	3.236	14.711	94.412	3.236	14.711	94.412	3.958	17.989	89.794

表 3 - 6 是初始因子载荷矩阵，可得到各观测量的因子表达式，如：
主因子一 $= 0.591X_1 + 0.972X_2 + 0.737X_3 + \cdots + (-0.129X_{21}) + 0.317X_{22}$，
各因子前的系数表示变量在因子上的载荷。

表 3 - 6　　　　　　　　　　　　初始因子载荷矩阵

因子	X_1	X_2	X_3	X_4	X_5	X_6	X_7	X_8	X_9	X_{10}	X_{11}
主因子一	0.591	0.972	0.737	0.802	-0.338	0.259	0.085	-0.098	-0.912	0.099	-0.301
主因子二	-0.575	0.016	0.594	0.429	0.755	0.122	0.748	-0.277	0.264	0.650	0.633
主因子三	0.313	-0.026	-0.146	-0.091	0.214	0.815	0.415	0.925	0.312	0.274	0.440
主因子四	0.426	-0.127	-0.093	-0.344	-0.279	0.502	0.388	-0.084	-0.027	0.647	0.299

因子	X_{12}	X_{13}	X_{14}	X_{15}	X_{16}	X_{17}	X_{18}	X_{19}	X_{20}	X_{21}	X_{22}
主因子一	0.692	0.565	0.124	0.716	0.693	0.454	-0.254	0.600	0.805	-0.129	0.317
主因子二	-0.468	-0.479	0.755	0.658	0.637	0.855	0.350	-0.403	-0.368	-0.040	-0.427
主因子三	0.246	0.609	0.000	0.081	-0.198	0.044	-0.523	-0.589	-0.291	-0.800	0.704
主因子四	0.210	0.268	-0.634	0.090	0.157	-0.243	0.734	-0.310	0.333	0.583	-0.470

初始因子载荷矩阵中的各公因子虽然在众多变量上具有较高载荷，
但实际含义仍比较模糊。为了使公因子的解释能力更强，通常对因子载
荷矩阵进行旋转，采用最大方差法得到因子旋转后的载荷矩阵（见表 3 -
7）。

表 3 - 7　　　　　　　　　　　　旋转后的载荷矩阵

因子	X_1	X_2	X_3	X_4	X_5	X_6	X_7	X_8	X_9	X_{10}	X_{11}
主因子一	-0.009	0.799	0.980	0.975	0.166	0.041	0.311	-0.318	-0.572	0.303	0.076
主因子二	0.883	0.487	0.021	0.043	-0.603	0.469	0.009	0.127	-0.669	0.030	-0.412
主因子三	0.192	0.182	-0.084	0.150	0.104	0.328	-0.081	0.812	0.080	-0.297	-0.002
主因子四	0.192	-0.115	0.135	-0.077	0.154	0.798	0.645	0.461	0.369	0.899	0.908

因子	X_{12}	X_{13}	X_{14}	X_{15}	X_{16}	X_{17}	X_{18}	X_{19}	X_{20}	X_{21}	X_{22}
主因子一	0.104	-0.016	0.697	0.866	0.857	0.886	-0.079	0.394	0.334	-0.136	-0.007
主因子二	0.929	0.855	-0.659	0.218	0.211	-0.260	-0.056	0.292	0.855	0.098	0.301
主因子三	0.234	0.477	0.231	-0.055	-0.306	0.045	-0.943	-0.093	-0.244	-0.961	0.948
主因子四	-0.182	0.203	-0.017	0.222	0.086	0.179	0.309	-0.686	-0.277	-0.106	-0.099

从旋转的因子载荷矩阵可知，指标 X_2、X_3、X_4、X_5、X_{14}、X_{15}、X_{16}、X_{17}、X_{19} 在主因子一上具有较高的载荷值，说明这些指标的绩效可通过主因子一的载荷值体现出来，其中较为集中的是经济发展竞争力和基础设施竞争力，因此，该因子集中体现了这两方面的竞争力，具有较为广泛的竞争力含义；指标 X_1、X_{12}、X_{13}、X_{20}、X_{21} 在主因子二上具有较高载荷值，除人均生产总值外，反映出城市基础设施和生态环境保护方面的情况，其涵盖的竞争力意义更为具体；X_8、X_{22} 的载荷值在主因子三上较高，其所能解释的指标数量较少，分别是创新能力和生态建设方面的指标，而在主因子四的载荷值较高的有 X_6、X_7、X_8、X_9、X_{10}、X_{11}、X_{18}，解释能力较强，从各指标的含义来看，主要体现的是城市的人居质量和可持续发展情况，体现了城市的公共服务功能。综合来看，主因子一和主因子四对竞争力含义的解释能力最强，其他三个主因子则在四个方面的竞争力指标中有相互交叉，可通过综合得分来体现整体竞争力情况。

进一步地，SPSS 17.0 统计软件中已经计算出各主因子在不同对象上的得分（见表 3 - 8），而最后的综合得分是根据回归法对各主因子得分计算得出，具体采用加权平均法，其计算公式为：

$$F = \frac{F_1 \times 28.454\% + F_2 \times 24.287\% + F_3 \times 19.064\% + F_4 \times 17.989\%}{89.794\%}$$

由此，计算出综合得分，并进行排序，如表 3 - 8 所示。

表 3 - 8　　　　　　2011 年中部六省首位城市竞争力综合得分

城市	F_1	F_2	F_3	F_4	F	排名
武汉	1.68209	0.32170	0.16982	0.34239	0.72468	1
长沙	0.20673	0.51932	0.89607	0.95738	0.58801	2
郑州	0.46842	1.30735	0.11930	-0.29069	0.46913	3
合肥	-0.59919	1.04410	1.59003	-0.30006	0.36999	4
南昌	-0.83423	0.62232	-1.24738	0.89564	-0.18143	5
太原	-0.92382	-1.20009	0.26430	1.18663	-0.32350	6

根据上述得分及排名结果，可以看出，武汉市在中部省域的城市竞争力排名第一，其第一因子得分较高，表明其在经济发展水平上明显高

于其他首位城市，大大提升了城市的竞争力，在社会发展、城市建设方面处于中部省域的平均水平，总体发展实力明显强于其他省域的首位城市。排名第二的是长沙（市），其明显优势在于第三、第四因子的社会发展竞争力，体现该城市的社会发展质量良好，在居民生活水平、城市发展活力上大大带动了其竞争力，生态环境方面也具有一定优势。郑州市位居第三，虽在城市发展活力、可持续发展上表现稍差，但经济水平、城市建设状况等方面都表现良好，整体较为平稳的发展态势保证其竞争力的表现中规中矩；合肥市的综合得分稍低于郑州市，同样为中部省域的中等发展水平，虽然其在城市经济实力的因子上得分略低，但凭借其突出的城市基础设施建设、生态环境优势，提升了该城市发展实力。南昌市和太原市的综合因子得分均较低，南昌市在城市的社会和生态环境方面具有一定优势，但最根本的问题在于经济发展水平不高、城市建设方面表现欠佳，制约了其综合竞争力。太原市虽在第四因子、城市发展功能上得分领先，但其他各因子得分均较低，经济实力和生态环境方面都明显落后于其他首位城市，综合竞争力位于中部省域末位。

综上所述，通过对首位城市的竞争力比较评价，较为全面地分析了中部省域首位城市的发展情况，首位城市在发展中各有所长，以比较优势提升自身实力，结合各省域的经济总量具体分析两者之间排名存在的差异。

根据中部省域的经济总量，2011 年，中部省域经济总体实力最强的为河南省，经济总量达 26931.03 亿元；其次为湖南省、湖北省和安徽省，分别达到 19669.56 亿元、19632.26 亿元和 15300.65 亿元，而江西省和山西省在 2011 年首次突破万亿元，分别为 11702.82 亿元和 11237.55 亿元。表 3-9 列示了经济总量和城市竞争力的排名比较情况，经济总量在第一集团的前三位省域，其城市竞争力同样排在前三位，后三位的省域和城市竞争力排名也是如此，虽个别排名略有差异，但中部地区整体上表现出省域经济同首位城市实力相一致的情况，因此，首位城市同省域经济发展之间确实存在一定的关联，基于此，下面重点探讨两者之间的关联性，试图找到一定发展规律，以指导现实中的区域经济发展最佳途径。

表 3 – 9　　　　　　　　中部省域经济发展与首位城市竞争力排名比较

省份	经济总量排名	首位城市	城市实力排名
山西	6	太原	6
安徽	4	合肥	4
江西	5	南昌	5
河南	1	郑州	3
湖北	3	武汉	1
湖南	2	长沙	2

第四章　我国东部省域城市首位度演进规律

第一节　东部省域城市首位度
时间演进规律分析

改革开放以来，尤其是我国社会主义市场经济建设以来，农村劳动力转移到城市的速度加快。在东部沿海地区，随着劳动力密集型产业的大量发展，吸引了大批的内地农村剩余劳动力到东部沿海城市。这种由农村向城市、由内地向沿海城市的人口流动对中国城市发展带来了重要影响，以首位度为衡量指标的城市规模分布状况也发生了很大变化。

一　1978—2010 年东部省域城市首位度时间演进情况

表 4－1 记录了 1978—2010 年中 4 个年份的本书所选取的东部 6 个省份城市首位度数据。由于数据的获取原因，1978 年的首位度值引用严敏、宁越敏（1979）所做的 1978 年省会城市首位度数据。

表 4－1　　　　1978—2010 年东部 6 个省份城市首位度变化情况

省份	省会城市	城市首位度				变化
		1978 年	1990 年	2000 年	2010 年	1978—2010 年
河北	石家庄	0.98	1.02	1.38	1.30	0.32
山东	济南	1.00	1.00	0.97	1.00	0.00
浙江	杭州	2.38	1.99	1.55	1.92	−0.46
江苏	南京	2.56	2.53	2.46	1.76	−0.80
福建	福州	2.24	2.26	1.40	0.91	−1.33
广东	广州	5.02	3.34	1.16	0.94	−4.08

资料来源：中国人口普查资料（2000 年、2010 年）和《中国城市统计年鉴（1990）》。

表 4 – 1 中列出了 1978—2010 年东部各省份城市首位度总体变化的情况。可以看到本书所选取的 6 个东部省份的城市首位度的变化有增有减，幅度也大小不一。其中，山东省从 1978 年的 1.00 变为 2010 年的 1.00，变化为 0.00，不增不减；河北省从 1978 年的 0.98 变为 2010 年的 1.30，增长了 0.32，增长率为 32.7%；广东省从 1978 年的 5.02 下降到 2010 年的 0.94，下降了 4.08，下降率达 81.3%；福建省从 1978 年的 2.24 下降到 2010 年的 0.91，下降了 1.33，下降率达 59.4%；江苏省从 1978 年的 2.56 下降到 2010 年的 1.76，下降了 0.80，下降率达 31.3%；浙江省从 1978 年的 2.38 下降到 2010 年的 1.92，下降了 0.46，下降率达 19.33%。

为了更深入地研究各时期东部 6 个省份城市首位度的变化情况，本书将研究时间分为 1978—1990 年、1990—2000 年和 2000—2010 年三个阶段，表 4 – 2 列出了东部各 6 个省份城市首位度的变化幅度以及变化率。

表 4 – 2　　　　　　东部 6 个省份城市首位度分阶段变化情况

1978—1990 年			1990—2000 年			2000—2010 年		
省会城市	变化幅度	变化率（%）	省会城市	变化幅度	变化率（%）	省会城市	变化幅度	变化率（%）
石家庄	0.04	4.4	石家庄	0.35	34.6	杭州	0.37	24.1
福州	0.02	1.0	南京	−0.07	−2.6	济南	0.03	3.6
济南	0.00	0.00	济南	−0.03	−3.2	石家庄	−0.08	−5.5
南京	−0.03	−1.2	杭州	−0.44	−22.2	广州	−0.23	−19.6
杭州	−0.39	−16.4	福州	−0.86	−38.2	南京	−0.70	−28.3
广州	−1.68	−33.6	广州	−2.17	−65.1	福州	−0.49	−35.2

资料来源：中国人口普查资料（2000 年、2010 年）和《中国城市统计年鉴（1990）》。

（一）1978—1990 年

从表 4 – 2 可以发现，从改革开放到 20 世纪 80 年代末，东部城市首位度增长的省份有 2 个，分别为河北省和福建省，其中，河北省的增幅最大为 4.4%；没有变化的省份有 1 个，即山东省；城市首位度处于下降状态的省份有 3 个，分别为江苏省、浙江省和广东省，其中，广东省的降幅最大为 33.6%。总体而言，东部省份的城市首位度处于下降趋势。例如，浙江省由于温州人口的快速增长，首位度下降到 2 以下，处于低首位分布；广东省由于深圳的迅速增长，首位度由高度首位分布降低到中度首位分布级别。

这个时期城市首位度的变化一方面是由于改革开放后我国经济高速发展，使城市发展进入了新的阶段，是东部地区的首位度变化的主要原因。除此之外，也受到行政体制变更的影响，大量县改市、乡改镇，县级市改地级市使首位度产生一系列的变化（许学强等，2009）。但是，需要特别指出的是，在城市化进程中，这个时期主要为乡村城市化时期，大城市的发展不是特别显著，首位度变化也不是特别剧烈。

（二）1990—2000 年

从 20 世纪 90 年代开始，中国进入了社会主义现代化建设的关键时期，同时也是经济体制改革的关键时期。1992 年，邓小平南方谈话后，党的十四大明确了我国经济体制改革以建立社会主义市场经济体制为目标，开始了又一轮更广泛、更深刻的改革开放大潮（张神根，2002）。

改革开放的继续推进，市场机制的作用发挥，使中国经济高速增长，使资本、人口的流动更加频繁。这一时期，中国城市建设进入了一个新的发展阶段。第五次全国人口普查数据结果显示，中国的人口城市化率已经从 1990 年的 26.4% 上升到 2000 年的 36.09%（宁越敏，2012）。同样，这个时期也是城市发展进入不均衡发展的时期，表中数据显示，大部分省份的城市首位度都发生了剧烈的变化。所选取的 6 个东部省份城市中有 4 个城市首位度变化率超过了 20%，其中，广东省的城市首位度变化率甚至超过了 60%。沿海地区除河北省外，城市首位度都经历了下降的阶段。其中广东省的下降最明显，首位度下降幅度达 2.17，下降65.1%。这一阶段，东部沿海城市首位度低（沿海地区除江苏省外都处于低首位分布及以下），内陆地区首位度高的格局基本已经形成。

（三）2000—2010 年

进入 21 世纪以来，中国的城市化仍旧处在快速发展的阶段，第六次全国人口普查数据显示，城市化率按照年均 1.36 个百分点的增长速度在2010 年达到了 50%。这极大地推动了大量劳动力的空间转移，加快了城市规模的变化。这一阶段，东部各省城市首位度仍处在剧烈变化的阶段，

6 个东部省份城市中有 4 个城市首位度变化率超过 20%。

东部沿海地区首位度大部分处于下降阶段，广东省、江苏省、福建省、河北省首位度都有不同程度的下降，尤以江苏省幅度最大，下降幅度 0.7，下降 28.3%。改革开放以来，江苏省苏州市在促进地区发展中，减少了政府对经济的干预，积极引进外资，极大地促进了当地的发展。21 世纪初，江苏省为进一步加快经济增长，促进城市发展，提出了"苏锡常都市圈"的构想（徐斌，2003）。这一举措取得的成果之一便是苏南地区的经济和城市发展都取得了可喜的成绩，在吸引外资方面，经济实力、基础设施等各项比较中，都出现省会南京市落后于苏州的情况（汪素序、李杏，2005；王博，2009）。出现增长的省份有山东省和浙江省，其中山东的首位度增长幅度较低，仅为 0.03。浙江省的首位度则出现了明显的增长状态，一部分原因源于杭州市行政区划调整的结果，另一部分原因与第二城市温州在金融风暴后显现的衰落态势相关。

到 2010 年，东部各省首位度分布的格局更加明朗，沿海地区均处于首位度小于 2 的阶段，各省空间格局处于双核、多核发展的情况，如河北省的石家庄市和唐山市、山东省的济南市和青岛市、江苏省的南京市和苏州市、浙江省的杭州市和温州市（宁波市）、福建省的福州市和厦门市、广东省的广州市和深圳市（东莞市、佛山市）。

1978—2010 年，中国的改革开放持续推动着中国经济的快速增长（朱铁臻，2009），尤其是随着 20 世纪 90 年代后改革开放的深入推进和中国融入世界经济后带来的巨大机遇，使中国城市在这一段黄金时间内实现了大发展，同时伴随着空间格局的极大变化，城市的规模和人口的集中程度也发生了巨大的变化并且呈现出一定的规律性。总体来看，全国各省首位度的分布目前已经呈现东部地区低、中部地区高、西部地区更高的态势，但其变化的经过存在一定的差异性，并且发生变化的原因也是多因素影响的。

二　东部省域城市首位度时间演进分析

（一）省会城市人口发展状况

将第五次、第六次全国人口普查数据进行整理计算，可以得到东部 6 个省份和省会城市市区城镇人口的年人口增长率以及省会市区城镇人口占全省市区城镇人口比重等数据（见表 4 - 3）。

表 4 - 3 东部 6 个省份省会城市市区城镇人口 单位:%

省份	省会城市	2000—2010 年人口增长率			省会人口占全省人口比重		
		全省	省会城市	增长率差值	2000 年	2010 年	比重差值
河北	石家庄	37	44	7	19	20	1
山东	济南	23	45	21	12	14	2
浙江	杭州	79	155	76	21	29	8
江苏	南京	130	98	- 33	26	22	- 4
福建	福州	53	38	- 16	26	23	- 3
广东	广州	73	30	- 43	25	19	- 6

资料来源:中国人口普查资料(2000 年、2010 年)和《中国城市统计年鉴(1990)》。

从人口增长率来看,东部地区市区人口增长速度达 57% ;从省会城市市区城镇人口增长看,东部地区的增长速度低于全省水平 3 个百分点。从数据上分析,东部地区的省会城市市区城镇人口增长落后于整个地区的增长,省会城市地位在下降,处在扩散阶段。与从人口增长率这个角度来观察省会城市的地位变化相比,省会市区城镇人口占全省市区城镇人口比重及变化可以反映一个省的省会城市在全省的地位情况及其变化趋势和可以预见的将来。从东部、中部和西部 3 个地区来看,2010 年,省会城市人口占地区城镇人口比重分别为 22%、30% 和 39%,东部、中部和西部 3 个地区省会城市的中心地位是逐渐加强的。东部地区的省会城市集聚度较低,非省会城市实力较强。尤其是济南市的比重仅占山东省的 14%,是所有省会城市中最小的。另外,从省会市区城镇人口占全省市城镇人口比重的变化看,东部地区比重存在些微降低,总体上看,非省会城市的发展强于省会城市的发展,省会城市由集聚作用在向扩散作用转变。从综合人口增长和人口比重两方面的分析,可以得到一致的结论,东部地区的省会城市规模发展速度已经落后于非省会城市的发展,其扩散和溢出效应已经显现。

(二)省域城市首位度发展状况

将所选取的东部 6 个省份城市首位度列于表 4 - 4 中,并分别计算 6 个省份城市首位度平均值。为消除由个别省份城市首位度剧烈变化对整个地区城市首位度产生不正常变化的影响,此处引入城市首位度中位值。中位值为东部 6 个省份城市首位度排序后的中间值。

表 4 - 4   东部 6 个省份城市首位度平均值和中位值

省份	省会城市	1978 年	1990 年	2000 年	2010 年
河北	石家庄	0.98	1.02	1.38	1.30
山东	济南	1.00	1.00	0.97	1.00
浙江	杭州	2.38	1.99	1.55	1.92
江苏	南京	2.56	2.53	2.46	1.76
福建	福州	2.24	2.26	1.40	0.91
广东	广州	5.02	3.34	1.16	0.94
平均值		2.36	2.02	1.48	1.30
中位值		0.99	1.01	1.17	1.15

资料来源：中国人口普查资料（2000 年、2010 年）和《中国城市统计年鉴（1990）》。

比较城市首位度平均值和中位值两组数值发现，在东部 6 个省份的城市首位度平均值和中位值之间存在一定的差距，但差距在不断缩小，从 1978 年的 1.37 一直下降至 2010 年的 0.15。1978 年，东部地区的城市首位度平均值为 2.36，各省域的城市规模分布较为均衡，大城市规模大，市镇体系也较发达，基本处于位序—规模分布的状态。到 2010 年，东部地区的城市首位度指数在全国仍然最低，但在城市首位度的具体数值上发生了很大的变化。东部地区城市首位度从 1978 年的 2.36 下降到 1.30，由数据变化说明东部地区省会城市总体的地位在下降。

（三）各时期城市首位度演进原因分析

从各个时期的城市首位度演进看，东部地区从改革开放以来其城市首位度演进是一致的，在三个研究阶段中，总的趋势都体现了不断降低的状态。"六五"计划提出，要积极地利用沿海地区的经济基础，发挥其特长，从而带动内地经济的发展。然而，在其城镇发展方针上明确表示：控制大城市规模，合理发展中等城市，积极发展小城市。尤其还强调大中型工业项目不鼓励放在大城市，要尽量考虑中小城镇和郊区。该时期的发展战略使东部地区人口有了较快增长，但起主导作用的是中小城镇的发展，省会城市首位度下降在所难免。"七五"计划之后，深圳、珠海、汕头、厦门和海南 5 个经济特区成立，其中，深圳、珠海、汕头、厦门都属于非省会城市，削弱了省会城市的首位度。总之，改革开放后，东部地区经济有了快速增长，人口的增长也处于领先地位，但在"控制大城市发展的大背景下"，省会城市的首位度在下降。

第二节　东部省域首位度演进规律分析

根据表4-1，以2010年的城市首位度数据为基础，按照马歇尔的划分方法，将中国各省份城市首位度情况分为四类：城市首位度小于1、城市首位度大于1但小于等于2、城市首位度大于2小于等于4和城市首位度大于4，分别表示省会非首位分布、低首位分布、中度首位分布和高度首位分布。同时为描述1978—2010年东部各省城市首位度变化情况，将变化量分为城市首位度变化大于0表示城市首位度增长状况、城市首位度变化为0表示城市首位度稳定状况和城市首位度变化小于0表示城市首位度下降状态三类。将各省份的情况总结于表4-5。

表4-5　1978—2010年东部6个省份城市首位度所处阶段和变化趋势分类

城市首位度 变化情况	S < 1	1 < S ≤ 2	2 < S ≤ 4	S > 4
增长	—	河北	—	—
稳定	—	山东	—	—
下降	广东、福建	浙江、江苏	—	—

Moomaw、Shatter（1996）和Ades、Glaeser（1995）等的研究发现，首位城市若是行政中心，城市首位度一般呈现增长的规律。对中国各省份来讲，首位城市大部分为行政中心，其城市首位度应该是增长的。然而，从表4-5可以看到，东部省份中浙江省、江苏省、广州省、福建省在1978—2010年的研究时间段中其城市首位度却是下降的。基于此，本书在接下来的部分按照首位度所处阶段不同进行分别研究，并且对部分首位度异常变化的省份进行单独分析。

一　省会非首位分布的省份

东部6个省份中，2010年城市首位度小于1的有2个省份，即广东省和福建省。表明其省会城市的规模在全省范围内并不是最大的，省会城市的功能和地位弱于省内另一个大城市。这与一般的发展情况存在差别，也更值得注意和研究其产生的原因。

（一）广东省

1990 年，深圳市市区城镇人口仅为 87.37 万，广州市的市区城镇人口为 291.43 万，是深圳的 3 倍多。在接下来的 10 年时间里，整个 20 世纪 90 年代，由于改革开放的进一步深入，尤其是邓小平同志南方谈话以及确立发展市场经济以来，整个广东省迎来了发展最辉煌的时期，经济总量牢牢地稳定在全国第一的位置。在人口发展方面，1990—2000 年实现了全省市区城镇人口 281% 的增长，其中最突出的是深圳市，人口增长幅度达到 641.7%。与此同时，广州市的人口增长虽然达到了 159%，但与深圳市相比大幅落后。2000 年，广州市与深圳市的人口规模比低于 1.5，广州市全省人口规模第一的位置也受到了极大的威胁。至 2000 年，第六次全国人口普查数据显示，广州市的市区城镇人口数已经低于深圳的人口，首位度已经低于 1。然而，对广州市来说，仅仅从市辖区城镇人口这个指标来替代其城市规模是有偏差的，广州市的大部分乡村人口虽然统计上处于乡村人口，但实际上早就城市化，是彻底的城市人口，但由于对户籍成分的偏好等原因，导致统计上实际人口规模的偏小。因而对广东省的数据重新采用都市区的标准进行计算，得到表 4 - 6，从表中可以看到广州市的实际规模大于深圳市。

表 4 - 6　　　　　　　　广州、深圳按不同口径统计的人口规模

地区	辖区城镇人口（万）		都市区人口（万）	
	2000 年	2010 年	2000 年	2010 年
广州市	754.7	970.2	776.5	1210.9
深圳市	648	1035.8	700.9	1035.8
城市首位度	1.16	0.94	1.11	1.17

资料来源：中国人口普查资料（2000 年、2010 年）。

2000—2010 年的 10 年间，广东省人口增长 82.2%。深圳市与广州市的人口增长均小于全省水平，其中，广州市增长 28.5%，深圳市增长 59.8%。从中可以看出，这个已经发展为双核心的地区，其溢出效应正在不断地显现。周边城市如东莞市、佛山市正在崛起。这期间，东莞市增长 87.9%，佛山市增长 781%，一下子从广东省人口规模的第 8 位上升到第 4 位，人口规模已达首位城市深圳市的 65%。当然，佛山市的人口增长率一

定程度上是行政区划调整的结果。2002 年，佛山市的南海、顺德、高明、三水撤市设区，形成一市辖五区的格局（宋卫东、陈颖欣、王丽萍，2009）。2000 年，统计上的县级市人口在 2010 年时统计进入市辖区人口。但这样的更改也是符合实际意义的，原有的行政区设计和布局已经不再适应组团建设的要求，发展空间与发展后劲严重不足，已经不利于生产力空间的布局和产业结构的调整，导致各镇街道之间资源配置的不合理、产业发展的不平衡等问题。行政区划调整后，佛山市的发展空间进一步扩大，形成产业集聚优势和规模优势，经济发展速度高于全省平均水平，并且全市从 2000 年的第九位跃升至 2010 年的第四位。

从广东省 1978—2010 年的城市首位度看，广州市的溢出效应在改革开放后已经显现。2010 年前，广州市、深圳市的人口规模增长已经小于全省水平，其集聚水平已经小于溢出水平或者可以说其集聚水平已经落后于东莞、佛山等城市的集聚水平。或许在不久的将来，广东省将会发展成为三核、四核的多核心态势，整个地区的发展不断向差异越来越小、越来越均衡的方向发展。

（二）福建省

福建省厦门市在 1980 年成为经济特区，经历 30 多年的发展，已经由一个偏居东南的海岛小城变为一个重要的中心城市。从人口增长率看，厦门市的人口增长一直保持在较高水平，超过全省水平以及福州市的水平（见表 4 - 7）。由城市首位度可以看出，1990 年，福建省的城市首位度为 2.26，2000 年城市首位度为 1.40，2010 年城市首位度下降到 0.91，可以发现，厦门市的人口规模发展速度一直是领先的，因而城市首位度是持续下降的态势。

表 4 - 7　福建省及福州、厦门市区城镇人口规模和首位度发展变化

地区	市区城镇人口（万）			增长率（%）	
	1990 年	2000 年	2010 年	1990—2000 年	2000—2010 年
福建省	278.24	633.97	1016.29	127.9	60.3
福州市	87.48	203.27	282.44	132.4	38.9
厦门市	38.68	145.45	311.91	276.0	114.5
城市首位度	2.26	1.40	0.91		

资料来源：中国人口普查资料（2000 年、2010 年）和《中国城市统计年鉴（1990）》。

作为改革开放"排头兵"的厦门经济特区，外资在地区经济成分中占有举足轻重的地位。在设立厦门经济特区之初，便考虑到厦门与金门相对，与台湾距离最近，又是闽南侨乡的重要集中地，是华侨出入境的中转地，对外资、侨资有较大的吸引力。从历年经济数据看，厦门市的固定资产投资和社会消费品零售总额都低于省会福州市，但是，实际利用外资额却是远远超过福州市的。可以说厦门市是一个依靠特区政策，依靠外资、侨资快速发展起来的城市。

二　低首位分布的省份

在城市首位度大于 1 小于等于 2 的类别中，山东省的城市首位度历年来变化较小，省内第一、第二大城市济南市和青岛市的人规模相近，发展速度也相近，整个山东省内双核发展的状态是稳定的，因而视为城市首位度基本保持不变。河北省的城市首位度在 1978—2010 年增长，浙江省、江苏省处于总体城市首位度下降阶段。下文选取河北省和浙江省为例进行分析。

（一）河北省

河北省的首位度在 2000—2010 年出现了微弱的下降，这主要是由于唐山市的行政区划更改所致。2002 年，丰南市撤县设区，成为唐山市的丰南区，丰润县与新区合并为丰润区，使唐山市辖区人口增长超过石家庄市，导致首位度的降低。从总额看，唐山市的人均 GDP、GDP、使用外资总额已经超过石家庄市，固定资产投资与社会消费品零售总额已经非常接近石家庄市；从增长看，唐山市的 GDP、人均 GDP、使用外资总额、固定资产投资增长速度已经超过石家庄市。由此推断唐山市的人口规模增长在未来的时间仍将超越石家庄市，石家庄市的首位度发展趋势应该是下降的。

（二）浙江省

浙江省的城市首位度经历了先下降后上升的波动阶段。波动主要出现在 2000—2010 年，这一期间浙江省的城市首位度处于上升阶段。一个重要的原因是 2001 年，杭州市撤销萧山市、余杭市，设立萧山区、余杭区，统计上市区城镇人口规模大幅增加。

从表 4 - 8 可以看出，温州市、宁波市的人口一直处在你追我赶的状态，1990—2000 年温州市人口增长超过宁波市，成为浙江省第二大城市。2000—2010 年温州市的人口增长率却小于宁波市的增长率，宁波市人口已经接近温州市的人口。在将来，温州市和宁波市是争夺全省第二的两个有力对手。然而，温州市的神话主要是通过小城镇民营经济发展实现的，全球经济危机后，温州的民营经济尤其是占很大比重的出口产业的发展陷入了"瓶颈"（易晓文、陈健芬，2009），大批的工厂开始倒闭（谭浩俊，2013），目前这个影响还在持续。相反，宁波市在近 10 年的发展中依托长三角城市群，获得了极大的发展。尤其是在 2008 年杭州湾跨海大桥通车后，更是由此进入了一个新的区域联动时代，两小时的车程使宁波市融入了"上海经济圈"（姚拓，2008）。通过上海市的直接辐射效应，使宁波市的发展上了一个新台阶。

表 4 - 8　　　　浙江省全省及部分城市市区城镇人口规模发展变化

地区	市区城镇人口（万人）			增长率（%）	
	1990 年	2000 年	2010 年	1990—2000 年	2000—2010 年
浙江省	447.6	940.0	1574.5	110.0	67.5
杭州市	110.0	245.1	516.2	122.9	110.6
宁波市	55.3	133.4	258.3	141.5	93.6
温州市	40.2	158.3	268.7	294.0	69.7
城市首位度	1.99	1.55	1.92		

資料来源：中国人口普查资料（2000 年、2010 年）和《中国城市统计年鉴（1990）》。

对于浙江省来说，未来城市首位度的变化取决于杭州市和宁波市两个城市。从影响人口分布的经济因素看，杭州市的固定资产投资、使用外资总额、社会消费品总额（见表 4 - 9）均超过宁波市的水平，增速也处于领先地位。因而预计杭州市人口规模将超过宁波市的增长，未来浙江省的首位度也必将进一步扩大。

表 4 - 9　　　　　杭州与宁波的社会消费品总额、
固定资产投资总额、使用外资总额比较

	城市	2010 年	2009 年	2008 年	2007 年	2006 年
社会消费品总额（万元）	杭州	18432319	15498992	13377375	11144273	9561442
	宁波	9653122	7619023	6582473	5476753	4641288

续表

	城市	2010 年	2009 年	2008 年	2007 年	2006 年
固定资产投资总额（万元）	杭州	21827468	18172403	15634404	13150724	11404110
	宁波	14091956	13628360	11603389	10656496	10024610
使用外资总额（万元）	杭州	377610	355179	202699	243381	204455
	宁波	153338	169769	145603	149427	156021

资料来源：《中国城市统计年鉴》（2006—2010）。

第三节 东部省域城市首位度演进规律原因分析

总体而言，我国东部省域的城市首位度是以下降为主的，原因更多的是与省会城市的历史条件和原来的基础条件以及作为政治中心所带来的各种机会有关。然而，同时不可忽略的是，1978—2010 年城市首位度增长的省份有 1 个（河北省），各个时期东部各省份城市首位度下降的幅度也不同。通过以上分析总结，东部省域城市首位度下降的原因涉及政治、经济等多个方面。概括地说，主要有以下几个方面：

一 国家政治经济政策的影响

在城市首位度下降明显的几个省份中，广东省、福建省第二位城市深圳市、厦门市是改革开放首批成立的经济特区，研究阶段内这两个城市人口增长迅速，首位度下降极其明显。同时大连市、厦门市、深圳市 3 个城市为国务院一级的计划单列市，享有省一级的经济管理权限。在国家政策下，充分发挥了其发展潜能，经济增长迅速，人口规模增长也超过一般水平，另外两个计划单列市宁波市、青岛市在人口规模增长上也显现出迅速发展的势头。由此可见，国家政治经济政策对部分省份的首位度影响较大。

二 城镇发展方针的影响

国家城镇发展方针对城市发展尤其是大城市发展的影响是巨大的。在"控制大城市规模，合理发展中等城市，积极发展小城市"的政策指导下，大城市的发展受到了一定的限制，很多大城市、特大城市都出现限制人口规模增长即"异常严格的户籍管理制度"的措施，相比于小城市和中等城市，落户的管理更加宽松和开放。这样的一种发展方针所带来的城市首位度变化也已经显现，尤其是在东部沿海地区，其首位度降低一定程度上可以用此来解释。

三 行政区划变更的影响

行政区划变更是很多省份的首位度出现波动的原因。在前文分析中，一些城市便是通过撤县设区、区并县等形式实现城市规模的快速扩张，成为省内的第二大规模的城市，导致首位度出现下降的情形。在改革开放 30 多年的发展中，行政区划的变动主要集中在 20 世纪 90 年代中后期以及 21 世纪初，这样的变动主要是为了适应局部性政策释放经济发展制约因素带来绩效降低应运而生的（张京祥、范朝礼，2002）。在改革开放继续深入、经济快速发展的时刻，迎来了国际、国内经济发展环境的巨大变化和日益激烈的竞争，中国结构性、体制性的矛盾也更加尖锐地暴露出来，最为突出的是行政区划方面的问题。因而行政区划的变更主要是作为继续释放经济发展、促进城市化的有力手段。

四 非省会地区发展的影响

由地方政府引领发展最典型的例子是苏州市，依赖于政府、企业家创新，引导地方迅速发展，就是所谓的"苏州模式"。这是相对于国家政策而言的小政府行为，是类似于早年日本和韩国"政府主导型"的一种发展模式。苏州模式要求不仅按照市场经济发展规律，做好"守夜人"的角色，同时要做好"推动者"的角色。除为地区发展提供制度和政策环境外，还积极开展招商引资等工作，引导外部资源尤其是企业家资源的进入（赵晓，2005）。苏州市的快速发展带来的城市人口规模扩张是使江苏省的首位度持续下降的重要原因。

在浙江省的城市首位度变化中，2000—2010 年，城市首位度上升的一个重要原因是原来第二位城市温州市的消极发展。在国际金融危机下，以外向出口为支柱的温州市经济一蹶不振，大量企业工厂倒闭，劳动力需求萎缩，人口增长缓慢，以至于在 2010 年市区城镇人口规模被宁波市赶超。

五 受溢出效应和区域发展与合作的影响

除受到省域内增长极的溢出作用外，很多城市正在受到区域内增长极的发散作用，如苏州市、宁波市便是典型的例子。这两个城市处于长三角城市群内，属于次级增长中心，受中心城市上海市的辐射较大，依托上海市等增长极快速发展起来。同样，京津冀都市圈内的唐山市受北京市的辐射作用更加强烈。2005 年，曹妃甸工业区的成立便是承接北京首钢的重要举措。其后，唐山市利用其丰富的资源与良好的港口等特色优势，积极利用北京市产业转移的有利时机，与北京市多个城区开展对接合作，从而推动区域经济加速发展。主动承接来自北京市的辐射和溢出作用也是唐山市人口规模加快发展的重要原因。

第五章　中部省域城市首位度变化规律研究

威廉姆森—汉森假说是对城市规模和区域经济增长关系分析的权威性理论，并得到了区域经济中众多学者的运用和深化，其核心思想所体现的是规模集聚与经济增长之间呈倒"U"形发展关系，并随后衍生出一个重要的区域经济发展理论，即充分利用有限资源优先发展重点地区或城市，之后带动周边地区共同发展。结合本书的城市首位度，即可认为，区域经济发展水平和区域首位度之间关系呈倒"U"形，即随着时间的推移，国家或区域内的城市集中程度将呈现逐渐下降的趋势，导致城市具有趋同倾向。

根据该假说，我国中部省域（江西、河南、山西、湖北、湖南和安徽）的首位度应该在经济起飞阶段呈现上升或扩大的趋势，在经济发达阶段应呈现相对稳定甚至有所下降的态势。本章根据这一规律，分别从人口首位度和经济增长首位度两个方面，对中部省域的具体情况进行研究，探寻中部六省的城市首位度变化规律，结合经济发展情况，验证威廉姆森—汉森假说在中部省域的存在性和合理性。

第一节　人口首位度变化规律

最为基本、最为传统的首位度概念仅考虑首位城市和次位城市的人口之比，为了与其他首位度相区别，称为人口首位度。为了找到人口首位度随时间变化的规律，这里先就中部六省的城市人口首位度的情况做时间序列分析。

在首位度的计量标准方面，由于后面的分析涉及经济首位度，且部分统计年鉴中的 GDP 没有市区数据，只有全市的原始数据，如 1985 年、1986 年和 1989 年的《中国城市统计年鉴》，为了统一口径，故采取人口与 GDP 全部使用全市数据而非市区数据的标准。因此，这里将省域首位城市与次位城市的总人口比值作为人口首位度。次位城市的选取基于研究指标的量出现在次位的频率最多这一原则。所采用的分析数据来源于《中国城市统计年鉴》，数据时间跨度为 1984—2011 年。

一　江西省人口首位度的时间序列分析

（一）相关说明

江西省的首位城市是省会南昌市，第二位城市在近 30 年的发展历程中有所变动，为更好地得到分析结果，选取人口指标次多的情况出现频率较高的九江市作为江西省的次位城市，则人口首位度为南昌市常住人口与九江市常住人口之比。整理得到的人口首位度如表 5 - 1 所示。

表 5 - 1　　　　　　　　　　**江西省人口首位度**

年份	1984	1985	1986	1987	1988	…	2008	2009	2010	2011
人口首位度	0.902	0.901	0.903	0.907	0.906	…	1.021	1.013	1.009	1.005

根据江西省人口首位度数据，画出其相应的散点图如图 5 - 1 所示。

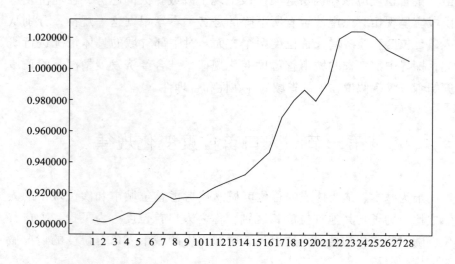

图 5 - 1　江西省人口首位度时间序列

图 5 - 1 中，横轴是时间，把 1984—2011 年的 28 年转换为 1—28；纵

轴是江西省人口首位度。可见，江西省人口首位度呈现明显的上升趋势，并伴随一定的波动。

（二）模型建立

根据人口首位度的散点图，选择加总形式的时间序列表示，即预测值＝趋势项＋波动项＋误差项。

1. 趋势项确定

首先，对江西省人口首位度的时间序列做线性拟合，运用 SPSS 17.0，得到拟合结果如表 5 − 2 所示。

表 5 − 2　　　　　　　　江西省人口首位度的线性拟合结果

方程	模型汇总					参数估计值	
	R^2	F	自由度1	自由度2	显著性（双侧）	常数	t
线性	0.907	252.244	1	26	0.000	0.878	0.005

由此，建立该序列的趋势方程为：

$$\hat{y}_l = 0.005t + 0.878d_i$$

式中，$\hat{y}_l$ 为江西省人口首位度的预测值；自变量 t 为时间，取值 1—28 分别对应 1984—2011 年。该趋势项与实测值（人口首位度的实际值，即表 5 − 1 中的值）如图 5 − 2 所示。

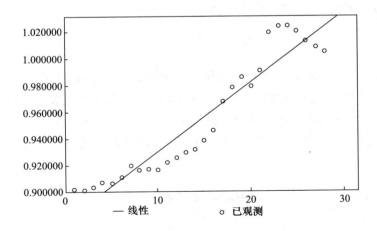

图 5 − 2　江西省人口首位度的线性拟合

可见，仅用趋势项不足以很好地拟合江西省人口首位度的发展变化情况，进而分析方程的波动项。

2. 波动项确定

依据趋势方程得到残差序列，如图 5 – 3 所示。

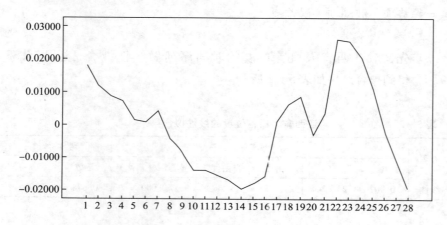

图5 – 3   江西省人口首位度的残差序列

由图 5 – 3 可知，该序列只有一个周期。在节点 1—9 呈现快速下降趋势，节点 9—14 表现出缓慢下降，接着在节点 14—22 出现波动性的增长趋势，节点 22—28 是全面下降趋势，因此依据该趋势变化，将该序列分为 4 个阶段，理论上形成一个 "下降—上升—下降" 的发展周期。

根据图形特点，采用波动项的计算公式为：

$$d_i = \frac{D_i + D_{i+T} + \cdots + D_{i+(m-1)T}}{m} \qquad (5-1)$$

式中，d_i 为理论增量；D 为各期实际波动增量，由当期实际值减去趋势值得到，反映当期由于波动影响实际值大于或小于趋势值的数量；T 为波动周期的长度；m 为周期个数；这里，$i = 1$、2、3、4。

根据式（5 – 1），以每个阶段的残差平均值作为该阶段的波动项 d_i，如表 5 – 3 所示。

表5 – 3   江西省人口首位度波动项取值

阶段	第一阶段	第二阶段	第三阶段	第四阶段
t	1—8	8—14	14—22	22—28
d_i	0.0076	– 0.0103	0.0031	0.0134

故得到江西省人口首位度的时间序列方程为：

$$\hat{y} = 0.005t + 0.878 + d_i$$

$$= 0.005t + 0.878 + \begin{cases} 0.0076, & \text{当 } t \in [1, 8] \text{时} \\ -0.0103, & \text{当 } t \in [9, 14] \text{时} \\ 0.0031, & \text{当 } t \in [15, 22] \text{时} \\ 0.0134, & \text{当 } t \in [23, 28] \text{时} \end{cases}$$

（三）模型检验

计算整个样本期的平均绝对百分误差（MAPE），根据 MAPE 定义式，得：

$$MAPE = \frac{\sum_{i=1}^{n} \left| \frac{y_i - \hat{y}_i}{y_i} \right|}{n} \times 100$$

计算得到江西省人口首位度的 MAPE 为 0.85，2011 年的 MAPE 为 2.61，均小于 10（通用判别标准），模型预测精度较高。

观测值与模型拟合值的曲线如图 5-4 所示。可见，模型对整个样本期拟合很好，近期规律反应也较好，与 MAPE 分析结果一致。故该模型有效。

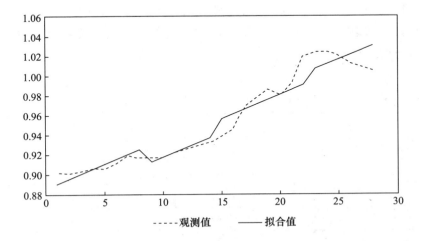

图 5-4 江西省人口首位度的综合拟合

（四）结果分析

从得到的江西省人口首位度时间序列方程可以看出，1984—2011 年，人口首位度一直在缓步稳定增长，并伴有一定的波动。从威廉姆森—汉森假说的角度来分析，江西省近 30 年来人口规模集聚呈现正向的上升趋势，由人口首位度变化推断出经济发展处于上升阶段，基本符合该理论的发展规律。

二 中部其他五省的相关分析

中部其他五省（河南、山西、湖北、湖南和安徽）的人口首位度数据来自《中国城市统计年鉴》，时间跨度仍然是 1984—2011 年。

首先根据中部五省的现实发展情况，在确定首位城市的基础上，选取次位城市。需要说明的是，由于这段时间中有些省份经历了行政区域调整，造成了某些年份的数据大幅波动，如 1986 年河南省撤销洛阳地区，将栾川、嵩县、汝阳、宜阳、伊川、洛宁 6 个县划归洛阳市管辖，从而洛阳市人口得到迅速增长；1985 年，山西省经国务院批准撤销晋东南地区，长治市实行市管县体制，从而使长治人口迅速增长；1988 年，安徽省撤销安庆地区，所属的桐城县、怀宁县、枞阳县、潜山县、太湖县、宿松县、望江县、岳西县划归安庆市，从而使安庆市人口迅速增长等。因此，根据城市发展情况，选取合适的次位城市，具体选取结果如表 5－4 所示。后面的首位度研究无特殊说明外，均执行此项标准。

表 5－4　　　　　　　　　中部其他五省首位城市与次位城市

省份	首位城市	次位城市
河南	郑州	洛阳
山西	太原	长治
湖北	武汉	襄樊
湖南	长沙	衡阳
安徽	合肥	安庆

根据不同情况，对这些离群数据或做了舍弃或做了移动平均，以便得到人口首位度发展变化的一般性规律。

相关分析过程如思路、步骤、方法等与进行江西省人口首位度时间序列分析时基本相同，不赘述，在此直接给出中部其余五省份的人口首位度时间序列分析结果如下：

（一）河南省

河南省人口首位度时间序列分析方程为：

$$\hat{y} = \begin{cases} 0.005t + 0.933, & t \leqslant 24 \\ 0.052\,(t-24) + 1.317, & t > 24 \end{cases}$$

式中，$t = 1$，2，$\cdots$，26，表示 1986—2011 年。观测值与模型拟合值的曲线如图 5 – 5 所示，模型对整个样本期拟合很好。

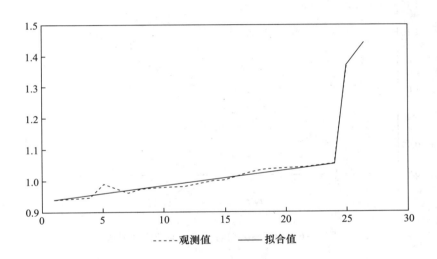

图 5 – 5　河南省人口首位度的时间序列拟合

计算整个样本期的 MAPE 为 0.58，2011 年的 MAPE 为 0.04，均小于 10，预测精度较高，近期规律反应也较好。从得到的河南省人口首位度时间序列方程可以看出，1984—2011 年人口首位度整体上呈现出增长趋势，特别是后期出现较大幅度的增长。根据威廉姆森—汉森假说，可认为近 30 年来河南省人口首位度的变化也基本符合该理论规律，经济发展处于持续扩张阶段。

（二）山西省

山西省人口首位度时间序列方程为：

$$\hat{y} = 0.010t + 0.828 + d_i$$

$$= 0.010t + 0.828 + \begin{cases} 0.0215, & \text{当 } t \in [1, 7] \text{时} \\ -0.0021, & \text{当 } t \in [8, 15] \text{时} \\ 0.0154, & \text{当 } t \in [16, 22] \text{时} \\ 0.0252, & \text{当 } t \in [23, 27] \text{时} \end{cases}$$

式中，$i = 1$、2、3、4。观测值与模型拟合值的曲线如图 5–6 所示，模型对整个样本期拟合很好。

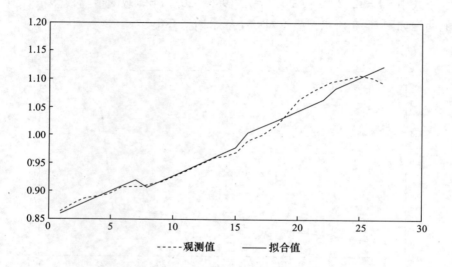

图 5–6　山西省人口首位度的时间序列拟合

计算整个样本期的 MAPE 为 0.88，2011 年的 MAPE 为 2.87，均小于10，预测精度较高，近期规律反应也较好。从得到的山西省人口首位度时间序列方程可以看出，1984—2011 年人口首位度呈现比较稳定的增长态势，波动幅度相对较低。根据威廉姆森—汉森假说，山西省近 30 年来的人口首位度变化也可以说是基本符合该假说，由此规律，其经济增长在理论上处于起飞阶段。

（三）湖北省

由于湖北省人口首位度发展呈现出分段的趋势规律，因此可以将该省序列做分段处理。把数据分为 1985—1993 年和 1994—2011 年两段。其时间序列拟合函数为：

$$\hat{y} = \begin{cases} -0.004t + 1.049 + \begin{cases} -0.0071, & \text{当 } t \in [1, 3] \text{ 时} \\ 0.0068, & \text{当 } t \in [4, 5] \text{ 时} \\ -0.0003, & \text{当 } t \in [6, 7] \text{ 时} \\ -0.0074, & \text{当 } t \in [8, 9] \text{ 时} \end{cases} \\ 0.010 \times (t-9) + 1.155 + \begin{cases} 0.0963, & \text{当 } t \in [10, 15] \text{ 时} \\ 0.0844, & \text{当 } t \in [16, 20] \text{ 时} \\ 0.1120, & \text{当 } t \in [21, 22] \text{ 时} \\ 0.1053, & \text{当 } t \in [23, 27] \text{ 时} \end{cases} \end{cases}$$

式中，$i = 1$、2、3、4、5、6、7、8。观测值与模型拟合值的曲线如图5-7所示，可见，模型对整个样本期拟合很好。

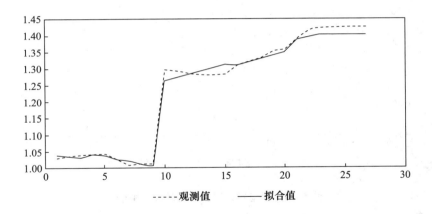

图5-7　湖北省人口首位度的时间序列拟合

计算整个样本期的 MAPE 为 0.90，2011 年的 MAPE 为 3.35，小于 10，拟合精度较高，近期规律反应也较好。根据得到的湖北省人口首位度时间序列方程可以看出，1984—2011 年，湖北省人口首位度也是增长趋势，并且在前期出现了急剧增长的速度，后期逐渐趋于稳定。因此，根据湖北省近30年来人口首位度变化规律，该省经济发展经历了一个快速发展时期，在经济效益方面因人口规模的增加十分明显。

（四）湖南省

湖南省人口首位度时间序列方程为：

$$\hat{y} = 0.001t + 0.825 + d_i$$

$$= 0.001t + 0.825 + \begin{cases} -0.0047, & \text{当 } t \in [1, 4] \text{时} \\ 0.0073, & \text{当 } t \in [5, 7] \text{时} \\ 0.0107, & \text{当 } t \in [8, 10] \text{时} \\ -0.0015, & \text{当 } t \in [11, 14] \text{时} \end{cases}$$

观测值与模型拟合值的曲线如图 5 – 8 所示，可见，模型对整个样本期拟合很好。

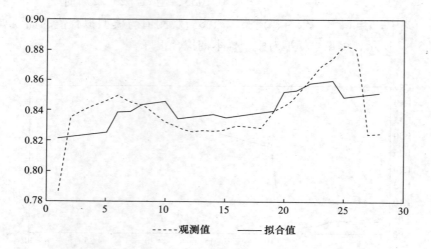

图 5 – 8　湖南省人口首位度的综合拟合

计算整个样本期的 MAPE 为 1.57，2011 年的 MAPE 为 3.30，均小于 10，模型拟合精度较高，近期规律反应也较好。从得到的湖南省人口首位度时间序列方程可以看出，1984—2011 年其人口首位度虽然在个别节点上呈现小幅上升和下降的波动，但是，整体依然表现出相对平稳的增长态势，说明湖南省近 30 年来规模的集聚经历了相对平稳的发展过程，从而对经济的促进作用也是相对稳定的，处于倒"U"形曲线的稳定发展阶段。

（五）安徽省

安徽省人口首位度时间序列方程为：

$$\hat{y} = 0.010t + 0.579$$

式中，$t = 1, 2, \cdots, 24$，分别表示 1988—2011 年。观测值与模型拟

合值的曲线如图 5 - 9 所示。

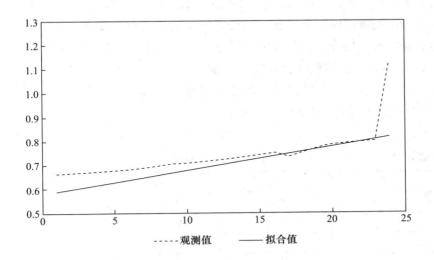

图 5 - 9　安徽省人口首位度的综合拟合

　　计算整个样本期的 MAPE 为 5.03，小于 10，模型整体拟合精度较高。但是，2011 年的 MAPE 为 28.24，这主要是由于 2011 年人口首位度突然上升所致，因为只有一年数据，无法准确预测后续的趋势。从前面所能分析的安徽省人口首位度时间序列方程可以看出，样本期间安徽人口首位度也是平稳增长的趋势，无明显的波动，增长幅度相对较小，相对稳定的人口集聚带来经济的发展，理论上说，也处于威廉姆森—汉森假说中的经济发展阶段。

　　需要说明的是，上述 MAPE 是评判模型精度的一个指标，通常小于 10 即可。由于数据差异，不同省份的 MAPE 值差别很大，如河南省为 0.04，而安徽省为 5.03，前面的论述也提到，在长期的首位城市发展过程中，某些省份在某个时间段进行行政区划的改变，合并或撤销部分管辖范围时，MAPE 的变化尤其剧烈，因此，这种数据分析结果是一种正常现象。

三　中部省域人口首位度的规律总结

　　从上述分析结果可以看出，中部六省的人口首位度基本都是呈现稳定增长态势，个别省份如湖南省、湖北省波动稍大。

由于威廉姆森—汉森假说的理论是指在经济腾飞阶段，首位度呈上升态势；在经济发达阶段，首位度呈稳定或下降趋势；故单独来看，各个省份的经济发展都可以看作是处于腾飞阶段，首位度呈上升趋势。从这一点上看，是符合该假说的。但是，从时间序列方程及相应的图形来看，基本没有出现理想的倒"U"形曲线。

进一步地，结合现实的经济发展情况来分析。整理出中部六省的人均 GDP 数据如表 5−5 所示。

表 5−5　　　　　　　　　　中部六省人均 GDP　　　　　　　　单位：元/人

省份	城市	人均 GDP	人均 GDP 之比
江西	南昌	13241.75	2.143
	九江	6178.50	
河南	郑州	14816.03	1.477
	洛阳	10031.55	
山西	太原	15861.50	1.966
	长治	8067.44	
湖北	武汉	19553.53	2.341
	襄樊	8354.24	
湖南	长沙	17179.10	3.012
	衡阳	5704.32	
安徽	合肥	12458.01	2.285
	安庆	5451.97	

由于是长期发展趋势分析，故表中人均 GDP 取中部省份相关城市近10年的平均数。人均 GDP 之比是每个省份中两个城市人均 GDP 之比。按照威廉姆森—汉森假说，人均 GDP 之比越高于1，表明处于经济发展状态，首位度增加；人均 GDP 越接近1，表明经济处于发达状态，首位度下降。

从表 5−5 中数据可以看出，中部六省的人均 GDP 之比还是有很大差别的，江西、山西、湖北、湖南、安徽的人均 GDP 之比都在 2 以上，其人口首位度呈上升态势是正常的，也基本符合规模集聚同经济增长的一般性规律。

而河南人均 GDP 之比与 1 相差不大，按威廉姆森—汉森假说，河南的两个城市处于发达状态，但是，从标志发达程度的人均 GDP 看，无论是郑州市还是洛阳市，与其他省份城市相比，尤其是省会城市，并无明显优于对方。因此，从这一点上看，威廉姆森—汉森假说不具有普遍意义。

因此，中部省域近 30 年人口首位度基本呈增长态势，但六省的人口首位度发展并不都严格符合威廉姆森—汉森假说，具体的发展过程中也无明显一致的规律，这与经济基础、发展过程密切相关。

第二节　中部省域经济首位度变化规律

首位度概念从最初的人口首位度发展出了其他首位度，本书侧重城市首位度与经济增长之间的关系，在上述人口首位度分析之后，在此考虑经济增长首位度的具体规律，对此采用首位城市和次位城市 GDP 之比，即为经济首位度，就中部六省的经济首位度的情况做时间序列分析，以探究首位度的发展变化规律。

次位城市的选取原则与第一节一致。所采用的分析数据来源于《中国城市统计年鉴》，数据时间跨度为 1984—2011 年。

一　江西省经济首位度的时间序列分析

为了与人口首位度分析结果进行对比分析，这里用于计算经济首位度的城市与人口首位度的城市相同，即首位城市均为省会城市，次位城市也都分别相同，后面五省的分析也是如此。

（一）相关说明

经济首位度计算的方法与人口首位度一致，根据《中国城市统计年鉴》，整理出江西省 GDP 首位度数据如表 5-6 所示。

表 5-6　　　　　　　　　江西省 GDP 首位度

年份	1984	1985	1986	1987	1988	…	2008	2009	2010	2011
GDP 首位度	1.641	1.697	1.645	1.661	1.658	…	2.370	2.210	2.132	2.140

根据江西省 GDP 首位度数据，作其散点图如图 5 – 10 所示。

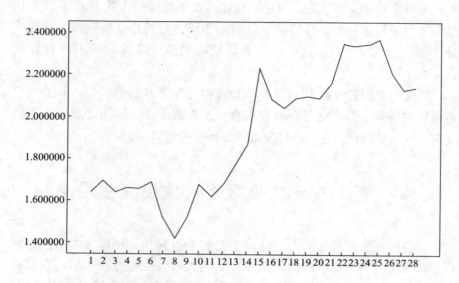

图 5 – 10　江西省 GDP 首位度时间序列

图中日期 1—28 对应 1984—2011 年。由图 5 – 10 可见，江西省 GDP 首位度大体上呈现上升趋势。

（二）模型建立

根据 GDP 首位度的散点图，选择加总形式的时间序列表示，即预测值 = 趋势项 + 波动项 + 误差项。

1. 趋势项确定

根据散点图，采用 SPSS 17.0 对该序列做线性拟合，得到结果如表 5 –7 所示。

表 5 –7　　　　　　　江西省 GDP 首位度的线性拟合结果

方程	模型汇总					参数估计值	
	R^2	F	自由度 1	自由度 2	显著性（双侧）	常数	t
线性	0.752	78.767	1	26	0.000	1.464	0.031

由此可建立该序列的趋势方程：
$$\hat{y}_l = 0.031t + 1.464 + d_i$$

式中，时间序列 t 表示时间的自变量，1984—2011 年为 1—28。其线性拟合结果如图 5 - 11 所示。

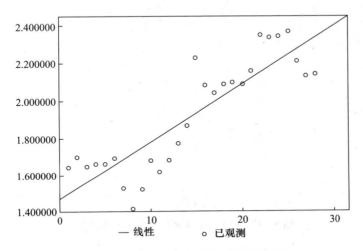

图 5 - 11 江西省 GDP 首位度的线性拟合

可见，仅用趋势项不能很好地拟合江西省 GDP 首位度的发展变化情况。

2. 波动项确定

依据趋势方程得到残差序列，如图 5 - 12 所示。

由图 5 - 12 可知，该序列表现的周期规律是：在节点 1—8 为下降趋势，在节点 8—15 为增长趋势，到节点 15—20 又为下降趋势，节点 20—22 是上升趋势，节点 22—28 是下降趋势。依据该趋势变化，考虑增量正负情况，将该序列分为 5 个阶段，并以每个阶段的残差平均值作为该阶段的波动项 d_i，波动项的计算公式为：

$$d_i = \frac{D_i + D_{i+T} + \cdots + D_{i+(m-1)T}}{m} \tag{5-2}$$

式中，d_i 为理论增量；D 为各期实际波动增量，由当期实际值减去趋势值得到，反映当期由于波动影响实际值大于或小于趋势值的数量；T 为波动周期的长度；m 为周期个数；这里，$i = 1$、2、3、4、5。经济首位度的时间序列方程基本形式为：

$$\hat{y} = 0.031t + 1.464 + d_i$$

根据式（5 - 2）计算得 d_i 取值如表 5 - 8 所示。

图 5 - 12　江西省 GDP 首位度的残差序列

表 5 - 8　　　　　　　**江西省 GDP 首位度波动项取值**

阶段	第一阶段	第二阶段	第三阶段	第四阶段	第五阶段
t	1—8	8—15	15—20	20—26	26—28
d_i	0.0133	−0.0984	0.0983	0.0891	−0.1403

由此得到江西省的经济首位度时间序列分析模型为：

$$\hat{y} = 0.031t + 1.464 + d_i = \begin{cases} 0.0133, & \text{当 } t \in [1,\ 8] \text{时} \\ -0.0984, & \text{当 } t \in [9,\ 15] \text{时} \\ 0.0983, & \text{当 } t \in [16,\ 20] \text{时} \\ 0.0891, & \text{当 } t \in [21,\ 26] \text{时} \\ -0.1403, & \text{当 } t \in [27,\ 28] \text{时} \end{cases}$$

（三）模型检验

计算整个样本期的平均绝对百分误差（MAPE），根据 MAPE 定义式：

$$MAPE = \frac{\sum_{i=1}^{n} \left| \frac{y_i - \hat{y}_i}{y_i} \right|}{n} \times 100$$

计算江西省 GDP 首位度的 MAPE 为 4.89，2011 年的 MAPE 为 2.41，均小于 10，模型预测精度较高，近期规律反应好。

由拟合方程（时间序列分析模型）给出的观测值与实测值（由表

5 - 7 给出的数据）的曲线如图 5 - 13 所示，给出的时间序列分析模型有效。

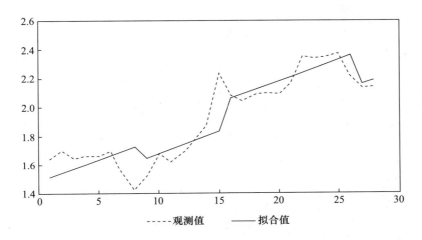

图 5 - 13　江西省 GDP 首位度的综合拟合

（四）结果分析

从得到的江西省 GDP 首位度时间序列方程可以看出，1984—2011 年 GDP 首位度总体上呈现稳定增长的趋势，但是，伴有较小幅度的波动，说明首位城市的经济实力处于不断壮大的过程中，由威廉姆森—汉森假说可知，其区域经济应当处于起飞、快速上升阶段。

二　中部其他五省的相关分析

中部其他五省（河南、山西、湖北、湖南、安徽）的数据来源、时间跨度、处理原则与在进行人口首位度分析时相同，相关分析内容如思路、步骤、方法等与前面进行江西省 GDP 首位度时间序列分析时基本一致，详细过程见附录，此处不赘述，直接给出中部其余五省的 GDP 首位度时间序列分析结果。

（一）河南省

河南省经济首位度时间序列模型如下：

$$\hat{y} = 0.006t + 1.515 + d_i = \begin{cases} 0.0870, & \text{当 } t \in [1, 4] \text{ 时} \\ -0.0496, & \text{当 } t \in [5, 7] \text{ 时} \\ -0.0977, & \text{当 } t \in [8, 11] \text{ 时} \\ 0.0358, & \text{当 } t \in [12, 14] \text{ 时} \end{cases}$$

观测值与模型拟合值曲线如图 5 – 14 所示，可见，模型对整个样本期拟合很好。

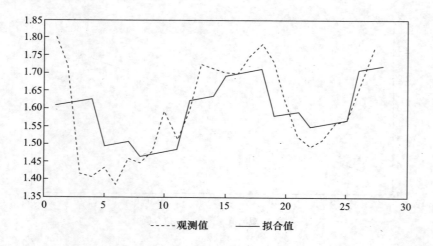

图 5 – 14　河南省 GDP 首位度的综合拟合

计算整个样本期的 MAPE 为 4.53，2011 年的 MAPE 为 6.71，均小于 10，模型拟合精度较高，近期规律反应也较好。

从得到的河南省 GDP 首位度时间序列方程可以看出，1984—2011 年 GDP 首位度整体上呈升降起伏的波动态势，即首位城市与次位城市的经济规模此消彼长，首位城市并无明显优势，结合威廉姆森—汉森假说，可以反映出河南省近 30 年来经济发展已经度过了快速起飞阶段，并已处于相对稳定的发达阶段，这与其在中部省域的经济地位是一致的。

（二）山西省

山西省经济首位度时间序列模型为：

$$\hat{y} = -0.028t + 2.697 + d_i$$

$$= -0.028t + 2.697 + \begin{cases} 0.1059, & \text{当 } t \in [1, 4] \text{时} \\ -0.1278, & \text{当 } t \in [4, 10] \text{时} \\ -0.0857, & \text{当 } t \in [11, 16] \text{时} \\ -0.0279, & \text{当 } t \in [17, 22] \text{时} \\ 0.1165, & \text{当 } t \in [23, 25] \text{时} \\ -0.0916, & \text{当 } t \in [26, 27] \text{时} \end{cases}$$

　　观测值与模型拟合值的曲线如图 5 – 15 所示。可见，模型对整个样本期拟合很好，近期规律反应也较好。

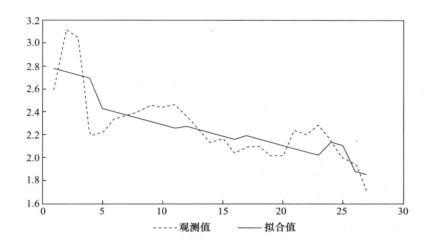

图 5 – 15　山西省 GDP 首位度的综合拟合

　　计算整个样本期的 MAPE 为 6.07，2011 年的 MAPE 为 8.34，均小于10，模型整体拟合精度较高。

　　从得到的山西省 GDP 首位度时间序列方程可以看出，1984—2011 年GDP 首位度整体上一直呈下降态势，并伴有一定的波动。根据威廉姆森—汉森假说，山西省近 30 年来 GDP 首位度变化反映出其经济发展已经处于稳定的发达阶段，并正在缩小与次位城市的差距。

（三）湖北省

湖北省经济首位度时间序列模型为：

$$\hat{y} = 0.062t + 1.885 + d_i$$

$$= 0.062t + 1.885 + \begin{cases} 0.6601, & \text{当 } t \in [1,\ 5] \text{时} \\ -0.5236, & \text{当 } t \in [6,\ 14] \text{时} \\ -0.1197, & \text{当 } t \in [15,\ 21] \text{时} \\ 0.4378, & \text{当 } t \in [22,\ 26] \text{时} \\ -0.1951, & \text{当 } t \in [27,\ 28] \text{时} \end{cases}$$

　　计算整个样本期的 MAPE 为 9.84，2011 年的 MAPE 为 8.02，均小于

10，整体拟合精度较高。其观测值与模型拟合值的曲线如图 5-16 所示。可见，模型对整个样本期拟合很好，近期规律反应好。

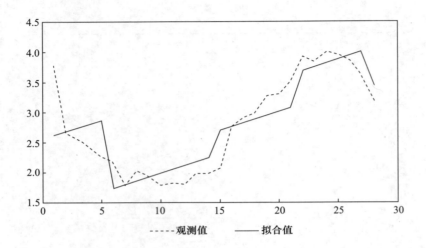

图 5-16　湖北省 GDP 首位度的综合拟合

　　从得到的湖北省 GDP 首位度时间序列方程可以看出，1984—2011 年 GDP 首位度大体呈增长态势，但前期存在较大的下降波动，这与城市的行政区域划分存在一定的关系，但从威廉姆森—汉森假说角度看，后期的 GDP 首位度变化说明，湖北省近 30 年来的经济发展经历了快速上升时期，正在向发达阶段迈进。

（四）湖南省

湖南省经济首位度时间序列方程为：

$$\hat{y} = 0.072t + 0.921 + d_i$$

$$= 0.072t + 0.921 + \begin{cases} 0.0916, & \text{当 } t \in [1, 10] \text{时} \\ -0.2124, & \text{当 } t \in [11, 20] \text{时} \\ 0.0249, & \text{当 } t \in [21, 25] \text{时} \\ 0.3331, & \text{当 } t \in [26, 28] \text{时} \end{cases}$$

　　计算整个样本期的 MAPE 为 5.37，2011 年的 MAPE 为 0.92，均小于 10，模型整体拟合精度较高。观测值与模型拟合值的曲线如图 5-17 所示。可见，模型对整个样本期拟合很好，近期规律反应很好。

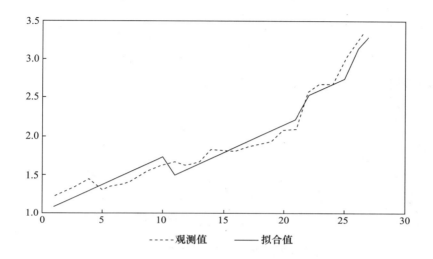

图 5 - 17　湖南省 GDP 首位度的综合拟合

从得到的湖南省 GDP 首位度时间序列方程可以看出，1984—2011 年该省 GDP 首位度整体上呈增长态势，仅在个别时点有小幅度的波动，这与江西省的情况相似，因此，从理论上可以说明，湖南省近 30 年来经济发展总体上处于上升阶段，且从发展趋势看，未来一段时间内将仍处于这种稳定上升的发展态势。

（五）安徽省

安徽省的经济首位度时间序列方程为：

$$\hat{y} = 0.077t + 0.303 + d_i$$

$$= 0.077t + 0.303 + \begin{cases} 0.5932, & 当 t \in [1, 5] 时 \\ 0.0656, & 当 t \in [6, 10] 时 \\ -0.0026, & 当 t \in [11, 18] 时 \\ 0.5467, & 当 t \in [19, 24] 时 \end{cases}$$

计算整个样本期的 MAPE 为 8.24，2011 年的 MAPE 为 9.91，均小于 10，模型整体拟合精度较高。观测值与模型拟合值的曲线如图 5 - 18 所示，可见，模型对整个样本期拟合很好，近期规律反应也较好。

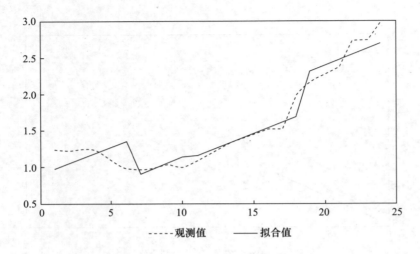

图 5-18 安徽省 GDP 首位度的综合拟合

从得到的安徽省 GDP 首位度时间序列方程可以看出，从 1984—2011
年 GDP 首位度同样在整体上表现为增长态势，但中间时期有较大幅度的
下降波动，因此，安徽省虽与江西、湖南有类似的情况，但从中间时期
发展来看，其发展集中度在一定程度上有所降低，后期呈现快速集聚以
推动区域整体经济的快速增长。

三 中部省域经济首位度规律总结

综合上述分析结果，中部六省 GDP 首位度有升有降，没有一致性规
律。若严格按照威廉姆森—汉森假说的理论规律，安徽省和湖南省是正
在经历经济起飞阶段并向发达阶段迈进，湖北省是刚达到经济发达阶段，
山西省已经处于经济发达阶段，而河南省则处于经济起飞与发达两个阶
段的过渡时期。

进一步地，结合中部省域经济发展实际情况，验证上述理论的正确
性。从中部六省的人均 GDP 来看，处于发达阶段的山西省太原市的人
均 GDP 与其他省份的首位城市比并无优势，且其人均 GDP 之比接近
2；河南省的情况类似，其人均 GDP 与其他省会城市相比无优势。由
于人均 GDP 是常用来标志发达程度的，因此，从 GDP 首位度的分析
结果和人均 GDP 的实际数据看，威廉姆森—汉森假说在 GDP 首位度
上并不完全成立，至少与中部六省的实际情况不符。因此，中部省域

近 30 年基本 GDP 首位度发展既没有呈现出明显一致的规律，相比人口首位度，该首位度也不能全面地反映出经济发展的客观事实，可以认为，中部地区的经济增长首位度并不完全符合威廉姆森—汉森假说理论。

第三节　中部省域首位度变化规律综合分析

从对中部六省的人口首位度和 GDP 首位度分析中可以看出，虽然某些省份的发展符合威廉姆森—汉森假说，但从总体上看，该假说并不具有显著的适用性，至少在中部省域的实践中并不明显存在这种发展规律。

通过前面对中部六省的人口和 GDP 的时间序列分析看，单独的人口首位度、GDP 首位度分析中都没有呈现出明显、统一的规律，那么中部省域的首位度发展变化到底有没有规律？如有，其规律是什么？下面进行一些综合分析。

一　首位度发展驱动力的提出

首先，把中部六省的人口首位度和经济首位度的情况在同一个图分别列出，并最后进行综合，如图 5－19 所示（图中的数据是每个省份的实测值，其中，前面的名称为各地区，后面的 r 表示人口首位度，g 表示经济首位度）。

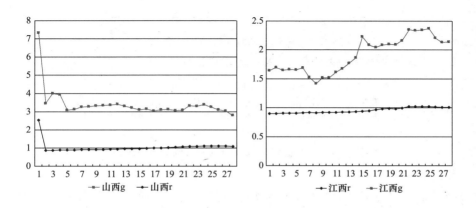

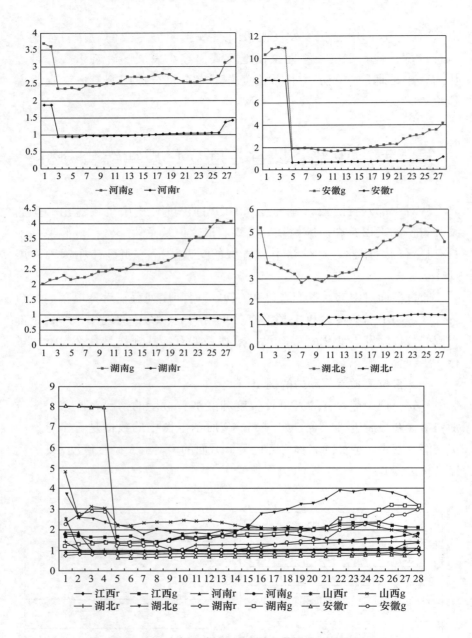

图 5 - 19　中部六省人口和 GDP 首位实测值序列

　　综合这些图看，尽管由于有些行政区域的变动而导致了某些年份的
数值有很大波动，但从总体上仍然呈现出如下规律：

规律（1）：GDP 首位度普遍高于人口首位度；

规律（2）：和 GDP 首位度相比，人口首位度波动程度较小；

规律（3）：GDP 首位度和人口首位度有接近趋势，虽有不同，但两者之间差别不会太大。这一点从综合图 5 - 19 看更明显一些，这些曲线都集中在纵坐标为 1 的直线附近。

其中，规律（2）是肯定的，由于在中国人口的自由迁移还没有完全开放，而人口再生长周期很长（20 年左右），构成 GDP 某些产业从发展到壮大几年的时间，发展周期就可能远小于人口再生长周期，因此，人口首位度波动比 GDP 首位度波动小应该是普遍规律。而规律（1）和规律（3）就现有信息还没有明显的正确性。

由于人口首位度和 GDP 首位度的定义式分别为：

$$首位度_{人口} = \frac{人口数_{首位城市}}{人口数_{次位城市}} \tag{5-3}$$

$$首位度_{GDP} = \frac{GDP_{首位城市}}{GDP_{次位城市}} \tag{5-4}$$

把式（5-3）和式（5-4）相除，得：

$$GDP 和人口首位度之比 = \frac{GDP_{首位城市}/人口数_{首位城市}}{GDP_{次位城市}/人口数_{次位城市}} \tag{5-5}$$

式（5-5）分子和分母分别表示首位城市和次位城市的人均 GDP，即若把 GDP 首位度和人口首位度相除，则会得到两者的人均 GDP 之比。而人均 GDP 通常既是衡量发展水平的指标，也是反映生产效率的指标，由于 GDP 是产出，而人口是投入，因此，式（5-5）就是首位城市和次位城市的生产效率之比。

结合前面可能的规律（1）和规律（3），可以推断出：支配首位度发展的内在规律是生产效率，在资源可自由流动的条件下，GDP 和人口首位度之比近似为 1。

经济学理论认为，在一个自由选择的体制中，市场机制实际上是一只"看不见的手"，可以使整个社会的经济资源得到最合理的配置。其配置结果是对资源利用效率会趋于相同，从而达到帕累托最优。

从这个角度来说，由于 GDP 和人口首位度之比反映了首位城市和次位城市的资源利用效率，根据经济学理论两者会趋向一致，即比值近似为 1，因此，上述推断是符合被普遍认同的经济发展理论的。而规律（1）

应该是经济快速发展时的现象，即在经济快速发展时，具有各种优势的首位城市资源利用效率要高于次位城市。因此，支配首位度发展的内在动力是资源利用效率，而首位度是资源利用效率的一个外在反映。

二 首位度发展驱动力的验证

为了验证这个规律，根据上节的推论，总体上看，各个城市的资源利用效率趋同，故把六省分为两组：第一组包括江西省、湖北省和湖南省；第二组包括山西省、河南省和安徽省。做如下验证：

（一）验证（1）

计算中部六省的首位城市和次位城市的 GDP 与人口首位度之比，检验这两组均值是否相等，结果如表 5 - 9 所示。

表 5 - 9　　　　　　　　中部省域 GDP 和人口首位度之比

年份	第一组				第二组			
	江西省	湖北省	湖南省	组平均	河南省	山西省	安徽省	组平均
1984	1.8196	2.6257	1.5551	2.0001	0.9629	1.8954	0.2860	1.7552
1985	1.8838	2.5811	1.5656	2.0102	0.9152	2.9921	0.3457	2.1207
1986	1.8218	2.4751	1.6203	1.9724	1.5083	3.5530	0.3704	2.3077
1987	1.8315	2.3146	1.7249	1.9570	1.4956	3.4308	0.3672	2.2627
1988	1.8304	2.1793	1.5503	1.8533	1.5179	2.4611	1.8617	1.9469
1989	1.8546	2.0647	1.6052	1.8415	1.4627	2.4774	1.8348	1.9250
1990	1.6581	1.7491	1.6452	1.6841	1.4729	2.5786	1.8487	1.9667
1991	1.5483	2.0123	1.7537	1.7714	1.4803	2.6092	1.8131	1.9675
1992	1.6551	1.8962	1.8767	1.8094	1.5353	2.6396	1.6027	1.9259
1993	1.8302	1.7815	1.9526	1.8547	1.6358	2.6928	1.4190	1.9159
1994	1.7547	1.4035	2.0126	1.7236	1.5447	2.6393	1.3859	1.8566
1995	1.8128	1.3887	1.9663	1.7226	1.6261	2.6258	1.3890	1.8803
1996	1.9047	1.5256	2.0230	1.8178	1.7603	2.4964	1.4651	1.9073
1997	2.0036	1.5402	2.2115	1.9184	1.7424	2.3399	1.3897	1.8240
1998	2.3751	1.6232	2.1872	2.0618	1.7163	2.2166	1.5279	1.8203
1999	2.2015	2.1613	2.1809	2.1812	1.6986	2.2389	1.6499	1.8625
2000	2.1095	2.2209	2.2430	2.1911	1.7401	2.0643	1.7653	1.8566
2001	2.1330	2.2741	2.2764	2.2278	1.7503	2.0986	1.8762	1.9084

续表

年份	第一组				第二组			
	江西省	湖北省	湖南省	组平均	河南省	山西省	安徽省	组平均
2002	2.1267	2.4574	2.3120	2.2987	1.6927	2.0755	1.9513	1.9065
2003	2.1327	2.4458	2.4754	2.3513	1.5519	1.9517	2.0060	1.8366
2004	2.1785	2.5821	2.4634	2.4080	1.4678	1.8936	2.0439	1.8018
2005	2.3051	2.8209	2.9936	2.7065	1.4350	2.0822	2.6400	2.0524
2006	2.2841	2.7123	3.0819	2.6928	1.4503	2.0204	2.8110	2.0939
2007	2.2896	2.8110	3.0516	2.7174	1.4905	2.0770	2.8975	2.1550
2008	2.3213	2.7705	3.4007	2.8309	1.4929	1.9561	2.9796	2.1428
2009	2.1822	2.7116	3.6401	2.8447	1.5704	1.7994	3.4184	2.2627
2010	2.1133	2.5560	3.8846	2.8513	1.2723	1.7527	3.4007	2.1419
2011	2.1291	2.2758	3.9310	2.7786	1.2971	1.5634	2.6210	1.8272
均值				2.1814				1.9725

采用独立样本 t 检验，用 SPSS 17.0 计算出结果如表 5–10 所示。

表 5–10　　　　　　　　　　独立样本检验

	方差方程的 Levene 检验		均值方程的 t 检验						
								差分的95%置信区间	
	F 统计量	P 值	t 统计量	自由度	P 值（双侧）	均值差值	标准差	下限	上限
假设方差相等	26.252	0.000	2.592	54	0.012	0.20885061	0.08057464	0.04730818	0.37039303
假设方差不相等			2.592	34.982	0.014	0.20885061	0.08057464	0.04527246	0.37242876

　　独立样本 T 检验的结果分为两大部分：第一部分为 Levene 方差齐性检验，用于判断两总体方差是否齐；第二部分则分别给出两组所在总体方差齐和方差不齐时的 t 检验结果。

　　由表 5–10 中可以看出，F 统计量为 26.252，对应概率 P 值近似接近于 0，小于显著性水平 0.05，说明两组数据方差不齐；方差不齐时，t 统计量为 2.592，对应双尾概率 P 值为 0.014；小于显著性水平 0.05，说明两组数据均值有显著性差异。其均值之差为 0.2089，标准差是 0.0806。

（二）验证（2）

从《中国城市年鉴》中整理出中部六省第三位、第四位城市的人口和 GDP 数据，并计算这六个省 GDP 和人口规模之比，把两组做假设检验，检验两者的均值是否有显著不同。数据如表 5 – 11 所示。

表 5 – 11　　　中部省域第三、第四位城市的 GDP 和人口规模之比

年份	第一组				第二组			
	江西省	湖北省	湖南省	组平均	河南省	山西省	安徽省	组平均
1984	0.7529	1.9690	1.1022	1.2747	1.1136	1.0849	1.1097	1.1027
1985	0.7529	1.2117	1.1022	1.2460	1.0840	1.0350	1.1693	1.0961
1986	0.7296	1.2117	1.1022	1.0145	1.2299	1.0396	1.2556	1.1750
1987	0.6981	1.1008	1.1022	1.2647	1.1127	0.9674	1.4570	1.1790
1988	0.6982	1.1008	1.1022	1.3526	1.0890	0.8855	1.2382	1.0709
1989	0.7112	1.1008	0.9419	1.2517	0.9467	0.8186	1.1451	1.1661
1990	0.6741	1.1008	1.0348	1.2152	0.8553	0.7843	1.1451	1.1794
1991	0.7261	1.1008	1.0188	1.2158	0.9040	0.7058	1.1451	1.3604
1992	0.6985	0.9899	0.9916	0.8933	0.9963	0.9499	1.1451	1.4726
1993	0.7033	1.0176	0.9941	0.9050	0.9989	0.9495	1.1451	1.4825
1994	0.7749	1.1128	0.9688	0.9521	1.0890	1.1997	1.0520	1.1135
1995	0.8135	1.1208	0.9354	0.9565	1.0794	1.0378	1.0644	1.0606
1996	0.8255	1.4543	0.9383	1.0727	0.9742	1.0135	1.1429	1.0435
1997	0.8320	1.4910	0.8712	1.0648	0.8956	0.9905	1.1629	1.0164
1998	0.8293	1.4560	0.8579	1.0477	0.8658	1.1846	1.0270	1.0258
1999	0.8630	1.2005	0.8392	0.9676	0.8687	1.4087	1.0640	1.1138
2000	0.8640	1.1786	0.8376	0.9601	0.8713	1.1969	1.2711	1.1131
2001	0.8670	1.1715	0.8605	0.9663	0.8743	1.1904	1.2287	1.0978
2002	0.8652	1.1536	0.8614	0.9601	0.8976	1.1548	1.1769	1.0764
2003	0.8473	1.1483	0.8641	0.9532	0.9077	1.1925	1.1502	1.0835

续表

年份	第一组				第二组			
	江西省	湖北省	湖南省	组平均	河南省	山西省	安徽省	组平均
2004	0.8731	1.1880	0.8704	0.9771	0.9033	1.2082	1.0796	1.0637
2005	0.9916	1.1202	0.8818	0.9979	0.9067	1.3167	0.8451	1.0228
2006	0.9971	1.1013	0.8748	0.9911	0.8771	1.2657	0.8307	0.9912
2007	1.0216	1.1190	0.8370	0.9926	0.9079	1.2372	0.8507	0.9986
2008	1.0255	1.1840	0.8525	1.0207	0.8961	1.2619	0.8565	1.0048
2009	0.9781	1.4635	0.8796	1.1071	0.9315	1.2390	0.8777	1.0161
2010	0.9924	1.4339	1.1332	1.1865	0.9264	1.2222	0.8674	1.0053
2011	1.0081	1.5078	0.8674	1.1278	0.9302	1.3117	0.8797	1.0405
平均值				1.0691				1.1133

采用独立样本 t 检验方法，用 SPSS 17.0 得到分析结果如表 5 – 12 所示。

由表 5 – 12 可知，F 统计量的观测值为 1.213，对应的概率 P 值为 0.276，大于显著性水平 0.05，因此可以认为，两总体的方差无显著性差异，即齐方差。方差齐时，t 统计量为 – 1.274，对应双尾概率 P 值为 0.208；大于显著性水平 0.05，说明两组数据均值无显著性差异。其均值之差为 0.0442，标准差是 0.03467。综上，得两组数据的均值在 1.1 左右，波动性无显著性差异。

表 5 – 12 独立样本检验

	方差方程的 Levene 检验		均值方程的 t 检验					差分的95%置信区间	
	F 统计量	P 值（双侧）	t 统计量	自由度	P 值（双侧）	均值差值	标准差	下限	上限
假设方差相等	1.213	0.276	– 1.274	54	0.208	– 0.044174610	0.03466815	– 0.11368006	0.02533084
假设方差不相等				53.990	0.208	– 0.044174610	0.03466815	– 0.11368037	0.02533115

三 验证结论

验证（1）的分析结果说明，中部六省所分成的两组首位和次位城市在资源利用效率上不同，即在资源利用效率上趋同趋势不明显；验证（2）的分析结果说明，中部六省所分成的两组第三位、第四位城市在资源利用效率上基本相同，即在资源利用效率上存在趋同趋势。

对比验证（1）和验证（2）的结果，可以总结出：首位城市通常存在地域、政治、经济、文化等诸多优势，其发达程度通常远高于同一省内其他城市，而排在第三位、第四位城市则去掉这些相对优势，或者说两者相比优势都不明显，因此，其资源利用效率几乎相同，这再次说明资源配置的帕累托最优的确在起作用，也是推动区域发展的一种内在动力，只不过在首位城市的诸多优势掩盖下，该规律没有明显地显现出来。

第六章　我国东部省域城市首位度与
经济增长模型

第一节　城市首位度与经济增长
关系存在性检验

一　首位度与 GDP 的因果分析

这里的城市首位度采用传统定义，即人口首位度，由于后面的内容涉及人口首位度与 GDP 首位度之比，所以，需要在人口首位度与 GDP 首位度的计算方法中将首位城市与次位城市统一口径，在考虑两者共同因素的情况下，选择出现频率最高的首位与次位城市。这一点与前一章的标准一致。数据仍然来自相应的统计年鉴，分析工具采用 Eviews 6.0。

（一）中部地区城市首位度与 GDP 的因果关系检验

1. 江西省

城市首位度与 GDP 之间的因果检验采用格兰杰因果检验。该检验需要检验如下两个方面：一是 GDP 是否是引起城市首位度变化的原因；二是城市首位度是否是引起 GDP 变化的原因。相应的模型如下：

$$\begin{cases} Y_t = \alpha_0 + \sum_{i=1}^{k} \alpha_i Y_{t-i} + \sum_{j=1}^{k} \beta_j X_{t-j} + \varepsilon_t \\ X_t = \alpha_0 + \sum_{i=1}^{k} \alpha_i X_{t-i} + \sum_{j=1}^{k} \beta_j Y_{t-j} + \varepsilon_t \end{cases}$$

式中，X_t 表示第 t 年的城市首位度，Y_t 表示第 t 年的 GDP，α_0 是常数项，ε_t 为随机波动项。

通过检验回归系数 α_i、β_j 是否为 0，判定 X 与 Y 之间是否存在因果关系。为此，首先要判断序列是否平稳，这里用单位根检验中的 ADF 检验，判别序列是否平稳。结果如表 6 - 1 所示，其中，SWD 表示城市首位度，lnGDP 是对 GDP 序列取对数后得到的序列。

表 6 - 1 ADF 检验结果

		SWD	GDP	lnGDP
水平值	t 统计量	− 2.0093	6.0062	− 2.9797
	P 值	0.5693	1.0000	0.1557
一阶差分值	t 统计量	− 3.3196	4.8712	− 5.3652
	P 值	0.0243	1.0000	0.0004

由表 6 - 1 可知，在水平值情况下，三者 P 值均大于显著性水平 0.05，说明有单位根，所以是非平稳序列。在一阶差分值情况下，城市首位度 SWD 的 P 值小于显著性水平 0.05，说明没有单位根，所以该序列是一阶单整序列。GDP 一阶差分后并没有平稳的趋势，而 lnGDP 则是一阶单整序列，与 SWD 是同阶单整序列。所以，选择 lnGDP 代替 GDP 做后续分析。

由于序列是非平稳序列，故需要做协整检验。即检验 GDP 与城市首位度之间是否存在共同的随机性趋势，非平稳序列的线性组合是否具有稳定的均衡关系。这里采用两变量序列的协整关系检验通常采用 EG 两步法。检验的前提是两个序列是同阶单整。因为 SWD 和 lnGDP 两个序列是同阶单整序列，所以可以进行下一步检验。

首先以 GDP 的对数值作为被解释变量，城市首位度作为解释变量，建立一元线性回归模型，最小二乘估计结果如表 6 - 2 所示。然后对残差序列进行 ADF 检验，结果如表 6 - 3 所示。

表 6 - 2 一元线性回归结果

变量	相关系数	标准差	t 统计量	P 值
SWD	30.42059	1.819177	16.18825	0.0000
C	− 12.85422	1.794636	− 7.162578	0.0000
R^2	0.909741	因变量均值		16.16669
调整的 R^2	0.906269	因变量标准差		1.435136
回归标准差	0.439374	赤池准则		1.261815

续表

变量	相关系数	标准差	统计量	P 值
残差平方和	5.019276	施瓦茨准则		1.356973
对数似然值	-15.66542	汉南—奎因准则		1.290906
t 统计量	262.0594	加值		0.324248
P（相伴概率）	0.000000			

表 6 - 3   残差序列单位根检验结果

		t 统计量	P 值
迪克—富勒检验统计量		-1.870098	0.0596
ADF 检验	0.01 的显著性水平	-2.656915	
	0.05 的显著性水平	-1.954414	
	0.1 的显著性水平	-1.609329	

由表 6 - 2 可知，用城市首位度解释 GDP 是合适的，由 P 值可知参数的显著性检验通过。R^2 和调整的 R^2 都大于 0.9，表明模型对样本数据点的拟合程度较高。在残差的自相关检验中，以 $\alpha = 0.05$，样本个数 28，自变量个数 K = 1，查 DW 表，得到 $d_L = 1.33$，以 $\alpha = 0.01$，$d_L = 1.10$，由表 6 - 2 可知，DW = 0.3242 小于临界值，所以，残差序列存在正相关，说明模型中可能遗漏了重要的解释变量。

表 6 - 3 中第二行数据分别为 ADF 检验的 t 统计量和对应的 P 值，第 3—5 行数据分别是显著性水平为 0.01、0.05、0.1 的 t 统计量，可见，ADF 检验值在 0.1 的显著性水平下显著。取显著性水平 0.05，则结果不显著，即残差序列有单位根，是非平稳序列。SWD 与 lnGDP 不存在协整关系。

上述结果表明，残差序列并非平稳序列，SWD 与 lnGDP 不存在协整关系。因为两序列是一阶单整序列，且不存在协整关系，所以，需要对原始数据取一阶差分，再进行格兰杰因果检验。这样，两序列变为平稳序列。应用 Eviews 6.0 进行格兰杰因果检验，得出计算结果如表 6 - 4 所示。

表 6 - 4 是滞后期取 1—8 的检验结果。以滞后期取 1 为例，第一条原假设是城市首位度的一阶差分序列（DSWD）不是 GDP 对数值的一阶差分序列（DlnGDP）的格兰杰成因，有效观察样本 26 组，F 检验的 t 统计量是 0.10421，对应 P 值是 0.7498，大于显著性水平 0.05，无法拒绝原

假设。第二条原假设是 GDP 对数值的一阶差分序列（DlnGDP）不是城市首位度的一阶差分序列（DSWD）的格兰杰成因，有效观察样本 26 组，F 检验的 t 统计量是 0.54508，对应 P 值是 0.4678，大于显著性水平 0.05，同样无法拒绝原假设。所以，在滞后期取 1 时，城市首位度的一阶差分序列（DSWD）与 GDP 对数值的一阶差分序列（DlnGDP）不存在因果关系。

表 6 - 4　　　　　　　　　　　不同滞后期的格兰杰因果检验结果

假设	样本	t 统计量	P 值
Lags：1			
DSWD 不是格兰杰的 DlnGDP 的原因	26	0.10421	0.7498
DlnGDP 不是格兰杰的 DSWD 的原因		0.54508	0.4678
Lags：2			
DSWD 不是格兰杰的 DlnGDP 的原因	25	0.15930	0.8538
DlnGDP 不是格兰杰的 DSWD 的原因		0.51018	0.6080
Lags：3			
DSWD 不是格兰杰的 DlnGDP 的原因	24	0.14630	0.9306
DlnGDP 不是格兰杰的 DSWD 的原因		0.67160	0.5811
Lags：4			
DSWD 不是格兰杰的 DlnGDP 的原因	23	0.33917	0.8470
DlnGDP 不是格兰杰的 DSWD 的原因		0.42543	0.7879
Lags：5			
DSWD 不是格兰杰的 DlnGDP 的原因	22	0.27981	0.9146
DlnGDP 不是格兰杰的 DSWD 的原因		0.87806	0.5266
Lags：6			
DSWD 不是格兰杰的 DlnGDP 的原因	21	0.33040	0.9208
DlnGDP 不是格兰杰的 DSWD 的原因		0.49295	0.7978
Lags：7			
DSWD 不是格兰杰的 DlnGDP 的原因	20	1.52316	0.3324
DLNGDP 不是格兰杰的 DSWD 的原因		1.32332	0.3918
Lags：8			
DSWD 不是格兰杰的 DlnGDP 的原因	19	0.58346	0.7598
DlnGDP 不是格兰杰的 DSWD 的原因		0.76289	0.6782

观察剩余滞后期，可以看出，在所有滞后期中，城市首位度的一阶差分序列（DSWD）与 GDP 对数值的一阶差分序列（DLNGDP）不存在因果关系。即江西省的城市首位度与 GDP 之间不存在因果关系。

2. 河南省

经单位根检验，由于单位根存在，因此，河南省城市首位度是非平稳序列，在一阶差分情况下，城市首位度是一阶单整序列。GDP 一阶差分后并没有平稳的趋势，而 lnGDP 则是一阶单整序列，与 SWD 是同阶单整序列。

两变量序列 SWD 和 lnGDP 两个序列是同阶单整序列，SWD 与 lnGDP 不存在协整关系。对原始数据取一阶差分，再进行格兰杰因果检验。这样两序列变为平稳序列。在所有滞后期中，一阶差分后的 SWD 和一阶差分后的 lnGDP 之间不存在因果关系。

3. 山西省

城市首位度同样为非平稳序列，SWD 序列是一阶单整序列。GDP 一阶差分后并没有平稳的趋势，而 lnGDP 则是一阶单整序列，与 SWD 是同阶单整序列。所以，选择 lnGDP 代替 GDP 做后续分析。

结果表明，残差序列并非平稳序列，通过协整检验可知，SWD 与 lnGDP 不存在协整关系。

对原始数据取一阶差分，进行格兰杰因果检验。在所有滞后期中，一阶差分后的 SWD 和一阶差分后的 lnGDP 之间不存在因果关系。

4. 湖北省

在非平稳序列情况下，经过一阶差分，城市首位度 SWD 是一阶单整序列。GDP 一阶差分后并没有平稳的趋势，而 lnGDP 则是一阶单整序列，与 SWD 是同阶单整序列。所以，选择 lnGDP 代替 GDP 做后续分析。

可见，用 SWD 解释 lnGDP 是合适的。然后对残差序列进行 ADF 检验，结果表明，残差序列并非平稳序列，通过协整检验可知，SWD 与 lnGDP 存在协整关系，且各系数显著，说明 SWD 是 lnGDP 的格兰杰成因。

5. 湖南省

在水平值的情况下，三者 P 值均大于显著性水平 0.05，说明有单位根，所以，是非平稳序列。在一阶差分情况下，城市首位度 SWD 序列是一阶单整序列。GDP 一阶差分后并没有平稳的趋势，而 lnGDP 则是一阶单整序列，与 SWD 是同阶单整序列。所以，选择 lnGDP 代替 GDP 做后续分析。

通过协整检验可知，SWD 与 lnGDP 不存在协整关系。对原始数据取一阶差分，再进行格兰杰因果检验。在滞后期 7 中，一阶差分后的 SWD 是一阶差分后的 lnGDP 的格兰杰成因。

6. 安徽省

lnGDP 是稳定序列，其他两者 P 值均大于显著性水平 0.05，说明有单位根，所以是非平稳序列。在一阶差分情况下，城市首位度（SWD）是一阶单整序列。GDP 一阶差分后并没有平稳的趋势。

SWD、GDP、lnGDP 都不是同阶单整序列，所以，无法进行协整检验。对 SWD 序列原始数据取一阶差分，变为平稳序列，结合 lnGDP 进行格兰杰因果检验。在滞后期 2—3 中，lnGDP 是一阶差分后的 SWD 的格兰杰成因；在滞后期 4—6 中，一阶差分后的 SWD 是 lnGDP 的格兰杰成因。不同滞后期，两者关系不同，说明可能存在第三个变量，既影响 lnGDP，也与一阶差分后的 SWD 相关。

（二）东部地区城市首位度与 GDP 的因果关系检验

1. 河北省

ADF 单位根检验，在水平值情况下，人口首位度 SWD 的 P 值小于 0.05，说明没有单位根；GDP 和 lnGDP 的 P 值均大于显著性水平 0.05，说明有单位根，所以是非平稳序列。在一阶差分情况下，GDP 和 lnGDP 一阶差分后并没有平稳的趋势。在二阶差分情况下，GDP 的 P 值仍然不显著，说明是非平整序列；lnGDP 的 P 值是显著小于 0.05 的，因此 lnGDP 是二阶单整序列。所以，选择 lnGDP 代替 GDP 做后续分析。

协整检验。因为 SWD、GDP、lnGDP 都不是同阶单整序列，所以无法进行协整检验。

格兰杰因果检验。因为 SWD 和 lnGDP 两序列不是同阶单整序列，所以，需要对 lnGDP 原始数据取二阶差分，变为平整序列，结合 SWD 进行格兰杰因果检验。这样，两序列变为平稳序列。滞后期取 1—8 的检验结果显示，在滞后期 5、6 和 8 中，二阶差分后的 lnGDP 是 SWD 的格兰杰成因。

2. 江苏省

ADF 单位根检验，在水平值情况下，三者 P 值均大于显著性水平 0.05，说明有单位根，所以是非平稳序列。在一阶差分情况下，SWD 的

P 值小于显著性水平 0.05，说明没有单位根，所以该序列是一阶单整序列。GDP 一阶差分后并没有平稳的趋势，而 lnGDP 则是一阶单整序列，与 SWD 是同阶单整序列。所以选择 lnGDP 代替 GDP 做后续分析。

协整检验中，SWD 和 lnGDP 两个序列是同阶单整序列，所以可以进行下一步检验，建立协整回归。然后对残差序列进行 ADF 检验，结果表明，残差序列并非平稳序列，通过协整检验可知，SWD 与 lnGDP 不存在协整关系。

格兰杰因果检验中，两序列是一阶单整序列，且不存在协整关系，所以需要对原始数据取一阶差分，再进行格兰杰因果检验。这样两序列变为平稳序列。滞后期取 1—8 的检验结果，在滞后期 7 中，一阶差分后的 SWD 是一阶差分后的 lnGDP 的格兰杰成因。

3. 浙江省

ADF 单位根检验，在水平值及一阶差分的情况下，三者 P 值均大于显著水平 0.05，说明有单位根，所以是非平稳序列。在一阶差分情况下，SWD 的 P 值小于显著性水平 0.05，说明没有单位根，所以该序列是一阶单整序列；GDP 和 lnGDP 一阶差分后并没有平稳的趋势。在二阶差分情况下，lnGDP 的 P 值小于显著性水平 0.05，说明 lnGDP 是二阶单整序列。所以用 lnGDP 代替 GDP 做后续分析。

协整检验。因为 SWD、GDP、lnGDP 都不是同阶单整序列，所以无法进行协整检验。

格兰杰因果检验。因为 SWD 和 lnGDP 两序列不是同阶单整序列，所以需要对 SWD 原始数据取一阶差分，对 lnGDP 原始数据取二阶差分，变为平整序列，然后将两者进行格兰杰因果检验。表 6 - 6 表示滞后期取 1—8 的检验结果。可以看出，在所有滞后期中，一阶差分后的 SWD 和一阶差分后的 lnGDP 之间不存在因果关系。

4. 山东省

ADF 单位根检验，在水平值及一阶差分情况下，三者 P 值均大于显著性水平 0.05，说明有单位根，所以是非平稳序列。在二阶差分情况下，SWD、GDP 及 lnGDP 的 P 值均小于显著性水平 0.05，都为二阶单整序列，所以三者是同阶单整序列。直接用 SWD 和 GDP 做后续分析。

协整检验中，SWD 和 lnGDP 两个序列是同阶单整序列，所以可以进行下一步检验。建立协整回归，然后对残差序列进行 ADF 检验，结果表明残差序列并非平稳序列，通过协整检验可知，SWD 与 lnGDP 不存在协整关系。

格兰杰因果检验。两序列是二阶单整序列，且不存在协整关系，所以需要对原始数据取二阶差分，再进行格兰杰因果检验。这样两序列变为平稳序列。滞后期取 1—8 的检验结果显示，在滞后期 1—2 中，二阶差分后的 GDP 是二阶差分后的 SWD 的格兰杰成因。

5. 广东省

ADF 单位根检验，在水平值情况下，三者 P 值均大于显著水平 0.05，说明有单位根，所以是非平稳序列。在一阶差分情况下，SWD 的 P 值小于显著性水平 0.05，说明没有单位根，所以该序列是一阶单整序列。GDP 和 lnGDP 一阶差分后并没有平稳的趋势。在二阶差分情况下，GDP 和 lnGDP 的 P 值小于显著性水平 0.05，因此 GDP 和 lnGDP 是二阶单整序列。所以用 GDP 做后续分析。

协整检验。因为 SWD 和 GDP 不是同阶单整序列，所以无法进行协整检验。

格兰杰因果检验。由于 SWD 是一阶单整序列，GDP 是二阶单整序列，所以需要对 SWD 和 GDP 原始数据分别取一阶差分和二阶差分，再进行格兰杰因果检验。这样两序列变为平稳序列。滞后期取 1—8 的检验结果可以看出，在所有滞后期中，一阶差分后的 SWD 和一阶差分后的 lnGDP 之间不存在因果关系。

6. 福建省

ADF 单位根检验，在水平值情况下，三者 P 值均大于显著性水平 0.05，说明有单位根，所以是非平稳序列。在一阶差分情况下，SWD 的 P 值小于显著性水平 0.05，说明 SWD 是一阶单整序列。在二阶差分情况下，lnGDP 的 P 值均小于显著水平 0.05，为二阶单整序列，所以用 lnGDP 代替 GDP 做后续分析。

协整检验。因为 SWD 和 lnGDP 不是同阶单整序列，所以无法进行协整检验。

格兰杰因果检验。两序列是不同阶单整系列，所以分别对 SWD 和 GDP 的原始数据取一阶差分和二阶差分，再进行格兰杰因果检验。这样两序列变为平稳序列。滞后期取 1—8 的检验结果，在滞后期 3—4 中，二阶差分后的 lnGDP 是一阶差分后的 SWD 的格兰杰成因。

7. 海南省

ADF 单位根检验，在水平值情况下，三者 P 值均大于显著性水平 0.05，说明有单位根，所以是非平稳序列。一阶差分情况下，SWD 的 P 值小于显著性水平 0.05，说明 SWD 是一阶单整序列。在二阶差分情况下，GDP 和 lnGDP 的 P 值均小于显著性水平 0.05，为二阶单整序列，所以直接用 SWD 和 GDP 做后续分析。

协整检验。因为 SWD 和 GDP 不是同阶单整序列，所以无法进行协整检验。

格兰杰因果检验。两序列是不同阶单整序列，所以分别对 SWD 和 GDP 的原始数据取一阶差分和二阶差分，再进行格兰杰因果检验。这样两序列变为平稳序列。滞后期取 1—8 的检验结果，在滞后期 8 中，一阶差分后的 SWD 是二阶差分后的 GDP 的格兰杰成因。

二 城市首位度与经济首位度的影响关系分析

（一）中部地区城市首位度与经济首位度的因果关系分析

1. 江西省

进一步地，深入分析城市首位度同经济首位度（也称 GDP 首位度）之间是否存在一定的关系。相关的指标、数据来源等情况说明同上一节。采用格兰杰因果检验，主要需要检验如下两个方面：一是 GDP 首位度是引起城市首位度变化的原因与否；二是城市首位度是引起 GDP 首位度变化的原因与否。同样地，建立的分析模型如下：

$$\begin{cases} Y_t = \alpha_0 + \sum_{i=1}^{k} \alpha_i Y_{t-i} + \sum_{j=1}^{k} \beta_i X_{t-i} + \varepsilon_t \\ X_t = \alpha_0 + \sum_{i=1}^{k} \alpha_i X_{t-i} + \sum_{j=1}^{k} \beta_j Y_{t-i} + \varepsilon_t \end{cases}$$

式中，X_t 表示第 t 年的城市首位度，Y_t 表示第 t 年的 GDP 首位度，α_0 是常数项，ε_t 为随机波动项。

通过检验回归系数 α_i、β_j 是否为 0，判定 X 与 Y 之间是否存在因果关系。同样地，首先要判断序列是否平稳，这里用单位根检验中的 ADF 检验，判别序列是否平稳。结果如表 6 - 5 所示，SWD 表示城市首位度，GDPS 表示 GDP 首位度。

表 6 - 5　　　　江西省城市首位度与 GDP 首位度的 ADF 检验结果

		SWD	GDPS
水平值	t 统计量	- 2.0093	- 1.8823
	P 值	0.5693	0.6358
一阶差分值	t 统计量	- 3.3196	- 4.7280
	P 值	0.0243	0.0009

　　由表 6 - 5 可知，在水平值情况下，两者 P 值均大于显著性水平 0.05，说明有单位根，所以是非平稳序列。在一阶差分情况下，城市首位度和 GDP 首位度的 P 值都小于显著性水平 0.05，说明没有单位根，说明两序列均是一阶单整序列。

　　由于两个序列式不平稳，需要对同阶单整序列进行协整检验，采用基于回归残差进行检验的 EG 两步法进行协整检验。

　　首先建立协整回归，如表 6 - 6 所示。然后对残差序列进行 ADF 检验，结果如表 6 - 7 所示。

表 6 - 6　　　　　　　　一元线性回归结果

变量	相关系数	标准差	t 统计量	P 值
SWD	6.020131	0.541919	11.10892	0.0000
C	- 3.823947	0.517539	- 7.388720	0.0000
R^2	0.825980	因变量均值		1.919191
调整的 R^2	0.819287	因变量标准差		0.298061
回归标准差	0.126707	赤池准则		- 1.225132
残差平方和平	0.417420	施瓦茨准则		- 1.129974
对数似然值	19.15185	汉南一奎恩准则		- 1.196041
t 统计量	123.4081	DW 值		0.747246
P 值	0.000000			

　　由表 6 - 6 可知，用城市首位度解释 GDP 是合适的，由 P 值可知参数的显著性检验通过。R^2 和调整的 R^2 都大于 0.8，表明模型对样本数据点的拟合程度较高。在残差的自相关检验中，以 $\alpha = 0.05$，样本个数 28，自变量个数 K = 1，查 DW 表，得到 $d_L = 1.33$，以 $\alpha = 0.01$，$d_L = 1.10$，

由表 6－6 中可知，DW＝0.7472 小于临界值，所以残差序列存在正相关，说明模型中可能遗漏了重要的解释变量。

表 6－7　　　　　　　　　　残差序列单位根检验结果

		t 统计量	P 值
迪克—富勒检验统计量		−2.410046	0.0180
ADF 标准	0.01 的显著性水平	−2.653401	
	0.05 的显著性水平	−1.953858	
	0.1 的显著性水平	−1.609571	

表 6－7 中第二行数据分别为 ADF 检验的 t 统计量和对应的 P 值，第 3—5 行数据的显著性水平分别为 0.01、0.05、0.1 的 t 统计量，可见，ADF 检验值在 0.05 的显著性水平下显著，即残差序列没有单位根，是平稳序列。SWD 与 lnGDPS 存在协整关系。两序列是一阶单整序列，存在协整关系，且各系数显著，可以认为，GDP 首位度和城市首位度之间存在因果关系。为更好地证实这一结论，将两者的因果关系检验列示于表 6－8。

表 6－8　　　　　　　　不同滞后期的格兰杰因果检验结果

假设	样本	t 统计量	P 值
Lags：2			
SWD 不是格兰杰 GDPS 的原因	27	8.06155	0.0091
GDPS 不是格兰杰 SWD 的原因		2.38512	0.1356
Lags：2			
SWD 不是格兰杰 GDPS 的原因	26	5.19893	0.0147
GDPS 不是格兰杰 SWD 的原因		1.94372	0.1681
Lags：3			
SWD 不是格兰杰 GDPS 的原因	25	4.36313	0.0178
GDPS 不是格兰杰 SWD 的原因		0.79223	0.5140
Lags：4			
SWD 不是格兰杰 GDPS 的原因	24	3.75119	0.0262
GDPS 不是格兰杰 SWD 的原因		0.61732	0.6569
Lags：5			
SWD 不是格兰杰 GDPS 的原因	23	2.72096	0.0722

续表

假设	样本	t 统计量	P 值
GDPS 不是格兰杰 SWD 的原因		0.63042	0.6805
Lags: 6			
SWD 不是格兰杰 GDPS 的原因	22	3.44704	0.0472
GDPS 不是格兰杰 SWD 的原因		0.32990	0.9048
Lags: 7			
SWD 不是格兰杰 GDPS 的原因	21	9.30133	0.0074
GDPS 不是格兰杰 SWD 的原因		0.28941	0.9352
Lags: 8			
SWD 不是格兰杰 GDPS 的原因	20	10.5661	0.0391
GDPS 不是格兰杰 SWD 的原因		0.79878	0.6462

表 6-8 为滞后期 1—8 的检验结果，可以看出，在滞后期 1—4、滞后期 6—8 中，江西省的人口首位度均是 GDP 首位度的格兰杰成因。

2. 河南省

城市首位度与 GDP 首位度都是非平稳序列。在一阶差分情况下，城市首位度和 GDP 首位度的 P 值小于显著性水平 0.05，说明两序列均是一阶单整序列。

两变量序列的协整关系检验结果表明城市首位度与 GDP 首位度不存在协整关系。因此，需要对城市首位度和 GDP 首位度做一阶差分，然后做格兰杰因果检验。在滞后期 6—7 中，城市首位度是 GDP 首位度的格兰杰成因。

3. 山西省

在水平值情况下，城市首位度是一阶单整序列，GDP 首位度是平稳序列。两序列不是同阶平稳序列，无法做协整检验。因此需要对城市首位度做一阶差分，然后与 GDP 首位度做格兰杰因果检验。检验结果表明，在滞后期 1、3 中，一阶差分后的城市首位度是 GDP 首位度的格兰杰成因。

4. 湖北省

在水平值情况下，城市首位度和 GDP 首位度是非平稳序列。在一阶差分情况下，城市首位度和 GDP 首位度两序列均是一阶单整序列。

采用 EG 两步法检验两变量序列的协整关系，结果表明，城市首位度与 GDP 首位度不存在协整关系。所以需要对两序列进行一阶差分，然后做格兰杰因果检验。检验结果表明，在所有滞后期中，一阶差分后的 GDP 首位度和一阶差分后的城市首位度之间不存在因果关系。

5. 湖南省

在水平值情况下，城市首位度与 GDP 首位度是非平稳序列。在一阶差分的情况下，城市首位度和 GDP 首位度两序列均是一阶单整序列。

采用 EG 两步法检验两变量序列的协整关系，结果表明，其城市首位度与 GDP 首位度也不存在协整关系。进而对两序列进行一阶差分以进行格兰杰因果检验。分析结果表明，在滞后期 6—7 中，一阶差分后的 GDP 首位度是一阶差分后的城市首位度的格兰杰成因。

6. 安徽省

在水平值情况下，城市首位度和 GDP 首位度都是非平稳序列。在一阶差分的情况下，城市首位度和 GDP 首位度均是一阶单整序列。

在城市首位度与 GDP 首位度不存在协整关系的情况下（EG 两步法检验两变量序列的协整关系），需要对两序列进行一阶差分，然后做格兰杰因果检验。结果显示，在滞后期 3、6、7 中，一阶差分后的 GDP 首位度是一阶差分后的城市首位度的格兰杰成因。在滞后期 5 中，一阶差分后的城市首位度是一阶差分后的 GDP 首位度的格兰杰成因。

（二）东部地区人口首位度与经济首位度的因果关系分析

1. 河北省

ADF 单位根检验，在水平值情况下，SWD 的 P 值均小于显著性水平 0.05，说明没有单位根，所以是平稳序列；GDP 首位度的 P 值大于显著性水平 0.05，说明有单位根，所以是非平稳序列。在一阶差分情况下，GDP 首位度的 P 值小于显著性水平 0.05，说明没有单位根，GDP 首位度是一阶单整序列。

协整检验。因为两序列不是同阶平稳序列，所以无法做协整检验。

格兰杰因果检验。因为两序列是一阶单整序列，且不存在协整关系，所以需要对两序列进行一阶差分，然后进行格兰杰因果检验。滞后期取 1—8 的检验结果，可以看出，在滞后期 2—7 中，一阶差分后的 GDP 首位度是人口首位度的格兰杰成因。

2. 江苏省

ADF 单位根检验，在水平值情况下，SWD 和 GDPS 的 P 值均大于显著性水平 0.05，说明有单位根，所以是非平稳序列。在一阶差分情况下，SWD 和 GDP 首位度的 P 值均小于显著性水平 0.05，说明没有单位根，人口首位度和 GDP 首位度是一阶单整序列。

协整检验。SWD 和 GDPS 两个序列是同阶单整序列，所以可以进行下一步检验。建立协整回归，然后对残差序列进行 ADF 检验。结果表明残差序列是非平稳序列，通过协整检验可知，SWD 与 GPPS 不存在协整关系。

格兰杰因果检验。两序列是一阶单整序列，但不存在协整关系，所以可以对 SWD 和 GDPS 的一阶差分进行格兰杰因果检验。滞后期取 1—8 的检验结果显示，在所有的滞后期中，一阶差分后的 SWD 与一阶差分后的 GDPS 之间不存在格兰杰成因。

3. 浙江省

ADF 单位根检验，在水平值情况下，SWD 和 GDPS 的 P 值均大于显著性水平 0.05，说明有单位根，所以是非平稳序列。在一阶差分的情况下，SWD 的 P 值均小于显著性水平 0.05，说明没有单位根，是一阶单整序列。在二阶差分的情况下，GDP 首位度的 P 值小于显著性水平 0.05，是二阶单整序列。

协整检验。因为 SWD 和 GDPS 不是同阶单整序列，所以无法进行协整检验。

格兰杰因果检验。两序列不是同阶单整序列，所以可以对 SWD 一阶差分和 GDPS 的二阶差分进行格兰杰因果检验。滞后期取 1—8 的检验结果显示，在所有的滞后期中，一阶差分后的 SWD 与一阶差分后的 GDPS 之间不存在格兰杰成因。

4. 山东省

ADF 单位根检验，在水平值情况下，SWD 和 GDPS 的 P 值均大于显著性水平 0.05，说明有单位根，所以是非平稳序列。在一阶差分情况下，GDPS 的 P 值小于显著性水平 0.05，说明没有单位根，是一阶单整序列。在二阶差分情况下，SWD 的 P 值小于显著性水平 0.05，是二阶单整序列。

协整检验。因为 SWD 和 GDPS 不是同阶单整序列，所以无法进行协整检验。

格兰杰因果检验。对原始数据 SWD 取二阶差分，对 GDPS 取一阶差分，再进行格兰杰因果检验。这样两序列变为平稳序列。滞后期取 1—8 的检验结果，在滞后期 3 中，一阶差分后的 GDPS 是二阶差分后的 SWD 的格兰杰成因。在滞后期 1—4 中，二阶差分后的 SWD 是一阶差分后的 GDPS 的格兰杰成因。

5. 广东省

ADF 单位根检验，在水平值情况下，两者 P 值均大于显著性水平 0.05，说明有单位根，所以是非平稳序列。在一阶差分情况下，SWD 的 P 值和 GDPS 的 P 值均小于显著性水平 0.05，说明没有单位根，所以两序列都是一阶单整序列。

协整检验。SWD 和 GDPS 两个序列是同阶单整序列，所以可以进行下一步检验。建立协整回归，然后对残差序列进行 ADF 检验，结果表明，残差序列是非平稳序列，通过协整检验可知，SWD 与 GDPS 不存在协整关系。

格兰杰因果检验。两序列是一阶单整序列，但不存在协整关系，所以可以对 SWD 和 GDPS 的一阶差分进行格兰杰因果检验。滞后期取 1—8 的检验结果，在滞后期 6 中，一阶差分后的 DGPS 是一阶差分后的 SWD 的格兰杰成因。

6. 福建省

ADF 单位根检验，在水平值情况下，两者 P 值均大于显著水平 0.05，说明有单位根，所以是非平稳序列。在一阶差分情况下，SWD 的 P 值和 GDPS 的 P 值均小于显著性水平 0.05，说明没有单位根，所以两序列都是一阶单整序列。

协整检验。SWD 和 GDPS 两个序列是同阶单整序列，所以可以进行下一步检验。建立协整回归，然后对残差序列进行 ADF 检验。结果表明，残差序列是非平稳序列，通过协整检验可知，SWD 与 GDPS 不存在协整关系。

格兰杰因果检验。两序列是一阶单整序列，但不存在协整关系，所以可以对 SWD 和 GDPS 的一阶差分进行格兰杰因果检验。滞后期取 1—8 的检验结果，在滞后期 3—6 中，一阶差分后的 SWD 是一阶差分后的 GDPS 的格兰杰成因。在滞后期 4—7 中，一阶差分后的 GDPS 是一阶差分后的 SWD 的格兰杰成因。

7. 海南省

ADF 单位根检验，在水平值情况下，两者 P 值均大于显著性水平 0.05，说明有单位根，所以是非平稳序列。在一阶差分的情况下，SWD 的 P 值和 GDPS 的 P 值均小于显著性水平 0.05，说明没有单位根，所以两序列都是一阶单整序列。

协整检验。SWD 和 GDPS 两个序列是同阶单整序列，所以可以进行下一步检验。建立协整回归，然后对残差序列进行 ADF 检验。结果表明，残差序列是平稳序列，通过协整检验可知，SWD 与 GDPS 存在不显著的协整关系。

格兰杰因果检验。两序列是一阶单整序列，且存在协整关系，所以可以对 SWD 和 GDPS 进行格兰杰因果检验。滞后期取 1—8 的检验结果，在滞后期 1—4 中，一阶差分后的 SWD 是一阶差分后的 GDPS 的格兰杰成因。在滞后期 2、4、5 中，一阶差分后的 DGPS 是一阶差分后的 SWD 的格兰杰的成因。

三 首位度与 GDP 增长率的影响关系分析

（一）中部地区城市首位度与 GDP 增长率的因果关系分析

1. 江西省

对于城市首位度与经济增长率之间关系，同样采用格兰杰因果检验。指标、数据的来源等情况已在上节研究中说明。该检验的目的同上述分析一致，主要检验城市首位度能否引起经济增长率的变化，以及经济增长率对城市首位度变化是否有影响。

首先明确经济增长率，以 GDP 为基准，定义其为：

$$GDPR_t = \frac{GDP_t - GDP_{t-1}}{GDP_{t-1}} \times 100\%$$

工中，t 表示年份 1985—2011。进而以江西省为例，建立如下模型：

$$\begin{cases} Y_t = \alpha_0 + \sum_{i=1}^{k} \alpha_i Y_{t-i} + \sum_{j=1}^{k} \beta_j X_{t-j} + \varepsilon_t \\ X_t = \alpha_0 + \sum_{i=1}^{k} \alpha_i X_{t-i} + \sum_{j=1}^{k} \beta_j Y_{t-j} + \varepsilon_t \end{cases}$$

式中，X_t 表示第 t 年的城市首位度，Y_t 表示第 t 年的 GDP 增长率，α_0 是常数项，ε_t 为随机波动项。

通过检验回归系数 α_i、β_j 是否为 0，判定 X 与 Y 之间是否存在因果关系。为此需要首先判断序列是否平稳，这里用单位根检验中的 ADF 检验，判别序列是否平稳。结果如表 6 – 9 所示，其中，SWD 表示城市首位度，GDPR 表示 GDP 增长率。

表6 – 9　　　　江西省城市首位度与 GDP 增长率的 ADF 检验结果

		SWD	GDPR
水平值	t 统计量	– 2.0093	– 5.6339
	P 值	0.5693	0.0011
一阶差分值	t 统计量	– 3.3196	– 4.3354
	P 值	0.0243	0.0028

由表 6 – 9 可知，在水平值情况下，城市首位度不平稳，但 GDP 增长率是平稳序列。城市首位度在一阶差分后，变为平稳序列。

由于城市首位度和 GDP 增长率两个序列不是同阶单整序列，无法进行协整检验。对序列城市首位度进行一阶差分，变为平稳序列，这样就可以和 GDP 增长率进行格兰杰因果检验，表 6 – 10 为滞后期取 1—8 的检验结果。

表6 – 10　　　　　　　不同滞后期的格兰杰因果检验结果

假设	样本	t 统计量	P 值
Lags：2			
GDPR 不是格兰杰 DSWD 的原因	26	0.49509	0.4887
DSWD 不是格兰杰 GDPR 的原因		0.11400	0.7387
Lags：2			
GDPR 不是格兰杰 DSWD 的原因	25	0.42819	0.6575
DSWD 不是格兰杰 GDPR 的原因		0.16379	0.8500
Lags：3			
GDPR 不是格兰杰 DSWD 的原因	24	0.68498	0.5734
DSWD 不是格兰杰 GDPR 的原因		0.16405	0.9191
Lags：4			
GDPR 不是格兰杰 DSWD 的原因	23	0.46908	0.7576
DSWD 不显格兰杰 GDPR 的原因		0.33598	0.8492
Lags：5			
GDPR 不是格兰杰 DSWD 的原因	22	0.90779	0.5100

续表

假设	样本	t 统计量	P 值
DSWD 不是格兰杰 GDPR 的原因		0.26476	0.9231
Lags：6			
GDPR 不是格兰杰 DSWD 的原因	21	0.52927	0.7731
DSWD 不显格兰杰 GDPR 的原因		0.24774	0.9469
Lags：7			
GDPR 不是格兰杰 DSWD 的原因	20	1.03282	0.5038
DSWD 不显格兰杰 GDPR 的原因		3.71625	0.0837
Lags：8			
GDPR 不是格兰杰 DSWD 的原因	19	0.62253	0.7409
DSWD 不是格兰杰 GDPR 的原因		1.19855	0.5313

表 6 – 10 是滞后期取 1—8 的检验结果。以滞后期取 1 为例，第一条原假设是 GDP 增长率（GDPR）不是城市首位度一阶差分序列（DSWD）的格兰杰成因，有效观察样本 26 组，F 检验的 t 统计量是 0.49509，对应 P 值是 0.4887，大于显著性水平 0.05，无法拒绝原假设。第二条原假设是城市首位度一阶差分序列（DSWD）不是 GDP 增长率（GDPR）的格兰杰成因，有效观察样本 26 组，F 检验的 t 统计量是 0.11400，对应 P 值是 0.7387，大于显著性水平 0.05，同样无法拒绝原假设。所以，在滞后期取 1 时，城市首位度的一阶差分序列与 GDP 增长率不存在因果关系。观察剩余滞后期，可以看出，在所有滞后期中，城市首位度的一阶差分序列与 GDP 增长率不存在因果关系，即江西省的城市首位度与 GDP 增长率之间不存在因果关系。

2. 其他中部五省

采用上述同样的方法和分析过程，对中部其他五个省域的城市首位度同经济增长率之间进行因果检验，得出两者之间的因果结论如下：

首先，经过单位根的检验，中部其他五省的城市首位度为非平稳序列，而中部五省的 GDP 增长率均为平稳序列，由于城市首位度和 GDP 增长率两个序列不是同阶单整序列，所以无法进行协整检验。进一步地，将城市首位度经过一阶差分后，均可变为平稳序列。

在这样的情况下，结合 GDP 增长率，对两者之间进行因果检验。结果显示，河南省在滞后期1、3中，一阶差分后城市首位度是 GDP 增长率的格兰杰成因；山西省在所有滞后期中，GDP 增长率和一阶差分后城市首位度之间不存在因果关系；湖北省在滞后期3—6中，一阶差分后城市首位度是 GDP 增长率的格兰杰成因；湖南省同湖北一样，在滞后期3—6中的一阶差分后城市首位度是 GDP 增长率的格兰杰成因；安徽省在滞后期3—6以及滞后期8中，一阶差分后城市首位度是 GDP 增长率的格兰杰成因。

（二）东部地区城市首位度与 GDP 增长率的因果关系分析

1. 河北省

ADF 单位根检验，在水平值情况下，SWD 的 P 值小于显著性水平0.05，说明没有单位根，所以是平稳序列；GDP 增长率的 P 值大于显著性水平0.05，说明有单位根，所以是非平稳序列。在一阶差分情况下，GDP 增长率的 P 值小于显著性水平0.05，说明没有单位根，GDP 增长率是一阶单整序列。

协整检验。因为两序列不是同阶平稳序列，所以无法做协整检验。

格兰杰因果检验。对 SWD 原始数列和 GDPR 一阶差分做格兰杰因果检验。滞后期取1—8的检验结果，可以看出，在滞后期4—6中，城市首位度是一阶差分后的 GDP 增长率的格兰杰成因。

2. 江苏省

ADF 单位根检验，在水平值情况下，SWD 和 GDPR 的 P 值均大于显著性水平0.05，说明有单位根，所以是非平稳序列。在一阶差分情况下，SWD 和 GDP 增长率的 P 值均小于显著性水平0.05，说明没有单位根，城市首位度和 GDP 增长率是一阶单整序列。

协整检验。SWD 和 GDPR 两个序列是同阶单整序列，所以可以进行下一步检验。建立协整回归，然后对残差序列进行 ADF 检验，结果表明，残差序列是平稳序列，通过协整检验可知，SWD 与 GDPR 存在不显著的协整关系。

格兰杰因果检验。两序列是一阶单整序列，存在不显著的协整关系，所以可以对 SWD 和 GDPR 的一阶差分进行格兰杰因果检验。滞后期取1—8的检验结果，在滞后期3—6中，一阶差分后的 GDPR 是一阶差分后的 SWD 的格兰杰成因。

3. 浙江省

ADF 单位根检验，在水平值情况下，SWD 和 GDPS 的 P 值均大于显著性水平 0.05，说明有单位根，所以是非平稳序列。在一阶差分情况下，SWD 的 P 值均小于显著性水平 0.05，说明没有单位根，是一阶单整序列。在二阶差分的情况下，GDP 增长率的 P 值小于显著性水平 0.05，是二阶单整序列。

协整检验。SWD 和 GDPR 两个序列是同阶单整序列，所以可以进行下一步检验。建立协整回归，然后对残差序列进行 ADF 检验，结果表明，残差序列是平稳序列，通过协整检验可知，SWD 与 GDPR 存在不显著的协整关系。

格兰杰因果检验。两序列不是同阶单整序列，所以可以对 SWD 一阶差分和 GDPR 的一阶差分进行格兰杰因果检验。滞后期取 1—8 的检验结果，在所有的滞后期中，一阶差分后的 SWD 与一阶差分后的 GDPR 之间不存在格兰杰成因。

4. 山东省

ADF 单位根检验，在水平值情况下，SWD 和 GDPR 的 P 值均大于显著性水平 0.05，说明有单位根，所以是非平稳序列。在一阶差分情况下，GDPR 的 P 值小于显著性水平 0.05，说明没有单位根，是一阶单整序列。在二阶差分情况下，SWD 的 P 值小于显著性水平 0.05，是二阶单整序列。

协整检验。因为 SWD 和 GDPR 不是同阶单整序列，所以无法进行协整检验。

格兰杰因果检验。对原始数据 SWD 取二阶差分，对 GDPR 取一阶差分，再进行格兰杰因果检验。这样两序列变为平稳序列。滞后期取 1—8 的检验结果，结果显示，在所有的滞后期中，一阶差分后的 GDPR 与二阶差分后的 SWD 之间不存在格兰杰成因。

5. 广东省

ADF 单位根检验，在水平值情况下，两者 P 值均大于显著性水平 0.05，说明有单位根，所以是非平稳序列。在一阶差分情况下，SWD 的 P 值和 GDPR 的 P 值均小于显著性水平 0.05，说明没有单位根，所以两序列都是一阶单整序列。

协整检验。SWD 和 GDPR 两个序列是同阶单整序列，所以可以进行下一步检验。建立协整回归，然后对残差序列进行 ADF 检验，结果表明，残差序列是平稳序列，通过协整检验可知，SWD 与 GDPR 存在不显著的协整关系。

格兰杰因果检验。两序列是一阶单整序列，但存在不显著的协整关系，所以可以对 SWD 和 GDPR 的一阶差分进行格兰杰因果检验。滞后期取 1—8 的检验结果，在滞后期 5 中，一阶差分后的 GDPR 是一阶差分后的 SWD 的格兰杰成因。在滞后期 3、4 中，一阶差分后的 SWD 是一阶差分后的 GDRP 的格兰杰成因。

6. 福建省

ADF 单位根检验，在水平值情况下，两者 P 值均大于显著性水平 0.05，说明有单位根，所以是非平稳序列。在一阶差分情况下，SWD 的 P 值和 GDPR 的 P 值均小于显著性水平 0.05，说明没有单位根，所以两序列都是一阶单整序列。

协整检验。SWD 和 GDPR 两个序列是同阶单整序列，所以可以进行下一步检验。建立协整回归，然后对残差序列进行 ADF 检验，结果表明，残差序列是平稳序列，通过协整检验可知，SWD 与 GDPR 存在不显著的协整关系。

格兰杰因果检验。两序列是一阶单整序列，但不存在协整关系，所以可以对 SWD 和 GDPR 的一阶差分进行格兰杰因果检验。滞后期取 1—8 的检验结果，在滞后期 7 中，一阶差分后的 SWD 是一阶差分后的 GDPS 的格兰杰成因。在滞后期 2—5 中，一阶差分后的 GDPR 是一阶差分后的 SWD 的格兰杰成因。

7. 海南省

ADF 单位根检验，在水平值情况下，两者 P 值均大于显著性水平 0.05，说明有单位根，所以是非平稳序列。在一阶差分情况下，SWD 的 P 值和 GDPR 的 P 值均小于显著性水平 0.05，说明没有单位根，所以两序列都是一阶单整序列。

协整检验。SWD 和 GDPR 两个序列是同阶单整序列，所以可以进行下一步检验。建立协整回归，然后对残差序列进行 ADF 检验。结果表明，残差序列是平稳序列，通过协整检验可知，SWD 与 GDPR 存在不显著的协整关系。

格兰杰因果检验。两序列是一阶单整序列，且存在协整关系，所以可以对 SWD 和 GDPR 进行格兰杰因果检验。滞后期取 1—8 的检验结果，在滞后期 8 中，一阶差分后的 SWD 是一阶差分后的 GDPR 的格兰杰成因。

四　首位度与人均 GDP 的影响关系分析

(一) 中部地区城市首位度与人均 GDP 的因果关系分析

1. 江西省

城市首位度与人均 GDP 之间的因果检验同样采用格兰杰因果检验。指标和数据来源同前面分析一致。同样，该检验的目的也是两个主要问题，即城市首位度同人均 GDP 之间是否存在因果关系，其影响是否是相互的，对此，依然以江西省为例，列示具体的分析过程，相应的模型如下：

$$\begin{cases} Y_t = \alpha_0 + \sum_{i=1}^{k} \alpha_i Y_{t-i} + \sum_{j=1}^{k} \beta_j X_{t-j} + \varepsilon_t \\ X_t = \alpha_0 + \sum_{i=1}^{k} \alpha_i X_{t-i} + \sum_{j=1}^{k} \beta_j Y_{t-j} + \varepsilon_t \end{cases}$$

式中，X_t 表示第 t 年的城市首位度，Y_t 表示第 t 年的人均 GDP，α_0 是常数项，ε_t 表示随机波动项。

通过检验回归系数 α_i、β_j 是否为 0，判定 X 与 Y 之间是否存在因果关系。首先要判断序列是否平稳，这里用单位根检验中的 ADF 检验，判别序列是否平稳，结果如表 6-11 所示。其中，SWD 表示城市首位度，GDPP 表示人均 GDP，ln(GDPP) 表示人均 GDP 取对数后的数值。

表 6-11　　　　江西省城市首位度与人均 GDP 的 ADF 检验结果

		SWD	GDPP	ln (GDPP)
水平值	t 统计量	-2.0093	1.9829	-1.9576
	P 值	0.5693	1.0000	0.5972
一阶差分值	t 统计量	-3.3196	-1.7831	-4.4372
	P 值	0.0243	0.3800	0.0018

由表 6-11 可知，在水平值情况下，三者 P 值均大于显著性水平 0.05，说明有单位根，所以是非平稳序列。在一阶差分情况下，城市首

位度 SWD 的 P 值小于显著性水平 0.05，说明没有单位根，所以该序列是一阶单整序列。人均 GDP 一阶差分后并没有平稳的趋势，对其取对数后是一阶单整序列，与 SWD 是同阶单整序列。所以选择 lnGDPP 代替 GDPP 做后续分析。

由于序列是非平稳序列，故需做协整检验。即检验 GDPP 与城市首位度之间是否存在共同的随机性趋势，非平稳序列的线性组合是否具有稳定的均衡关系。这里采用两变量序列的协整关系检验通常采用的 EG 两步法。检验的前提是两个序列是同阶单整序列。因为 SWD 和 lnGDPP 两个序列是同阶单整序列，所以可以进行下一步检验。

首先建立协整回归，结果如表 6 - 12 所示。然后对残差序列进行 ADF 检验，结果如表 6 - 13 所示。

表 6 - 12　　　　　　　　　一元线性回归结果

变量	相关系数	标准差	t 统计量	P 值
SWD	19.43583	1.931382	10.06317	0.0000
C	-10.20021	1.844493	-5.530088	0.0000
R^2	0.795706	因变量均值		8.341361
调整的 R^2	0.787848	因变量标准差		0.980418
回归标准差	0.451580	赤池准则		1.316619
残差平方和	5.302028	施瓦茨准则		1.411777
对数似然值	-16.43267	汉南—奎因准则		1.345710
t 统计量	101.2674	DW		0.332957
P 值	0.000000			

由表 6 - 12 可知，用城市首位度解释 GDPP 是合适的，由 P 值可知，参数的显著性检验通过。R^2 和调整的 R^2 都小于 0.8，表明模型对样本数据点的拟合程度一般。在残差的自相关检验中，以 $\alpha = 0.05$，样本个数 28，自变量个数 K = 1，查 DW 表，得到 $d_L = 1.33$，以 $\alpha = 0.01$，$d_L = 1.10$，由表 6 - 12 中可知，DW = 0.332957 小于临界值，所以残差序列存在正相关，说明模型中可能遗漏了重要的解释变量。

表 6 - 13   残差序列单位根检验结果

		t 统计量	P 值
迪克—富勒检验统计量		-2.116196	0.0353
ADF 检验	0.01 的显著性水平	-2.656915	
	0.05 的显著性水平	-1.954414	
	0.1 的显著性水平	-1.609329	

表 6 - 13 中第二行数据分别为 ADF 检验的 t 统计量和对应的 P 值，第 3—5 行数据的显著性水平分别为 0.01、0.05、0.1 的 t 统计量，可知 ADF 检验值在 0.05 的显著性水平下显著。即残差序列没有单位根，是平稳序列。SWD 与 lnGDPP 存在协整关系。

因为两序列是一阶单整序列，存在协整关系，且各回归系数显著，所以 SWD 是 lnGDPP 的格兰杰成因，即江西省的城市首位度与 lnGDPP 之间存在因果关系，同时通过相关检验过程来证实（见表 6 - 14）。

表 6 - 14   不同滞后期的格兰杰因果检验结果

假设	样本	t 统计量	P 值
Logs：1			
SWD 不是格兰杰 lnGDPP 的原因	27	4.29883	0.0490
lnGDPP 不是格兰杰 SWD 的原因		45.2766	6. E - 07
Lags：2			
SWD 不是格兰杰 lnGDPP 的原因	26	1.58634	0.2283
lnGDPP 不是格兰杰 SWD 的原因		2.38540	0.1165
Lags：3			
SWD 不是格兰杰 lnGDPP 的原因	25	4.23058	0.0198
lnGDPP 不是格兰杰 SWD 的原因		2.17941	0.1258
Lags：4			
SWD 不是格兰杰 lnGDPP 的原因	24	3.98579	0.0213
lnGDPP 不是格兰杰 SWD 的原因		2.50022	0.0867
Lags：5			
SWD 不是格兰杰 lnGDPP 的原因	23	1.19295	0.3689
lnGDPP 不是格兰杰 SWD 的原因		3.20198	0.0458

续表

假设	样本	t 统计量	P 值
Lags：6			
SWD 不是格兰杰 lnGDPP 的原因	22	7. 98247	0. 0034
lnGDPP 不是格兰杰 SWD 的原因		6. 61631	0. 0065
Lags：7			
SWD 不是格兰杰 lnGDPP 的原因	21	11. 6524	0. 0041
lnGDPP 不是格兰杰 SWD 的原因		26. 4244	0. 0004
Lags：8			
SWD 不是格兰杰 lnGDPP 的原因	20	8. 05844	0. 0568
lnGDPP 不是格兰杰 SWD 的原因		29. 8761	0. 0089

表 6 - 14 是滞后期取 1—8 的检验结果。可见，在滞后期 3、4 中，SWD 是 lnGDPP 的格兰杰成因，在滞后期 5、8 中，lnGDPP 是 SWD 的格兰杰成因。

2. 河南省

城市首位度是非平稳序列，在一阶差分情况下，城市首位度是一阶单整序列。lnGDPP 是平稳序列。对序列 SWD 一阶差分后变为平稳序列，与人均 GDP 序列进行格兰杰因果检验。在滞后期 4 中，一阶差分后的 SWD 是人均 GDP 序列的格兰杰成因。

3. 山西省

城市首位度序列与人均 GDP 序列均为一阶单整序列，是同阶单整序列。通过做协整检验，结果表明残差序列并非平稳序列，即城市首位度与人均 GDP 之间不存在协整关系。对原始数据取一阶差分，进行格兰杰因果检验。在所有滞后期中，一阶差分后的 SWD 和一阶差分后的 lnGDPP 之间不存在因果关系。

4. 湖北省

经过单位根检验，城市首位度与人均 GDP 序列同为一阶单整序列。对两序列做协整检验，发现存在协整关系，且各回归系数显著，所以 SWD 是 lnGDPP 的格兰杰成因，即湖北省城市首位度与人均 GDP 之间存在因果关系。

5. 湖南省

城市首位度序列与人均 GDP 序列均为一阶单整序列，是同阶单整序列。通过协整检验可知，城市首位度与人均 GDP 序列不存在协整关系。对原始数据取一阶差分，再进行格兰杰因果检验。在滞后期 7 中，一阶差分后的 SWD 是一阶差分后的 lnGDPP 的格兰杰成因。

6. 安徽省

人均 GDP 序列是稳定序列，而城市首位度是一阶单整序列。对首位度序列原始数据取一阶差分，变为平稳序列，结合人均 GDP 进行格兰杰因果检验。在滞后期 2—3 中，人均 GDP 是一阶差分后的城市首位度的格兰杰成因，而在滞后期 4—6 中，一阶差分后的城市首位度是人均 GDP 的格兰杰成因。不同滞后期，两者关系不同，说明可能存在第三个变量，既影响人均 GDP，也与一阶差分后的城市首位度相关。

（二）东部地区城市首位度与人均 GDP 的因果关系分析

1. 河北省

ADF 单位根检验，结果表明，序列 SWD 是平整系列，lnGDPP 均为一阶单整序列。

协整检验。SWD 和 lnGDPP 是非同阶单整序列，不能进行协整检验。

格兰杰因果检验。对 SWD 原始数据和 lnGDPP 一阶差分做格兰杰因果检验。滞后期取 1—8 的检验结果，可以看出，在滞后期 8 中，一阶差分后的人均 GDP 是城市首位度的格兰杰成因。

2. 江苏省

ADF 单位根检验，在水平值情况下，SWD 和 lnGDPP 的 P 值均大于显著性水平 0.05，说明有单位根，所以是非平稳序列。在一阶差分情况下，SWD 的 P 值均小于显著性水平 0.05，说明没有单位根，所以是一阶单整序列。lnGDPP 的二阶差分值小于显著性水平 0.05，是二阶单整序列。

协整检验。SWD 和 lnGDPP 两个序列是不同阶单整序列，所以不能进行协整检验。

格兰杰因果检验。对 SWD 的一阶差分和 lnGDPP 的二阶差分进行格兰杰因果检验。滞后期取 1—8 的检验结果，在滞后期 3—6 中，二阶差分后的 lnGDPP 是一阶差分后的 SWD 的格兰杰成因。

3. 浙江省

ADF 单位根检验，在水平值情况下，三者的 P 值均大于显著性水平 0.05，说明有单位根，所以是非平稳序列。在一阶差分情况下，SWD 的 P 值均小于显著性水平 0.05，说明没有单位根，是一阶单整序列。在二阶差分情况下，lnGDPP 的 P 值小于显著性水平 0.05，是二阶单整序列。

协整检验。SWD 和 lnGDPP 两个序列是不同阶单整序列，所以不能进行协整检验。

格兰杰因果检验。对 SWD 一阶差分和 lnGDPP 二阶差分进行格兰杰因果检验。滞后期取 1—8 的检验结果，在所有的滞后期中，一阶差分后的 SWD 与二阶差分后的 lnGDPP 之间不存在格兰杰成因。

4. 山东省

ADF 单位根检验，在水平值情况和一阶差分情况下，SWD 和 lnGDPP 的 P 值均大于显著性水平 0.05，说明有单位根，所以是非平稳序列。在二阶差分情况下，SWD 和 lnGDPP 的 P 值均小于显著性水平 0.05，所以两者都是二阶单整序列。

协整检验。因为 SWD 和 lnGDPP 是同阶单整序列，所以进行协整检验。通过协整检验，SWD 与 lnGDPP 不存在协整关系。

格兰杰因果检验。对 SWD 和 lnGDPP 取二阶差分，再进行格兰杰因果检验。这样两序列变为平稳序列。滞后期取 1—8 的检验结果，结果显示，在所有的滞后期中，二阶差分后的 lnGDPP 与二阶差分后的 SWD 之间不存在格兰杰成因。

5. 广东省

ADF 单位根检验，在水平值情况下，两者的 P 值均大于显著性水平 0.05，说明有单位根，所以是非平稳序列。在一阶差分情况下，SWD 的 P 值小于显著性水平 0.05，说明没有单位根，所以是一阶单整序列。在二阶差分情况下，lnGDPP 的 P 值小于显著性水平 0.05，所以是二阶单整序列。

协整检验。SWD 和 lnGDPP 两个序列是不同阶单整序列，所以不能进行协整检验。

格兰杰因果检验。对 SWD 的一阶差分和 lnGDPP 的二阶差分进行格兰杰因果检验。滞后期取 1—8 的检验结果，在所有的滞后期中，一阶差分后的 SWD 与二阶差分后的 lnGDPP 不存在格兰杰成因。

6. 福建省

ADF 单位根检验，在水平值情况下，两者 P 值均大于显著性水平 0.05，说明有单位根，所以是非平稳序列。在一阶差分情况下，SWD 的 P 值小于显著性水平 0.05，说明没有单位根，所以是一阶单整序列。在二阶单整序列情况下，lnGDPP 的 P 值小于 0.05，说明没有单位根，所以是二阶单整序列。

协整检验。SWD 和 lnGDPP 两个序列是不同阶单整序列，所以不可以进行协整检验。

格兰杰因果检验。对 SWD 的一阶差分和 lnGDPP 的二阶差分进行格兰杰因果检验。滞后期取 1—8 的检验结果，在滞后期 2—5 中，二阶差分后的 lnGDPP 是一阶差分后的 SWD 的格兰杰成因。

7. 海南省

ADF 单位根检验，在水平值情况下，两者 P 值均大于显著性水平 0.05，说明有单位根，所以是非平稳序列。在一阶差分情况下，SWD 的 P 值小于显著性水平 0.05，说明没有单位根，所以是一阶单整序列。在二阶差分情况下，lnGDPP 的 P 值小于显著性水平 0.05，说明没有单位根，所以是二阶单整序列。

协整检验。SWD 和 lnGDPP 两个序列是不同阶单整序列，所以不可以进行协整检验。

格兰杰因果检验。对 SWD 一阶差分和 lnGDPP 的二阶差分进行格兰杰因果检验。滞后期取 1—8 的检验结果，在滞后期 6—7 中，一阶差分后的 SWD 是二阶差分后的 lnGDPP 的格兰杰成因。

五 综合评述

通过前面的实证分析，明确了中部六省城市首位度与几种经济增长指标之间的因果关系及影响程度，为了进一步总结和分析其中的规律，把上述分析结果汇总如表 6 - 15 所示。

表 6 - 15　　　　中部六省及东部七省首位度与经济发展关系汇总

中部省份	城市首位度与几种经济增长指标间的因果关系							
	GDP		GDP 首位度		GDP 增长率		人均 GDP	
江西		否	+，-	是		否	+，-	是
河南		否	+	是 (6, 7)	+	是 (1, 3)	+	是 (4)
山西		否	+	是 (1, 3)		否		否
湖北	+	是 (1—7)		否	+	是 (3—6)	+	是
湖南	+	是 (7)	+	是 (6, 7)	+	是 (3—6)	+	是 (7)
安徽	+，-	是 (4—6)	+	是 (5)	+	是 (3—6, 8)	+，-	是 (4—6)

续表

东部省份	城市首位度与几种经济增长指标间的因果关系							
	GDP		GDP 首位度		GDP 增长率		人均 GDP	
河北	－	是（5—6、8）	+，－	是（2—7）	+	是（4—6）	－	是（8）
江苏	+	是（7）		否	－	是（3—6）	－	是（3—6）
浙江		否		否		否		否
山东	－	是（1—2）	+，－	是（1-4）		否		否
广东		否		是（6）	+，－	是（3—5）		否
福建	－	是（3—4）	+，－	是（3—7）	+，－	是（2—5、7）	－	是（2—5）
海南	+	是（8）	+，－	是（1—5）	+	是（8）	+	是（6—7）

表 6 – 15 中"＋"表示存在正向关系，即城市首位度是该种经济增长指标发展变化的原因；"－"表示存在反向关系，即该种经济增长指标是城市首位度发展变化的原因；两者同时存在表明城市首位度与该经济增长指标之间存在双向关系，两者互为因果相互影响；"是"表示相应的省份的城市首位度与相应的经济增长指标之间存在因果关系；"否"表示相应省份的城市首位度与相应的经济增长指标之间不存在因果关系；"是"后面括弧中的数字表示滞后期，即首位度对经济发展影响的滞后期，例如，"（1—7）"表示城市首位度在 1—7 期都对该经济指标发展变化产生影响，"（3，6）"表示城市首位度在第 3、6 期对该经济指标发展变化产生影响。

综合来看，中部和东部省域城市首位度与经济增长之间存在以下结论：

（1）城市首位度的确是促进经济增长的原因之一。从中部和东部 13 省域城市首位度与几种经济发展指标之间的正反向关系可知，如果两者存在因果关系，那么城市首位度总是原因。有几个省份在某些经济增长指标存在双向作用。但需要说明的是，在中部及东部 13 个省域城市首位度与经济增长的因果检验中，城市首位度对经济增长产生一定的贡献，但其中还有其他主导因素（资本、劳动、投资等）对经济增长起作用，城市首位度仅是在规模集聚上发挥一定的作用，提高生产效率而产生的溢出效应，对经济增长提供帮助。

（2）城市首位度对经济增长的影响通常存在一定的滞后期。可以看出，中部六省域城市及东部七省域城市首位度只要对经济产生影响，总是存在一定的滞后期，不同的影响效果在于滞后期长短和作用时间不同，并且通常滞后期在3期以后，这说明规模效益、技术效率的提高往往要经过一定的时间得以验证，短期内的城市扩张、人口集聚并不能很快地促进区域经济发展，这也从侧面说明符合经济规律下的自发性人口集中和城市扩建能够提高区域经济效益，而短期内不断地扩张城市、扩建城区并不能显著地提升城市发展速度，而需要在长期的人口、资源、环境等方面相互协调中有序推进。

（3）城市首位度对经济增长的影响主要体现在对人均GDP的影响上。在中部六省城市首位度与GDP、GDP首位度、GDP增长率和人均GDP四种指标之间明显存在因果关系的是人均GDP，即城市首位度对经济增长的影响产生在对人均GDP影响上，这说明，对于中部地区来讲，人口数量的聚集、城市规模的扩大范围在一定发展速度上能够带来更高的经济增长效益，即城市集聚程度的较小速率可以带来相对高的经济增长效率。当然，由于其他因素的影响，首位度在其他经济增长的指标上出现差异，但这一重要结论反映出当前中部省域以首位城市为中心打造城市圈、城市群的可行性和必要性。

另外，在经典经济增长理论中，无论是哈罗德—多马模型、索洛模型，还是内生增长模型，人口（劳动力）都是经济增长的要素之一。由于其他要素（如资本、技术等）也是产生经济增长的原因，城市首位度也含有劳动力的因素，于是城市首位度也成为经济增长的原因之一。结论（1）可以在经典经济增长理论中找到依据，因此，结论无疑是正确的。而生产要素产生作用总要通过一定的转化过程，因此，结论（2）也应该是成立的。

根据前面的研究成果，推动城市首位度发展变化的内因是资源配置效率，因此，城市首位度对经济增长的影响主要体现在对人均GDP的影响上，这一点和前一章的研究成果相一致，相互印证了结论（3）的正确性。

值得说明的是，山西省城市首位度除GDP首位度之外，与其他经济增长指标之间都不存在因果关系，浙江省城市首位度与经济增长指标之间都不存在因果关系，对于这种现象，本书认为，有以下三个原因：

第一，仅从本节实证性质的角度来讲，这里的因果关系是一种统计规律，有因果关系说明在统计结果上显著，没有则不显著，山西省和浙江省的实证结果是根据相关数据实证分析出的，仅仅说明在统计方面，其首位度与几个经济变量之间因果关系不明显。

第二，从现实发展情况来讲，山西省首位城市是省会太原，次位城市是长治。太原市是以金融科技、商贸物流、文化旅游、钢铁、机械、化工、高新技术产业等为主的综合型中心城市；长治市以煤炭开采和洗选业、炼焦行业、化学原料及化学制品制造业为主导，尤其是以煤炭为核心。这两个城市产业之间相似性小，仅有极少重合，很难实现生产要素在两者之间的自由流动。而其他省域基本没有这种情形。因此也可以说，城市首位度要发挥作用，要求产业之间的要素不能差别太大，否则由于领域的差别而导致生产要素的相对固定而不流动，不利于区域经济的发展。

第三，从发展来看，浙江首位城市是杭州，次位城市是温州。杭州是浙江省省会，全省政治、经济、科教和文化中心，副省级城市。杭州地处长江三角洲南翼、杭州湾西端，钱塘江下游、京杭大运河南端，是长江三角洲重要中心城市和中国东南部交通枢纽。紧邻长三角中心城市上海给杭州带来了丰富的投资创业的机会，必然有利于发展其高新技术产业、知识和技术密集型的先进制造业。杭州显而易见的区位优势吸引了众多高新技术企业以及各专业各层次的人才，带动了杭州经济的高速发展。而温州市地处浙南一隅，地理位置较为偏僻，距离上海、北京、广东等地较远，在300千米范围内也无省会城市，由于浙南山区的天然阻隔，与周边省份以及中原地区的交流与联系较为不便，交通条件直到近年来才逐步改善。温州充分利用其地理位置偏僻的特点，灵活地运用和贯彻中央的政策，形成了独具特色的小气候，促进了当地民营经济的快速发展，造就了温州模式，成为当时乃至全国区域经济发展的典范。然而，正是由于其独特的经济发展小气候以及地理位置较为偏僻，阻碍了外来资本、人才的进入，本地的企业为了做大做强，必须寻找更为广阔的发展空间，异地投资办厂或到上海等国际性都市建立企业总部成为温州经济发展的必然；雄厚的民间资金为获取更多的利润，纷纷进入一些获利丰厚、投资周期较短的行业，因而温州市内创造的总财富 GDP 不及杭州，且差距颇大。统计数据显示，2011 年杭州的 GDP 是温州的两倍多，杭州的户籍人口比温州少 100 万人。可见，浙江省的经济发展更多的是地理位置决定的发展模式不同引起的。因此，城市首位度要发挥作用，要求区域间加强交通的便利性，提高生产要素流动性，从而增强区域经济的发展。

第二节　基于整体视角的城市首位度与经济增长模型

由上述分析可以看出，城市首位度是经济增长的显著原因，且主要通过人均 GDP 表现出来，因此，可以在两者之间做进一步的实证分析，以探讨首位度对经济增长的作用趋势。

现有的研究成果中，环境库兹涅茨曲线是研究两变量之间关系的典型，该曲线同威廉姆森—汉森假说中的曲线形式相类似，均为倒 "U" 形曲线，有关环境库兹涅茨曲线的模型分析相对成熟，对此，借鉴其分析过程，对中部省域采取时间序列的分析方法，建立人均 GDP 关于城市首位度的回归模型。

依据环境库兹涅茨曲线的相关研究模式，要分析一个自变量与一个因变量的关系，可以假设因变量与自变量的多次项存在关系，再根据检验对各次项进行取舍，最后确定变量间的关系。因此，假设区域经济增长与城市首位度的一次方项、二次方项、三次方项存在关系，建立类似环境库兹涅茨曲线的首位度与经济增长的关系模型。为减少时间序列可能存在的异方差，对所有变量取自然对数。基本模型为：

$$\ln GDPP_{it} = \alpha + \beta_1 \ln SWD_{it} + \beta_2 \ln SWD_{it}^2 + \beta_3 \ln SWD_{it}^3 + \mu_{it}$$

式中，$GDPP_{it}$ 表示省份 i 在 t 时间的人均 GDP，SWD_{it} 表示省份 i 在 t 时间的城市首位度，$\ln SWD_{it}$ 表示省份 i 在 t 时间的城市首位度取对数，然后将城市首位度的对数的一次方项、二方次项和三方次项作为解释变量。α 表示常数项，β_i 表示变量的对应系数，μ_{it} 表示随机误差项。首位度依然采用传统的人口首位度，各变量的原始数据均来自《中国城市统计年鉴》（1985—2012）。分析过程运用 Eviews 6.0 完成。

第三节　中部和东部地区的城市首位度与经济增长模型

一　中部地区的城市首位度与经济增长关系模型分析

（一）江西省

基于江西省人均 GDP 和首位度的相关数据及上述模型，通过检验各变量的显著性，确定最优模型，江西省的最优模型结构为：

$$\ln GDPP_{it} = \alpha + \beta_1 \ln SWD_{it} + \beta_2 \ln SWD_{it}^3 + \mu_{it}$$

即江西省的经济增长与首位度的一次方项和三次方项相关，而二次方项在模型中不显著，无统计意义，可以忽略。进而运用 Eviews 6.0 对模型进行回归，结果如表 6 - 16 所示。

表 6 - 16　　　　　　　　江西省首位度与经济增长的回归结果

变量	相关系数	标准差	t 统计量	P 值
lnSWD	9.090524	3.902850	2.329201	0.0282
lnSWD3	1220.649	448.0995	2.724059	0.0116
C	9.248136	0.109388	84.54396	0.0000
R^2	0.846158	因变量均值		8.341361
调整的 R^2	0.833851	因变量标准差		0.980418
回归标准差	0.399632	赤池准则		1.104411
残差平方和	3.992639	施瓦茨准则		1.247147
对数似然值	- 12.46175	汉南—奎因准则		1.148046
t 统计量	68.75235	DW		0.896191
P（相伴概率）	0.000000			

由表 6 - 16 可以看出，江西省城市首位度的一次方项和三次方项的估计系数 P 值小于 0.05，通过了显著性检验；整个方程的可决系数为 0.846，模型拟合程度较好。而 DW 值（0.896）较低，说明仅仅依靠首位度是不足以来拟合人均 GDP 的，还需要增加其他变量，在后面的分析中也有类似情况。由此得到江西省城市首位度与经济增长的方程模型为：

$$\ln GDPP = 9.248 + 9.091 \ln SWD + 1220.649 \ln SWD^{①}$$

方程为三次函数，为明确函数的图像，可以根据三次函数的性质，三次项系数大于0，函数曲线为整体递增趋势；函数的 Δ 值（$\Delta = 4b^2 - 12ac = 0.041 - 12 \times 1220.649 \times 9.091 = -133163$）显著小于0，函数呈整体单调趋势，也说明区间内无极值点存在；令自变量对应变量的二阶导数为0，求出曲线的拐点，拐点只有一个即 $\ln SWD = 0$；$SWD = 1$，说明首位度在数值1处发生改变，同时根据函数的一阶导数恒大于0可判断曲线在拐点之前为增函数。综合这两点性质以及截距项，根据三次函数一般图形，可大致得到江西省城市首位度与经济增长的关系趋势（见图6-1，图中横轴 SWD 表示首位度，纵轴 ES 表示规模经济效益）。

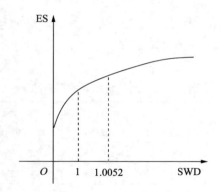

图6-1　江西省城市首位度与经济增长的关系趋势

图6-1显示，在研究的区间范围内，江西省城市首位度对经济增长的作用有不断增强的趋势，区域规模的集聚对江西经济的发展具有持续增长的贡献。同时，图6-1中给出了当前江西省城市首位度值1.0052，说明江西省目前的传统人口首位度已经超过了拐点，但首位度对经济增长依然为推动作用，从图6-1中可以看出，曲线的斜率在降低但并不明确，这里仅是对研究时间区间内的关系趋势做简单延伸，至于首位度对经济增长的作用程度，将在后面一章做具体分析，这里描述关系曲线的

① Thomas，L.，City - size distribution and the size of urban systems ［J］. *Environment and Planning*，1985（17），pp. 905 - 913.

基本形状，下面的分析也是如此。

采用与上述相同的方法和分析过程，分别对中部其他五个省域建立城市首位度与经济增长的回归模型。

（二）河南省

同样地，通过检验各变量的显著性，确定最优模型的结构，得到方程结构如下：

$$\ln GDPP_{it} = \alpha + \beta_1 \ln SWD_{it} + \beta_2 \ln SWD_{it}^2 + \beta_3 \ln SWD_{it}^3 + \mu_{it}$$

河南省的经济增长与首位度的一次方项、二项方项和三次方项均相关，得到的模型回归结果如表 6-17 所示。

表 6-17　　　　　　河南省城市首位度与经济增长的回归结果

变量	相关系数	标准差	t 统计量	P 值
$\ln SWD$	21.34724	1.806848	11.81463	0.0000
$\ln SWD^2$	-63.11718	9.727895	-6.488267	0.0000
$\ln SWD^3$	40.63028	11.78362	3.448029	0.0021
C	8.536812	0.074213	115.0312	0.0000
R^2	0.898071	因变量均值		·8.407533
调整的 R^2	0.885330	因变量标准差		1.017178
回归标准差	0.344446	赤池准则		0.837807
残差平方和	2.847440	施瓦茨准则		1.028122
对数似然值	-7.729299	汉南—奎因准则		0.895988
t 统计量	70.48623	DW		1.083857
P（相伴概率）	0.000000			

根据回归结果，各变量系数均显著（$P < 0.05$），可决系数为 0.898，模型拟合程度较好。由此得到河南省城市首位度与经济增长的方程模型为：

$$\ln GDPP = 8.537 + 21.347 \ln SWD - 63.117 \ln SWD^2 + 40.630 \ln SWD^3$$

进一步地，分析该函数的图像性质。函数的 Δ 值 [$\Delta = 4b^2 - 12ac = 4 \times (-63.1172) - 12 \times 40.630 \times 21.347 = 5537.079$]，明显大于 0，说明函数曲线存在波动；令自变量对因变量的一阶导数等于零（$21.347 - 2 \times 63.117 \ln SWD + 3 \times 40.630 \ln SWD^2 = 0$），可以求出函数的极值，分别为 $\ln SWD = 0.21285$ 和 $\ln SWD' = 0.82277$，分别对应的首位度值为 SWD =

1. 2372 和 SWD'=2. 2768；方程三次方项的系数大于 0，说明整体为递增趋势。综合这些性质以及方程的截距项，由三次函数的一般图形，粗略地画出河南省城市首位度与经济增长的关系趋势图，如图 6 - 2 所示。

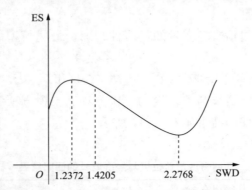

图 6 - 2   河南省城市首位度与经济增长的关系趋势

河南省城市首位度与经济增长之间呈现较为显著的"升—降—升"的关系趋势，城市首位度对经济增长起初为促进作用，达到一定规模后，过度的集聚抑制了经济的发展，在经历一段时间之后，随着首位度的继续提升，可以认为，辐射效应得到显著提升，对周边地区的带动作用推动了区域经济的增长。图 6 - 2 中的 1. 4205 为当前河南的人口首位度值，可以看出目前的首位度规模尚未形成良好的辐射作用，处于对经济发展的抑制阶段，未来应重点予以调控。

（三）山西省

首先确定最优的模型结构，经检验各变量的显著性后，其最优模型结构为：

$$\ln GDPP_{it} = \alpha + \beta_1 \ln SWD_{it} + \beta_2 \ln SWD_{it}^2 + \mu_{it}$$

即山西省的经济增长与城市首位度的一次方项和二次方项相关，与三次方项无关，由此根据山西的人均 GDP 和首位度建立回归模型，模型的拟合结果如表 6 - 18 所示。

表 6 - 18   山西省城市首位度与经济增长的回归结果

变量	相关系数	标准差	t 统计量	P 值
lnSWD	10. 02475	0. 654101	15. 32601	0. 0000
lnSWD^2	− 12. 52569	0. 799799	− 15. 66104	0. 0000

续表

变量	相关系数	标准差	t 统计量	P 值
C	9.004153	0.059375	151.6499	0.0000
R²	0.910030	因变量均值		8.650126
调整的 R²	0.902832	因变量标准差		0.926063
回归标准差	0.288670	赤池准则		0.453890
残差平方和	2.083255	施瓦茨准则		0.596626
对数似然值	− 3.354457	汉南—奎因准则		0.497526
t 统计量	126.4353	DW		0.858154
P（相伴概率）	0.000000			

根据表 6 - 18 回归结果，方程的可决系数为 0.910，拟合程度较高，方程整体显著。城市首位度一次方项和二次方项的系数在 1% 的显著性水平下均通过了检验，变量系数显著。由此得到山西省城市首位度与经济增长的关系方程为：

$$\ln GDPP = 9.004 + 10.024 \ln SWD - 12.526 \ln SWD^2$$

由方程分析其趋势图像。该方程为典型的二次函数，图形则为抛物线状，即 "U" 形曲线，加之其二次方项系数为负数，说明曲线为上凸形，即倒 "U" 形曲线状；根据二次函数性质，求出曲线的顶点位于 $\ln SWD = 0.4001$ 处，则 $SWD = 1.4921$，结合截距项等，可以得出山西省城市首位度与经济增长的关系趋势，如图 6 - 3 所示。

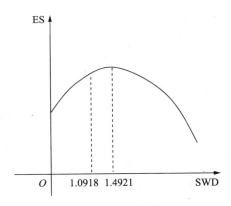

图 6 - 3　山西省城市首位度与经济增长的关系趋势

由图6-3可以看出，城市首位度与经济增长呈现较为显著的倒"U"形曲线状，在传统的人口首位度下，顶点处首位度值1.4921应是集聚规模效益最大化的点；图6-3给出了当前山西首位度1.0918，其仍处于规模效益上升的阶段，基于该分析，山西省仍可进一步扩大城市首位度以提高经济效益。但具体的首位度最优规模也将在下一章的分析中具体说明，这里明确了山西省城市首位度与经济增长的关系趋势图是较为严格的倒"U"形曲线。

（四）湖北省

经分析，湖北省该模型的较为可行的结构为：

$$\ln GDPP_{it} = \alpha + \beta_1 \ln SWD_{it}^2 + \mu_{it}$$

即经济增长仅与二次方项相关，代入相关数据，得到的回归结果见表6-19。

表6-19　　　　　　　湖北省城市首位度与经济增长的回归结果

变量	相关系数	标准差	t 统计量	P 值
$\ln SWD^2$	15. 80768	2. 222637	7. 112129	0. 0000
C	7. 701740	0. 175586	43. 86306	0. 0000
R^2	0. 660496	因变量均值		8. 697136
调整的 R^2	0. 647438	因变量标准差		0. 944908
回归标准差	0. 561057	赤池准则		1. 750761
残差平方和	8. 184411	施瓦茨准则		1. 845918
对数似然值	-22. 51065	汉南—奎因准则		1. 779852
t 统计量	50. 58238	DW		0. 811831
P（相伴概率）	0. 000000			

尽管只有一个解释变量，估计系数较为显著（$P < 0.01$），但方程可决系数仅为0.66，模型的拟合程度一般，显著性不强。两者之间的方程为：

$$\ln GDPP = 7.702 + 15.808 \ln SWD^2$$

显然，也是二次函数，可根据二次函数的图形性质，得到湖北省城市首位度与经济增长关系的趋势大致如图6-4所示。

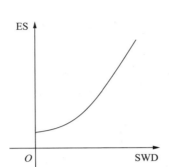

图 6 – 4　湖北省城市首位度与经济增长的关系趋势

　　湖北省城市首位度与经济增长表面上呈现单调递增的关系，但由于方程不显著，因此，该图形的可解释能力也较差，不再对曲线特征做过多说明。

　　（五）湖南省

　　与上述分析一致，确定的模型较优的结构为：

$$\ln GDPP_{it} = \alpha + \beta_1 \ln SWD_{it} + \beta_2 \ln SWD_{it}^2 + \beta_3 \ln SWD_{it}^3 + \mu_{it}$$

　　即湖南省的经济增长与城市首位度的一次方项、二次方项和三次方项均有关，得到的模型回归结果如表 6 – 20 所示。

表 6 – 20　　　　　　湖南省城市首位度与经济增长的回归结果

变量	相关系数	标准差	t 统计量	P 值
lnSWD	1964. 676	575. 0096	3. 416770	0. 0023
lnSWD^2	10789. 05	3221. 712	3. 348857	0. 0027
lnSWD^3	19388. 68	5880. 405	3. 297168	0. 0030
C	125. 3538	33. 40834	3. 752170	0. 0010
R^2	0. 418136	因变量均值		8. 383649
调整的 R^2	0. 345403	因变量标准差		1. 043375
回归标准差	0. 844165	赤池准则（AIC）		2. 630626
残差平方和	17. 10275	施瓦茨准则		2. 820941
对数似然值	– 32. 82877	汉南—奎因准则		2. 688807
t 统计量	5. 748927	DW		0. 372862
P（相伴概率）	0. 004125			

在 0.05 的显著性水平下，方程系数均通过检验，可决系数仅为 0.4181，方程整体拟合效果较差，且 DW 值为 0.37，存在自相关性。整理得到如下方程：

$$\ln GDPP = 125.354 + 1964.676\ln SWD + 10789.05\ln SWD^2 + 19388.68 \ln SWD^3$$

可以看出，湖南省城市首位度与经济增长之间的关系较弱，这一点通过较高的系数值也可以证实。但仍可根据三次函数的系数关系，得到函数的 Δ 值（8673）明显大于 0，说明函数曲线有波动区间；进一步令自变量对因变量的一阶导数为零，可以求出函数的极值，分别为 lnSWD = -0.16018 和 lnSWD' = -0.21081，分别对应的首位度值为 SWD = 0.8099 和 SWD' = 0.8520；方程三次方项的系数大于 0，则曲线整体为递增的。综合这些性质以及方程的截距项，可以大致得到湖南省城市首位度与经济增长的关系趋势，如图 6-5 所示。

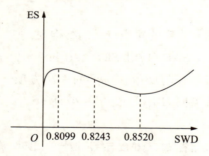

图 6-5　湖南省城市首位度与经济增长的关系趋势

由图 6-5 可知，湖南省城市首位度与经济增长的关系也不显著，该图形对现实情况的解释能力较弱，但该图形也微弱地显示了湖南存在"升—降—升"的关系规律，目前湖南省城市首位度 0.8243 处于经济效益下降的区间内，即两个极值的中间阶段，一定程度上提醒了湖南省应对首位城市规模进行适当的调整。

（六）安徽省

同样地，确定城市首位度与经济增长模型的可行结构，结合可决系数等因素确定如下结构：

$$\ln GDPP_{it} = \alpha + \beta_1 \ln SWD_{it}^2 + \beta_2 \ln SWD_{it}^3 + \mu_{it}$$

即安徽的经济增长与首位度的二次方项和三次方项相关，一次方项在方程中不显著。得到的回归模型如表 6 – 21 所示。

表 6 – 21　　　　　安徽省城市首位度与经济增长的回归结果

变量	相关系数	标准差	t 统计量	P 值
$\ln SWD^2$	– 15.93546	0.869656	– 18.32386	0.0000
$\ln SWD^3$	7.298263	0.406411	17.95782	0.0000
C	10.42724	0.114420	91.13126	0.0000
R^2	0.948701	因变量均值		8.308776
调整的 R^2	0.944597	因变量标准差		0.916755
回归标准差	0.215785	赤池准则		– 0.128115
残差平方和	1.164075	施瓦茨准则		0.014622
对数似然值	4.793604	汉南—奎因准则		– 0.084479
t 统计量	231.1683	DW		1.625175
P（相伴概率）	0.000000			

　　方程的可决系数为 0.949，拟合程度较好；F 统计量也较高，方程整体显著；各变量系数均在 0.01 的显著性水平下通过了检验，估计系数有效。由此大致得到安徽省城市首位度与经济增长的关系方程：

$$\ln GDPP = 10.427 - 15.935\ln SWD^2 + 7.298\ln SWD^3$$

　　根据回归方程，分析关系曲线。首先得到函数的 Δ 值（1015）大于 0，说明函数曲线有波动区间；再取解释变量对被解释变量的一阶导数为零，计算出波动区间的极值，分别为 $\ln SWD = 0$ 和 $\ln SWD' = 1.4556$，分别对应的首位度值为 $SWD = 1$ 和 $SWD' = 4.2873$；方程三次方项的系数大于 0，则曲线整体为递增趋势。最后结合上述特征及方程的截距项，可大致得到安徽省城市首位度与经济增长的关系趋势，如图 6 – 6 所示。

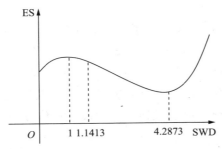

图 6 – 6　安徽省城市首位度与经济增长的关系趋势

安徽省城市首位度同经济增长之间同样表现为升降较为显著的规律，且图 6-6 中给出了目前安徽省人口首位度 1.1413，可以看出，安徽省目前的城市首位度也处于经济效益的下降阶段，资源的集聚没有表现出良好的经济效益，未来需要予以适当调整。

二 东部地区的城市首位度与经济增长关系的模型分析

（一）河北省

基于河北省人均 GDP 和城市首位度的相关数据及模型，通过检验各变量的显著性，确定最优模型，河北省的最优模型结构为：

$$\ln GDPP_{it} = \alpha + \beta_2 \ln SWD_{it}^2 + \beta_3 \ln SWD_{it}^3 + \mu_{it}$$

河北省的经济增长与城市首位度的二项方项和三次方项均相关，得到的模型回归结果如表 6-22 所示。

表 6-22　　　　　　河北省城市首位度与经济增长的回归结果

变量	相关系数	标准差	t 统计量	P 值
C	9.799962	0.146390	66.94433	0.0000
$\ln SWD^2$	-13.65535	1.202335	-11.35736	0.0000
$\ln SWD^3$	8.263164	0.754765	10.94800	0.0000
R^2	0.843685	因变量均值		8.510357
调整的 R^2	0.831180	因变量标准差		1.223742
回归标准差	0.502808	赤池准则		1.563740
残差平方和	6.320397	施瓦茨准则		1.706476
对数似然值	-18.89236	汉南—奎因准则		1.607376
t 统计量	67.46669	DW		0.386551
P（相伴概率）	0.000000			

由表 6-22 可以看出，河北省城市首位度的二次方项和三次方项的估计系数的 P 值小于 0.05，通过了显著性检验；整个方程的可决系数为0.844，模型拟合程度较好。而 DW 值（0.387）较低，说明仅仅依靠首位度是不足以来拟合人均 GDP 的，还需要增加其他变量，后面的东部其他省份也有类似情况。由此得到河北省城市首位度与经济增长的方程模型为：

$$\ln GDPP = 9.8 - 13.655 \ln SWD^2 + 8.263 \ln SWD^3$$

　　方程为三次函数，为明确函数的图像，可根据三次函数的性质，三次方项系数大于 0，函数曲线为整体递增趋势。函数的 Δ 值（746）显著大于 0，函数呈波动趋势，也说明区间内有极值点存在。令自变量对应变量的一阶导数为 0，求出曲线的极值点，分别为 lnSWD = 0 和 ln SWD' = 1.102，分别对应的首位度值为 SWD = 1 和 SWD' = 3.01。综合以上性质以及截距项，根据三次函数一般图形，可大致得到河北省城市首位度与经济增长的关系趋势，如图 6 - 7（图中，横轴 SWD 表示首位度，纵轴 ES 表示规模经济效益）所示。

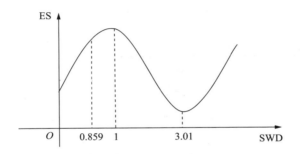

图 6 - 7　河北首城市首位度与经济增长的关系趋势

　　河北省城市首位度与经济增长之间呈现较为显著的"升—降—升"的关系趋势，城市首位度对经济增长起初为促进作用，达到一定规模后，过度的集聚抑制了经济的发展，在经历一段时间之后，随着首位度的继续提升，可以认为，辐射效应得到显著提升，对周边地区的带动作用推动了区域经济的增长。图 6 - 7 中的 0.859 为当前河北的人口首位度值，其仍处于规模效益上升的阶段，基于该分析，河北省仍可进一步扩大城市首位度以提高经济效益。

　　（二）江苏省

　　首先确定最优的模型结构，经检验各变量的显著性后，其最优模型结构为：

$$\ln GDPP_{it} = \alpha + \beta_1 \ln SWD_{it} + \beta_2 \ln SWD_{it}^2 + \beta_3 \ln SWD_{it}^3 + \mu_{it}$$

　　江苏省的经济增长与首位度的一次方项、二项方项和三次方项均相关，得到的模型回归结果如表 6 - 23 所示。

表6－23　　　　　　　　江苏省城市首位度与经济增长的回归结果

变量	相关系数	标准差	t统计量	P值
C	－37.97184	51.74244	－0.733863	0.4704
lnSWD	－103.2381	112.2561	－0.919666	0.3673
lnSWD^2	235.9891	260.0237	0.907568	0.3735
lnSWD^3	513.3371	559.2147	0.917961	0.3682
R^2	0.038563	因变量均值		9.047146
调整的 R^2	－0.086841	因变量标准差		1.257315
回归标准差	1.310772	赤池准则		3.515063
残差平方和	39.51681	施瓦茨准则		3.707039
对数似然值	－43.45335	汉南—奎因准则		3.572147
t统计量	0.307511	DW		0.043918
P（相伴概率）	0.819690			

　　由表6－23得出，方程系数均不通过检验，可决系数仅为0.039，方程拟合优度极差，且DW值为0.044，存在自相关性。鉴于上述情况，说明该模型对江苏省不适用。可整理出江苏省模型的方程为：

$$\ln GDPP = -37.971 - 103.238\ln SWD + 235.989\ln SWD^2 + 513.337\ln SWD^3$$

　　根据三次函数的系数关系，得到函数的 Δ 值（858714）明显大于0，说明函数曲线有波动区间；进一步令自变量对因变量的一阶导数为零，可以求出函数的极值，分别为 lnSWD = － 0.454 和 lnSWD' = 0.1476，分别对应的首位度值为 SWD = 0.6351 和 SWD' = 1.159；方程三次方项的系数大于0，则曲线整体为递增的。综合这些性质以及方程的截距项，可以大致得到江苏省城市首位度与经济增长的关系趋势，如图6－8所示。

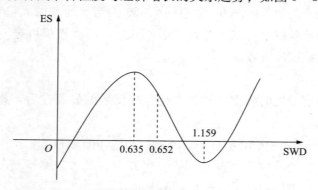

图6－8　江苏省城市首位度与经济增长的关系趋势

由于江苏省城市首位度与经济增长的关系不显著，该图形对现实情况的解释能力较弱，但该图形也微弱地显示了江苏省的首位度与经济增长间存在着"升—降—升"的关系趋势，由于模型拟合优度极差，故不对曲线特征做过多说明。

（三）浙江省

通过检验各变量的显著性，确定最优模型的结构，得到方程结构如下：

$$\ln GDPP_{it} = \alpha + \beta_1 \ln SWD_{it} + \beta_2 \ln SWD_{it}^2 + \beta_3 \ln SWD_{it}^3 + \mu_{it}$$

浙江省的经济增长与城市首位度的一次方项、二项方项和三次方项均相关，得到的模型回归结果如表 6 - 24 所示。

表 6 - 24　　　　浙江省城市首位度与经济增长的回归结果

变量	相关系数	标准差	t 统计量	P 值
C	7. 121999	1. 007118	7. 071662	0. 0000
lnSWD	- 790. 0528	201. 3774	- 3. 923244	0. 0006
lnSWD^2	- 10301. 14	2749. 738	- 3. 746225	0. 0010
lnSWD^3	- 33950. 29	9382. 297	- 3. 618548	0. 0014
R^2	0. 473760	因变量均值		9. 042496
调整的 R^2	0. 407980	因变量标准差		1. 308922
回归标准差	1. 007121	赤池准则		2. 983633
残差平方和	24. 34305	施瓦茨准则		3. 173948
对数似然值	- 37. 77086	汉南—奎因准则		3. 041814
t 统计量	7. 202199	DW		0. 572415
P（相伴概率）	0. 001302			

方程的估计系数较为显著（P < 0.01），但方程可决系数仅为 0.47，模型的拟合程度较差，DW 值为 0.57，存在自相关性。整理出浙江省的模型方程为：

$$\ln GDPP = 7.122 - 790.053 \ln SWD - 10301.14 \ln SWD^2 - 33950.29 \ln SWD^3$$

浙江省城市首位度与经济增长之间的关系较弱，这一点通过较高的系数值也能证实。根据三次函数的系数关系，得到函数的 Δ 值

（102583600）明显大于 0，说明函数曲线是波动的；进一步令自变量对因变量的一阶导数为零，可以求出函数的极值，分别为 lnSWD = -0.151 和 lnSWD' = -0.051，分别对应的首位度值为 SWD = 0.86 和 SWD' = 0.95；方程三次方项的系数小于 0，则曲线整体为递减的。综合这些性质以及方程的截距项，可大致得到浙江省城市首位度与经济增长的关系趋势，如图 6 - 9 所示。

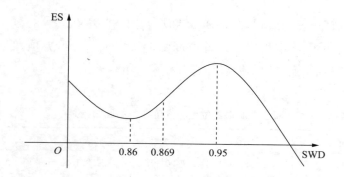

图 6 - 9　浙江省城市首位度与经济增长的关系趋势

由于浙江省首位度与经济增长的关系方程不显著，该图形对现实情况的解释能力较弱，但该图形也微弱地显示了浙江省首位度与经济增长之间呈现"降—升—降"的关系趋势，首位度对经济增长起初为抑制作用，达到一定规模后，辐射效应得到显著提升，对周边地区的带动作用推动了区域经济的增长。在经历一段时间之后，随着首位度的继续提升，集聚再次抑制了经济的发展。目前，浙江省城市首位度 0.869 处于经济效益上升的区间内，即两个极值的中间阶段，基于该分析，浙江省可进一步扩大城市首位度以提高经济效益。

（四）山东省

同样地，确定首位度与经济增长模型的可行结构，确定模型结构如下：

$$\ln GDPP_{it} = \alpha + \beta_1 \ln SWD_{it} + \beta_2 \ln SWD_{it}^2 + \beta_3 \ln SWD_{it}^3 + \mu_{it}$$

即山东省的经济增长与首位度的一次方项、二次方项和三次方项均有关，得到的模型回归结果如表 6 - 25 所示。

表 6 – 25　　　　　　　山东省城市首位度与经济增长的回归结果

变量	相关系数	标准差	t 统计量	P 值
C	13.10427	1.628206	8.048286	0.0000
lnSWD	– 3.680942	0.679496	– 5.417166	0.0000
lnSWD^2	– 12.18074	3.952763	– 3.081577	0.0053
lnSWD^3	9.732530	2.571772	3.784367	0.0010
R^2	0.851614	因变量均值		8.761594
调整的 R^2	0.832259	因变量标准差		1.301684
回归标准差	0.533120	赤池准则		1.715814
残差平方和	6.536997	施瓦茨准则		1.907790
对数似然值	– 19.16349	汉南—奎因准则		1.772899
t 统计量	44.00029	DW		0.529711
P（相伴概率）	0.000000			

　　根据回归结果，各变量系数在 0.01 的显著性水平下均通过了检验，变量系数显著。方程的可决系数为 0.852，拟合程度较好，方程整体显著。由此得到山东省首位度与经济增长的关系方程为：

$$\ln GDPP = 13.104 - 3.681\ln SWD - 12.181\ln SWD^2 + 9.733\ln SWD^3$$

　　进一步地，分析该函数的图像性质。函数的 Δ 值（Δ = 1023）明显大于 0，说明函数曲线存在波动；令自变量对因变量的一阶导数等于零（ – 3.681 – 2 × 12.18lnSWD + 3 × 9.733lnSWD^2 = 0），得出函数的极值，分别为 lnSWD = – 0.131 和 lnSWD' = 0.965，分别对应的首位度值为 SWD = 0.877 和 SWD' = 2.625；方程三次方项的系数大于 0，说明整体为递增趋势。综合这些性质以及方程的截距项，由三次函数的一般图形，粗略地画出山东省城市首位度与经济增长的关系趋势，如图 6 – 10 所示。

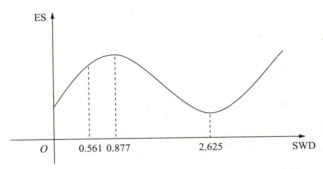

图 6 – 10　山东省城市首位度与经济增长的关系趋势

山东省城市首位度与经济增长之间呈现较为显著的"升—降—升"的关系趋势，首位度对经济增长起初为促进作用，达到一定规模后，过度的集聚抑制了经济的发展，随着首位度的继续提升，辐射效应推动了区域经济的增长。图6-10中的0.877为当前山东的人口首位度值，处于规模效益上升的阶段，基于该分析，山东仍可进一步扩大城市首位度以提高经济效益。

（五）广东省

与之前一样，确定最优的模型结构，经检验各变量的显著性后，其最优模型结构为：

$$\ln GDPP_{it} = \alpha + \beta_2 \ln SWD_{it}^2 + \beta_3 \ln SWD_{it}^3 + \mu_{it}$$

即广东省经济增长与二次方项和三次方项相关，一次方项在方程中不显著，代入相关数据，得到的回归结果见表6-26。

表6-26 广东省城市首位度与经济增长的回归结果

变量	相关系数	标准差	t统计量	P值
C	10.11005	0.162336	62.27856	0.0000
$\ln SWD^2$	-251.1339	38.23871	-6.567531	0.0000
$\ln SWD^3$	584.1136	94.99350	6.148985	0.0000
R^2	0.806421	因变量均值		9.014000
调整的 R^2	0.790935	因变量标准差		1.245370
回归标准差	0.569428	赤池准则		1.812589
残差平方和	8.106208	施瓦茨准则		1.955325
对数似然值	-22.37624	汉南—奎因准则		1.856224
t统计量	52.07328	DW		0.343711
P（相伴概率）	0.000000			

方程的可决系数为0.806，拟合程度较好，方程整体显著；各变量系数均在0.01的显著性水平下通过了检验，估计的系数有效。从而得到广东省城市首位度与经济增长的关系方程为：

$$\ln GDPP = 10.11 - 251.1339 \ln SWD^2 + 584.1136 \ln SWD^3$$

根据回归方程，分析关系曲线。首先得到函数的 Δ 值（181408）大于 0，说明函数曲线有波动区间；再取解释变量对被解释变量的一阶导数为零，计算出波动区间的极值，分别为 lnSWD = 0 和 lnSWD' = 0.287，分别对应的首位度值为 SWD = 1 和 SWD' = 1.332；方程三次方项的系数大于 0，则曲线整体为递增趋势。结合上述特征及方程的截距项，大致画出广东省城市首位度与经济增长的关系趋势，如图 6 - 11 所示。

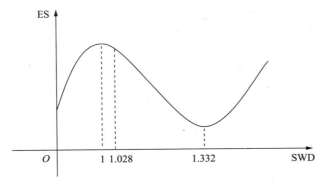

图 6 - 11　广东省城市首位度与经济增长的关系趋势

广东省城市首位度与经济增长之间同样表现为升降较为显著的规律，图 6 - 11 中给出了目前广东人口首位度 1.028，可以看出，广东目前的城市首位度也处于经济效益的下降阶段，即两个极值点中间，资源的集聚未呈现良好的经济效益，未来需要予以适当调整。

（六）福建省

通过检验各变量的显著性，确定最优模型的结构，得到方程结构如下：

$$\ln GDPP_{it} = \alpha + \beta_1 \ln SWD_{it} + \mu_{it}$$

即福建省经济增长仅与一次方项相关，代入相关数据，得到的回归结果见表 6 - 27。

表 6 - 27　　　　福建省城市首位度与经济增长的回归结果

变量	相关系数	标准差	t 统计量	P 值
C	8.857666	0.223001	39.72027	0.0000
lnSWD	- 0.981433	0.341643	- 2.872686	0.0080

续表

变量	相关系数	标准差	t统计量	P值
R^2	0.240927	因变量均值		8.766236
调整的 R^2	0.211732	因变量标准差		1.315468
回归标准差	1.167931	赤池准则		3.217094
残差平方和	35.46562	施瓦茨准则		3.312251
对数似然值	-43.03931	汉南—奎因准则		3.246184
t统计量	8.252323	DW		0.177557
P（相伴概率）	0.007999			

尽管只有一个解释变量，估计系数较为显著（P < 0.01），但方程可决系数仅为 0.2409，模型的拟合程度较差，显著性不强。两者之间的方程为：

$$\ln GDPP = 8.858 - 0.981 \ln SWD$$

显然是一次函数，然后根据一次函数的图形性质，得到福建省首位度与经济增长的关系趋势大致如图 6 - 12 所示。

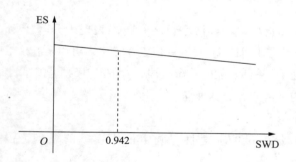

图 6 - 12　福建省城市首位度与经济增长的关系趋势

由于福建省城市首位度与经济增长的方程不显著，图形微弱地表现出城市首位度与经济增长表面上呈现单调递减的关系，目前福建省的首位度 0.942 处于经济效益下降的区间内，在一定程度上提醒了福建省应对首位城市规模进行适当的调整。

（七）*海南省*

经分析，海南省该模型的较可行的结构为：

$$\ln GDPP_{it} = \alpha + \beta_1 \ln SWD_{it} + \beta_2 \ln SWD_{it}^2 + \mu_{it}$$

即海南省的经济增长与首位度的一次方项和二次方项相关,与三次方项无关,由此根据海南省的人均 GDP 和城市首位度建立回归模型,模型的拟合结果见表 6 – 28。

表 6 – 28　　　　　　　海南省城市首位度与经济增长的回归结果

变量	相关系数	标准差	t 统计量	P 值
C	7. 228365	0. 137618	52. 52467	0. 0000
lnSWD	8. 006257	1. 056132	7. 580737	0. 0000
lnSWD^2	– 5. 309168	0. 919076	– 5. 776635	0. 0000
R^2	0. 852993	因变量均值		8. 462343
调整的 R^2	0. 841233	因变量标准差		1. 114694
回归标准差	0. 444157	赤池准则		1. 315680
残差平方和	4. 931886	施瓦茨准则		1. 458416
对数似然值	– 15. 41952	汉南—奎因准则		1. 359316
t 统计量	72. 53004	DW		1. 423693
P (相伴概率)	0. 000000			

由表 6 – 28 可以看出,海南城市首位度估计系数的 P 值均小于 0. 01,通过了显著性检验;整个方程的可决系数为 0. 853,模型拟合程度较好。由此得到海南省城市首位度与经济增长的方程模型为:

$$\ln GDPP = 7. 228 + 8. 006 \ln SWD – 5. 309 \ln SWD^2$$

该方程为二次函数,图形则为抛物线状,且其二次方项系数为负数,说明曲线为上凸形,即倒"U"形曲线状;根据二次函数性质,求出曲线的顶点位于 lnSWD = 0. 754 处,则 SWD = 2. 125,结合截距项等,可以得出海南省城市首位度与经济增长的关系趋势图,如图 6 – 13 所示。

由海南省的趋势图 6 – 13 看出,首位度与经济增长呈现倒"U"形曲线状,在传统的人口首位度下,顶点处首位度值 2. 125 应是集聚规模效益最大化的点;图中给出了当前海南省城市首位度 2. 795,处于规模效益下降的阶段,资源的集聚没有表现出良好的经济效益,一定程度上提醒了海南应对首位城市规模进行适当的调整。

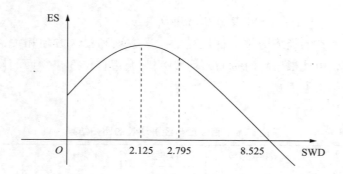

图 6 – 13　海南省城市首位度与经济增长的关系趋势

三　综合结论

　　根据上述分析，通过类似于环境库兹涅茨曲线的模型建立，中部六省份城市首位度与经济增长之间可通过线性模型表示相互的关系，并且给出了各省份的关系趋势图，这种图形是在研究的区间范围内所估计的一种简单的线性效果图，是一种理想的关系曲线，这种曲线的作用一方面突出了各省份的城市首位度对经济增长的不同作用，另一方面也能反映出各省份目前所处的发展阶段，对后面的机理分析和对策建议奠定了一定的基础，在此将其定义为中部省域的威廉姆森曲线。综合各省份的曲线图，主要结论有以下几点：

　　河南和安徽两省图形呈现较为显著的水平"S"形曲线状，城市首位度对经济增长的作用表现为"升—降—升"的变化规律，说明这些省份的首位城市在不同时期内对经济增长表现出一定的提升或抑制作用。江西省的关系趋势图表现出三次函数曲线的其中一段变化规律，分析出城市首位度对经济增长的具有持续的促进作用，这也符合欠发达地区的区域发展规律，但具体的影响程度尚不明确，图形仅为预估的一种发展趋势。山西省虽在前面的分析中得出城市首位度同经济增长的因果关系较弱，但通过建立模型能反映出两者之间较为清晰的倒"U"形线性关系，抛开数据统计技术上的方法差异，也可以证实山西省的城市首位度的确是经济增长的要素之一，至此中部省份城市首位度与经济增长之间存在内在联系的这一重要理论得到论证。湖南和湖北两省的回归方程均不显著，说明城市首位度对经济增长的作用不明显，两者之间虽存在因果关系，但无明显的关系发展趋势，这一点将在后一章的分析中进一步论证。

从目前的分析来看，河南省、湖南省、安徽省的城市首位度存在一定的"超标"现象，即目前所处的发展阶段不利于提升规模经济效益，资源集聚的溢出效应进入迟滞阶段；山西省的城市首位度未达到极值，江西在没有明确极值的情况下城市首位度依然起推动作用，两省提升城市首位城市规模可进一步提高经济增长效率。结合现实情况，从上述两种分类可以看出，欠发达地区的城市首位度的确对经济增长具有正向带动作用，而相对发达地区则已经处于威廉姆森曲线的顶端或下降阶段，由此也是判别中部省域经济发展程度的重要标志，这一规律与现实情况基本符合，也是本章研究得出的重要结论。

需要特别说明的是，从拟合效果来看，安徽省拟合效果最好，对于安徽省来说，人口首位度对经济增长具有较为显著的影响作用，也就是说，安徽省经济的发展需要对资源集聚进行良好的调控。其次是江西省、河南省和山西省。这三省拟合过程中虽系数显著，但存在着自相关现象，说明在模型中遗漏了某些变量；对于这三省经济的发展，除了需要对资源进行良好的调控，同时也要考察其他相关因素的状态，关于这一点，将在下一章节中阐述。最后对湖北省和湖南省的整体拟合效果较差，但变量系数显著。说明这两省的人口首位度对经济增长的发展趋势是有一定影响的，但需要综合考虑其他相关因素。

综上所述，此模型可以拟合中部地区大部分的样本数据并得到较为理想的参数估计，即可以整体反映出中部省份的大部分情况，可以在一定程度上代表中部省份城市首位度与经济增长的关系发展趋势，但在精确性上表现不足。从模型的适应性来看，仅从城市首位度上建立与经济增长的关系，略显牵强，如果要精确的拟合模型，则需要加入其他主要经济变量，以更好地实现相应的回归结果。

河北省、山东省和广东省呈现为三次函数且三次方项系数为正的曲线状，城市首位度对经济增长的作用表现为"升—降—升"的变化规律，说明这些省域的城市首位城市在不同时期内对经济增长表现出一定的提升或抑制作用。海南省通过建立模型，能反映出城市首位度和经济增长之间较为清晰的二次函数的倒"U"形关系，可以证实海南省的城市首位度也是经济增长的要素之一，至此东部省份城市首位度与经济增长间存在联系得到论证。而江苏省、浙江省和福建省的回归方程均不显著，说明其城市首位度对经济增长的作用不明显，两者之间虽存在因果关系，但无明显的关系发展趋势。

从分析得出结果来看，广东省、海南省和江苏省的城市首位度存在一定的"超标"现象，即目前所处的发展阶段不利于提升规模经济效益，资源集聚的溢出效应进入迟滞阶段；河北省和山东省的城市首位度未达到极值处于上升的经济效益阶段，浙江省则已超过极值，但也处于经济效益上升阶段；福建省在没有明确极值的情况下城市首位度起着抑制经济的作用。我们可以看出，欠发达地区的城市首位度的确对经济增长具有正向的带动作用（其中浙江省属于已过度的集聚产生抑制作用阶段，转入再次辐射效应推动区域经济增长阶段），而相对发达地区则已经处于"威廉姆森曲线"的顶端或下降阶段。

从拟合效果来看，海南省拟合效果最好。对于海南省来说，人口首位度对经济增长具有较为显著的影响作用，因此，海南省经济的发展需要对资源集聚进行良好调控，其次是山东省、河北省和广东省。这三省拟合过程中虽系数显著，但存在自相关现象，说明在模型中遗漏了其他解释变量；对于这三省经济的发展，除了需对资源进行调控，也需要考虑到其他相关因素。再次对浙江省、福建省的整体拟合效果较差，但变量系数显著。说明这两省的人口首位度对经济增长的发展趋势是有一定影响的，但需要综合考虑其他有解释能力的因素。最后对江苏省的拟合优度极差，说明该模型对江苏省城市首位度与经济增长间关系并不适用。综上所述，此模型可以拟合东部地区大部分的样本数据并得到较理想的参数估计，在一定程度上代表了东部地区首位度与经济增长的关系发展趋势，但在精确性上表现不足。从模型的适应性来看，仅从城市首位度上建立与经济增长的关系，略显牵强，如果要精确的拟合模型，则需要加入其他的主要经济变量，以更好地实现相应的回归结果。

第四节　基于首位度的中部和东部省份经济增长效率

一　资源配置效率的纵向分析

为了进一步分析经济增长的效率问题，探寻以资源投入为基础对经济增长的贡献情况，本章以中部和东部省份的资源利用效率为研究对象，分析中部六省份和东部七省份在经济投入要素上的利用程度，总结其资源配置效率，明确未来中部和东部省域在城市集聚的内容上应重点突出哪些方面，以实现科学合理的城市首位度，促进经济增长稳步提升。

　　资源的利用效率是反映投入与产出之间的关系，这是以省份为分析单元多投入和多产出的经济活动，由于其投入产出关系较难进行函数界定，因此，可以评价多投入和多产出活动的数据包络分析方法比较切合研究主题。

　　数据包络分析法（Data Envelopment Analysis，DEA）是分析资源配置效率的典型方法，是由著名数学家和运筹学家查尼斯（A. Charnes）于1978 年开创的用于评价多指标相对有效性的模型，也是数学、管理科学、运筹学和数理经济学的交叉领域。该方法以规模效益（即规模报酬）概念为准则，以投入产出效率来分析系统所处的经济发展阶段，特别是对经济增长模型具有较好的指导意义，已成为社会经济系统效率评价领域中常用的研究手段。本章将采用数据包络分析法作为中部六省份资源利用效率的评价方法。

　　（一）模型及相关说明

　　1. 超效率 DEA 模型

　　1978 年，查尼斯等提出第一个 DEA 模型（C2R 模型）以来，陆续发展了许多不同类型的 DEA 模型。传统 DEA 方法只能将评价单元分为有效和无效两个部分，而对于有效单元，效率值均为 1，无法区分优劣。而DEA 方法的改进模型即超效率 DEA 模型，能有效地区分用原始 DEA 方法评价后效率值均为 1 的决策单元。

　　超效率 DEA 模型的基本原理与 DEA 相同，都是由已知的一组投入产出主体利用线性规划模型确定其生产前沿面，通过判断各个主体与生产前沿面的相对距离来评价各个主体的相对效率。不同的是，在进行第 k个决策单元的效率评价时，将第 k 个决策单元产出投入之比小于等于 1 的约束去掉，即将第 k 个决策单元排除在外，而传统 DEA 模型是将其本身包含在内的，一个有效的决策单元可以让其投入按比例增加，而这个比例就是超效率值，这个值有可能大于 1。

　　超效率模型一般有 n 个决策单元（Decision Making Units，DMU），对于每个决策单元都有 m 种投入变量 x_{ij}（i＝1，2，…，m）与 s 种产出变量 y_{rj}（r＝1，2，…，s）。超效率模型表示如下：

$$
\begin{cases}
\min\theta \\
\sum\limits_{j=1,j\neq j_0}^{n} x_{ij}\lambda_j + \overline{s}_i = \theta x_{i0}, \quad i=1,2,\cdots,m \\
\sum\limits_{j=1,j\neq j_0}^{n} y_{jr}\lambda_j - s_r^+ = y_{r0}, \quad r=1,2,\cdots,s \\
\lambda_j \geqslant 0 \\
\overline{s}_i \geqslant 0, \ s_r^+ \geqslant 0 \\
j=1,2,\cdots,n
\end{cases}
$$

式中，θ 为决策单元 DMU_0 的效率值，其代表的含义为当 j_0 省份的产出水平保持不变时，实际所需要的投入比例；λ_j 为 DMU_j 的权重；$\overline{s}_i$ 和 s_r^+ 为松弛变量。

模型的具体含义是：①如果 $\theta \geqslant 1$，且 $\overline{s}_i = s_r^+ = 0$，则说明 DMU_0 为 DEA 有效，也就是说，在现有投入基础上所得到的产出已经达到最优，其形成的有效前沿面为规模收益不变，且 DMU_0 是技术有效和规模有效；②如果 $\theta < 1$ 或者 $\overline{s}_i \neq 0$，$s_r^+ \neq 0$，则称 DMU_0 为 DEA 无效，可能技术效率无效，可能规模效率无效，如果 $\overline{s}_i = s_r^+ = 0$，则技术效率有效。令 $K = \dfrac{1}{\theta} \cdot \sum\limits_{j=1,j\neq j_0}^{n} \lambda_j$，如果 $K=1$ 则规模效率有效，如果 $K<1$ 则规模收益递增，如果 $K>1$ 则规模收益递减。

2. 指标选择及数据来源说明

建立合理的投入产出指标体系是采用 DEA 模型准确地评价资源配置效率的前提和基础。

根据本书研究的问题和所拥有的统计数据，确定投入指标为人口（X_1）、固定资产投资额（X_2）。国内外学者大多采用经济产出对资源配置产出进行度量，经济产出对于国家和区域层面来说就是国内生产总值，故采用 GDP（Y_1）作为产出指标。

各投入产出指标的数据来源如下：人口，中部六省和东部七省年末总人口（万人）数据来源于《中国城市统计年鉴》（1985—2012）；固定资产投资额，全社会固定资产投资总额（万元）数据来源于《中国城市统计年鉴》（1985—2012）；GDP，地区生产总值（万元）数据来源于

《中国城市统计年鉴》（1985—2012）。需要指出的是，由于首位度研究利用的是人口比值而非劳动力，虽生产效率一般都是以劳动力投入为基准，但此处鉴于能够更好地与首位度联系起来，因此，采用人口数量作为产业的投入要素。

（二）中部地区的资源配置效率纵向分析

1. 江西省

把江西省年末总人口（X_1）、固定资产投资额（X_2）作为投入要素，把江西省 GDP（Y_1）作为产出要素。采用 SPSS17.0，将各投入、产出要素进行相关分析，以确保各投入与产出要素间具有显著的正相关关系。得到 1984—2011 年江西省投入变量与产出变量之间的相关系数，结果如表 6 - 29 所示。

表 6 - 29　　　　　　　　江西省各指标要素的相关性分析

	X_1	X_2	Y_1
X_1	1	0.691	0.806
X_2	0.691	1	0.974
Y_1	0.806	0.974	1

表 6 - 29 中数据为皮尔逊相关指数。相关系数用来衡量变量间两两间的密切程度，其取值范围在 - 1 和 + 1 之间。如果相关系数大于 0，则对应的两变量之间具有正相关；如果相关系数小于 0，则说明对应的两变量之间是负相关关系；如果相关系数等于 0，则两变量之间不存在相关关系。相关系数的绝对值越大，其对应的两变量间的相关程度越高。由表 6 - 29 可知，各投入产出变量之间均为正相关关系，符合 DEA 模型分析的前提条件。

运用超效率 DEA 的分析软件 EMS1.3 对江西省投入产出指标进行计算分析，结果如表 6 - 30 所示。

表 6 - 30　　　　　　　1984—2011 年江西省资源配置超效率值

DMU	超效率值（%）	排序	DMU	超效率值（%）	排序
1984	108.5	2	1998	92.84	6
1985	92.22	7	1999	85.36	13

续表

DMU	超效率值（%）	排序	DMU	超效率值（%）	排序
1986	89.21	11	2000	101.15	4
1987	99.22	5	2001	73.46	19
1988	68.83	23	2002	68.11	24
1989	75.44	18	2003	66.88	25
1990	70.26	22	2004	71.79	21
1991	66.63	26	2005	78.12	17
1992	89.3	10	2006	87.74	12
1993	51.31	28	2007	91.41	8
1994	58.84	27	2008	89.62	9
1995	72.43	20	2009	81.62	15
1996	80.54	16	2010	82.85	14
1997	108.27	3	2011	122.61	1

　　由表6-30可以看出两方面问题：一是江西省各年份总体资源配置效率偏低，1984—2011年，只有1984年、1997年、2000年、2011年是资源配置效率有效的，仅占研究年份的14.29%，而其余年份表现为无效状态。二是不同年份总体资源配置效率波动较大，具体如图6-14所示。

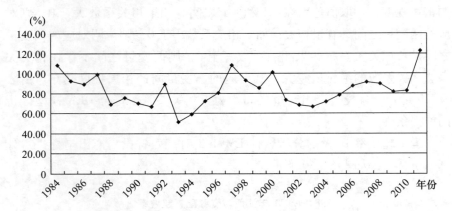

图6-14　江西省资源配置效率走势

　　从图6-14中可以发现，在整个时间序列中，江西省的资源配置效率呈现上升—下降的周期波动，产出效率不稳定，基本没有明显的发展趋势和规律。

对江西省 1984—2011 年资源配置进行规模效益分析,得到表 6 – 31。

表 6 – 31　　　　　　　　1984—2011 年江西省规模效益分析结果

年份	K 值	规模效益	年份	K 值	规模效益
1984	1	不变	1998	0.5581	递增
1985	0.5648	递增	1999	0.6332	递增
1986	0.5931	递增	2000	1	不变
1987	0.5065	递增	2001	0.7869	递增
1988	0.8597	递增	2002	0.8739	递增
1989	0.7575	递增	2003	0.8953	递增
1990	0.8372	递增	2004	0.8099	递增
1991	0.8987	递增	2005	0.7191	递增
1992	0.5925	递增	2006	0.6062	递增
1993	1.2907	递减	2007	0.5728	递增
1994	1.0689	递减	2008	0.5873	递增
1995	0.8027	递增	2009	0.6732	递增
1996	0.6860	递增	2010	0.6596	递增
1997	1	不变	2011	1	不变

由表 6 – 31 可知,除了 DEA 有效的年份,1993—1994 年两年内处在规模收益递减阶段,说明这两年在增加投入后,所获得产出的增长比例会小于投入的增加比例,也就是说,增加投入的产出效率比较低。而其余各年份为规模收益递增阶段,说明这些年份的投入具有较大的增产潜力,也许是投入不足或利用效率不高,使经济产出受到了影响,直接导致资源利用效率较低。

2. 河南省

把河南省年末总人口 (X_1)、固定资产投资额 (X_2) 作为投入要素,GDP (Y_1) 作为产出要素,采用超效率 DEA 模型,计算得到表 6 – 32。

表 6 – 32　　　　　　　　1984—2011 年河南省资源配置超效率值

DMU	超效率值(%)	排序	DMU	超效率值(%)	排序
1984	104.75	4	1998	93.25	11
1985	74.05	24	1999	99.00	8

续表

DMU	超效率值（%）	排序	DMU	超效率值（%）	排序
1986	77.4	22	2000	101.42	6
1987	80.73	21	2001	99.43	7
1988	55.44	28	2002	104.19	5
1989	67.18	26	2003	84.41	15
1990	73.38	25	2004	84.18	16
1991	64.76	27	2005	114.21	2
1992	122.9	1	2006	87.38	14
1993	76.96	23	2007	88.12	13
1994	82.46	19	2008	88.19	12
1995	83.86	18	2009	81.17	20
1996	83.90	17	2010	107.61	3
1997	97.72	9	2011	95.48	10

由表 6 - 32 可以看出，河南省各年份总体资源配置效率虽较低，近 30 年中只有 1984 年、1992 年、2000 年、2002 年、2005 年、2010 年是资源配置效率有效的，占研究年份的 21.43%，这一数值相比较其他省份则略高。同时，总体的资源配置效率波动也较大，具体如图 6 - 15 所示。

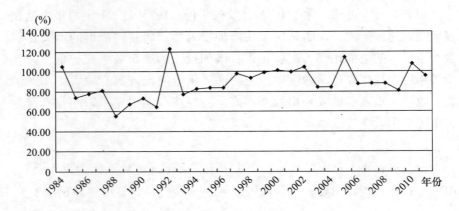

图 6 - 15　河南省资源配置效率走势

从图 6 - 15 中可以发现，在整个时间序列中，资源配置效率在整体上略有上升，但伴随较大波动，导致增长趋势并不明显。

对河南省 1984—2011 年资源配置进行规模效益分析，得到表 6 - 33。

表 6 - 33　　　　　　1984—2011 年河南省规模效益分析结果

年份	K 值	规模效益	年份	K 值	规模效益
1984	1	不变	1998	0.5556	递增
1985	0.7761	递增	1999	0.5076	递增
1986	0.7299	递增	2000	1	不变
1987	0.6844	递增	2001	0.5054	递增
1988	1.1637	递减	2002	1	不变
1989	0.8913	递增	2003	0.6439	递增
1990	0.7877	递增	2004	0.6456	递增
1991	0.9359	递增	2005	1	不变
1992	1	不变	2006	0.6120	递增
1993	0.7341	递增	2007	0.6036	递增
1994	0.6663	递增	2008	0.6031	递增
1995	0.6481	递增	2009	0.6807	递增
1996	0.6478	递增	2010	1	不变
1997	0.5168	不变	2011	0.5371	递增

由表 6 - 33 的结果看出，除了 DEA 有效的年份，只有 1988 年处在规模收益递减阶段，说明这一年在增加投入后，所获得产出的增加比例会小于投入的增加比例，增加投入的产出效率比较低。而其余各年份表现为规模收益递增现象，在这些时间段内的投入可明显提高产出增长幅度，特别是近 15 年以来的 K 值都在 0.5—0.7，未来增加资源投入，提高效率，可实现经济收益较大幅度的增加。

3. 山西省

同上述方法，把山西省年末总人口（X_1）、固定资产投资额（X_2）作为投入要素，GDP（Y_1）作为产出要素，采用超效率 DEA 模型，计算得到表 6 - 34 的结果。

表 6 – 34　　　　　　　　　1984—2011 年山西省资源配置超效率值

DMU	超效率值（%）	排序	DMU	超效率值（%）	排序
1984	91.52	10	1998	102.22	4
1985	80.96	15	1999	78.73	18
1986	80.73	16	2000	75.60	21
1987	84.41	14	2001	72.69	23
1988	66.10	27	2002	72.22	24
1989	78.41	19	2003	70.91	25
1990	75.54	22	2004	76.07	20
1991	66.26	26	2005	88.00	12
1992	92.95	9	2006	93.49	8
1993	64.75	28	2007	96.40	6
1994	79.77	17	2008	102.68	3
1995	95.93	7	2009	86.96	13
1996	101.54	5	2010	90.08	11
1997	105.75	2	2011	122.43	1

　　由表 6 – 34 得出，山西省在 1996 年、1997 年、1998 年、2008 年、2011 年是资源配置效率有效的，占研究年份的 17.86%，其余年份均为无效，表现出整体的资源配置效率较低。整体的资源配置效率变化如图 6 – 16 所示。

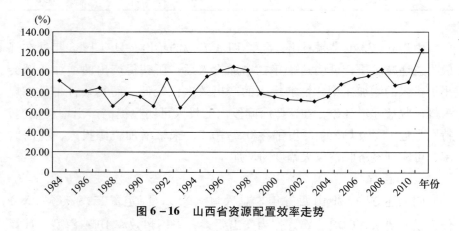

图 6 – 16　山西省资源配置效率走势

　　根据图 6 – 16，山西资源配置效率前期不稳定、波动较大，后期（2003 年以后）整体呈上升趋势，表现出较为稳定的增长。对山西省

1984—2011 年资源配置进行规模效益分析，得到表 6 – 35。

表 6 – 35　　　　　　　1984—2011 年山西省规模效益分析结果

年份	K 值	规模效益	年份	K 值	规模效益
1984	0.5691	递增	1998	1	不变
1985	0.6824	递增	1999	0.7096	递增
1986	0.6844	递增	2000	0.7516	递增
1987	0.6439	递增	2001	0.7952	递增
1988	0.9114	递增	2002	0.8050	递增
1989	0.7165	递增	2003	0.8247	递增
1990	0.7522	递增	2004	0.7469	递增
1991	0.9092	递增	2005	0.6044	递增
1992	0.5574	递增	2006	0.5542	递增
1993	0.9360	递增	2007	0.5293	递增
1994	0.6964	递增	2008	1	不变
1995	0.5319	递增	2009	0.6149	递增
1996	1	不变	2010	0.5843	递增
1997	1	不变	2011	1	不变

表 6 – 35 的结果说明，除了 DEA 有效的年份，其余各年份为规模收益递增阶段，同上述两省一样，山西省的投入依然可带来规模效益的递增，特别是近几年的 K 值反映出山西省的资源投入不够，产出效率受到了一定影响，但未来具有较大的规模效益增加潜力。

4. 湖北省

采用上述相同的投入产出要素指标，运用超效率 DEA 模型，计算结果如表 6 – 36 所示。

表 6 – 36　　　　　　　1984—2011 年湖北省资源配置超效率值

DMU	超效率值（%）	排序	DMU	超效率值（%）	排序
1984	118.80	3	1998	105.19	4
1985	87.80	16	1999	81.22	23
1986	89.38	15	2000	82.64	22
1987	90.14	13	2001	86.62	18

续表

DMU	超效率值（%）	排序	DMU	超效率值（%）	排序
1988	61.24	28	2002	89.82	14
1989	84.09	20	2003	92.28	9
1990	76.25	26	2004	91.11	12
1991	72.27	27	2005	87.51	17
1992	128.18	2	2006	94.57	8
1993	77.75	25	2007	92.14	10
1994	85.79	19	2008	101.78	5
1995	82.81	21	2009	91.99	11
1996	97.34	6	2010	79.27	24
1997	97.32	7	2011	152.06	1

根据表 6 - 36 的结果，湖北省在 1984 年、1992 年、1998 年、2008 年、2011 年是资源配置效率有效的年份，同山西省一样，占研究年份的 17.86%，其余年份均为无效，总体的资源配置效率偏低。1984—2011 年的资源配置效率发展情况如图 6 - 17 所示。

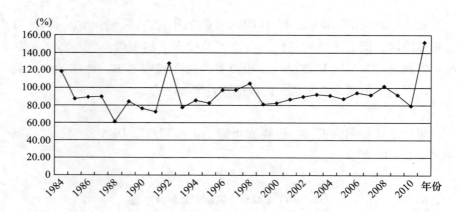

图 6 - 17　湖北省资源配置效率走势

图 6 - 17 表明，在 1998 年以前，湖北省资源配置效率波动加大，往后 10 年间较为平稳，并出现缓慢的增长，而后呈现一定波动，无明显的发展规律。对湖北省 1984—2011 年资源配置进行规模效益分析，得到表 6 - 37。

表 6 - 37　　　　　　　1984—2011 年湖北省规模效益分析结果

年份	K 值	规模效益	年份	K 值	规模效益
1984	1	不变	1998	1	不变
1985	0.6058	递增	1999	0.6802	递增
1986	0.5920	递增	2000	0.6612	递增
1987	0.5839	递增	2001	0.6174	递增
1988	1.0142	递减	2002	0.5860	递增
1989	0.6463	递增	2003	0.5644	递增
1990	0.7452	递增	2004	0.5746	递增
1991	0.8045	递增	2005	0.6078	递增
1992	1	不变	2006	0.5423	递增
1993	0.7226	递增	2007	0.5653	递增
1994	0.6267	递增	2008	1	不变
1995	0.6599	递增	2009	0.5662	递增
1996	0.5215	递增	2010	0.7048	递增
1997	0.5216	递增	2011	1	不变

　　由表 6 - 37 可知，除了 DEA 有效的年份，只有 1988 年处在规模收益递减阶段，这一年投入的增加所获得产出利益小于投入的增加比例，而其余各年份为规模收益递增阶段，同河南省类似，湖北省的 K 值也普遍偏小，未来可进一步提高资源的投入，实现规模收益的增加。

　　5. 湖南省

　　同上述方法，采用超效率 DEA 模型，计算结果如表 6 - 38 所示。

表 6 - 38　　　　　　　1984—2011 年湖南省资源配置超效率值

DMU	超效率值（%）	排序	DMU	超效率值（%）	排序
1984	128.59	1	1998	97.19	12
1985	81.79	24	1999	98.93	7
1986	81.63	25	2000	98.49	8
1987	80.31	26	2001	97.64	10
1988	68.83	28	2002	104.15	5
1989	83.78	22	2003	89.98	18
1990	84.71	21	2004	94.99	14

续表

DMU	超效率值（%）	排序	DMU	超效率值（%）	排序
1991	73.38	27	2005	93.38	16
1992	108.38	4	2006	96.25	13
1993	83.18	23	2007	97.44	11
1994	90.88	17	2008	103.62	6
1995	93.53	15	2009	88.56	19
1996	111.68	3	2010	86.61	20
1997	97.84	9	2011	122.45	2

由表 6－38 可以看出，湖南省资源配置效率有效的年份是 1984 年、1992 年、1996 年、2002 年、2008 年和 2011 年，仅占整个阶段的 21.43%，同河南省一样，相比其他省份，总体资源配置效率略高。将不同年份的资源配置效率比较列于图 6－18。

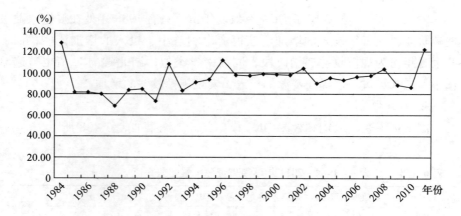

图 6－18　湖南省资源配置效率走势

从图 6－18 可以发现，湖南省的资源配置效率变化同湖北省相类似，也是在 1998 年左右进入相对平稳时期，而后 10 年缓慢增长，往前和往后的年份均表现出一定的波动。对湖南省 1984—2011 年资源配置进行规模效益分析，得到表 6－39。

表 6 – 39　　　　　　1984—2011 年湖南省规模效益分析结果

年份	K 值	规模效益	年份	K 值	规模效益
1984	1	不变	1998	0.5223	递增
1985	0.6718	递增	1999	0.5079	递增
1986	0.6731	递增	2000	0.5128	递增
1987	0.6918	递增	2001	0.5173	递增
1988	0.8597	递增	2002	1	不变
1989	0.6487	递增	2003	0.5849	递增
1990	0.6381	递增	2004	0.5399	递增
1991	0.7877	递增	2005	0.5549	递增
1992	1	不变	2006	0.5301	递增
1993	0.6569	递增	2007	0.5210	递增
1994	0.5761	递增	2008	1	不变
1995	0.5511	递增	2009	0.5974	递增
1996	1	不变	2010	0.6174	递增
1997	0.5162	递增	2011	1	不变

由表 6 – 39 可以看出，除 DEA 有效的年份，其余各年份均为规模收益递增阶段，其资源的投入、产出效率情况与河南省和湖北省相类似，不重复说明。

6. 安徽省

同样的方法，运用超效率 DEA 模型进行计算，得到结果如表 6 – 40 所示。

表 6 – 40　　　　　　1984—2011 年安徽省资源配置超效率值

DMU	超效率值（%）	排序	DMU	超效率值（%）	排序
1984	115.70	2	1998	97.53	4
1985	82.37	15	1999	82.09	16
1986	41.59	28	2000	78.85	20
1987	75.64	23	2001	81.33	18
1988	62.94	27	2002	85.45	11
1989	78.05	21	2003	81.45	17

续表

DMU	超效率值（％）	排序	DMU	超效率值（％）	排序
1990	77.35	22	2004	90.14	10
1991	65.61	25	2005	95.00	6
1992	92.00	9	2006	96.23	5
1993	63.32	26	2007	92.71	8
1994	80.49	19	2008	93.79	7
1995	66.86	24	2009	84.32	13
1996	84.92	12	2010	83.54	14
1997	103.92	3	2011	121.42	1

　　由表 6－40 得出，安徽省在 1984—2011 年只有 1984 年、1997 年、2011 年资源配置效率是有效的，仅占研究年份的 10.71%，这一数值是中部六省中最低的，因而其整体的资源配置效率较低，不同年份总体资源配置效率波动也较大，具体如图 6－19 所示。

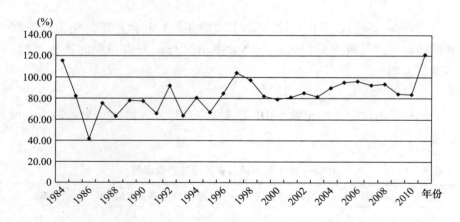

图 6－19　安徽省资源配置效率走势

　　从图 6－19 可以看出，安徽资源配置效率整体有上升趋势，但波动较大，特别是 1998 年以前，升降波动幅度最为剧烈，而后逐渐趋于平缓，近几年又出现显著上升趋势。对安徽省 1984—2011 年资源配置进行规模效益分析，得到表 6－41。

表 6 – 41　　　　　　　　1984—2011 年安徽省规模效益分析结果

年份	K 值	规模效益	年份	K 值	规模效益
1984	.1	不变	1998	0.5178	递增
1985	0.6671	递增	1999	0.6693	递增
1986	1.6933	递减	2000	0.7085	递增
1987	0.7512	递增	2001	0.6793	递增
1988	0.9747	递增	2002	0.6326	递增
1989	0.7198	递增	2003	0.6783	递增
1990	0.7304	递增	2004	0.5839	递增
1991	0.9182	递增	2005	0.5398	递增
1992	0.5661	递增	2006	0.5302	递增
1993	0.9689	递增	2007	0.5589	递增
1994	0.6902	递增	2008	0.5496	递增
1995	0.8956	递增	2009	0.6445	递增
1996	0.6365	递增	2010	0.6506	递增
1997	1	不变	2011	1	不变

由表 6 – 41 可知，除了 DEA 有效的年份，只有 1986 年处在规模收益递减阶段，而其余各年份为规模收益递增阶段，同样 K 值也偏低，规模效益拥有较大上升幅度的空间。

综上，运用超效率 DEA 模型对中部各省份的纵向分析结果具有极高的雷同性，那就是各省份处于规模效益递增的阶段占据了大部分的发展历程，且效益递增的现状较为显著（K 值较低），可以在一定程度上说明目前中部省域仍处于经济快速发展阶段，资源的投入仍可明显提升经济效益，同时，从利用效率波动情况来看，稳定增长的投入并未带来相应有序的规模收益，除投资效益的滞后性质外，也可认为，中部各省份对资源的利用不充分、生产效益单一等，如产品附加值不高、产业链不完善等，都会表现为资源的配置效率较低、经济增长效益欠佳。为更全面地说明问题，下面将从横向比较的角度来分析中部省域的资源利用效率。

（三）东部地区的资源配置效率纵向分析

1. 河北省

运用超效率 DEA 的分析软件 MyDEA1.0 对河北省投入产出指标进行计算分析，结果如表 6 – 42 所示。

表 6 - 42　　　　　　　　**1984—2011 年河北省资源配置超效率值**

DMU	超效率值（%）	排序	DMU	超效率值（%）	排序
1984	77.57	25	1998	88.19	18
1985	73.76	26	1999	84.82	21
1986	65.75	28	2000	92.65	13
1987	70.78	27	2001	98.46	10
1988	78.05	23	2002	101.45	5
1989	90.39	14	2003	99.93	9
1990	113.44	2	2004	102.57	3
1991	100.68	7	2005	101.92	4
1992	97.73	11	2006	97.65	12
1993	78.01	24	2007	101.06	6
1994	84.74	22	2008	100.60	8
1995	88.28	17	2009	86.64	20
1996	89.39	15	2010	88.56	16
1997	87.23	19	2011	119.44	1

　　由表 6 - 42 可知，河北省在 1990 年、1991 年、2002 年、2004 年、2005 年、2007 年、2008 年、2011 年是资源配置效率有效的，占研究年份的 28.57%，其余年份均为无效，表现出整体的资源配置效率较低。整体的资源配置效率变化如图 6 - 20 所示。

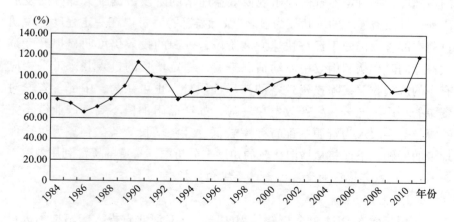

图 6 - 20　河北省资源配置效率走势

　　从图 6 - 20 可以发现，在整个时间序列中，资源配置效率在整体上略有上升，前期伴随较大波动，中间部分趋于平稳。

　　对河北省 1984—2011 年资源配置进行规模效益分析，得到表 6 - 43。

表 6 - 43　　　　　　　1984—2011 年河北省规模效益分析结果

年份	K 值	规模效益	年份	K 值	规模效益
1984	0.4783	递增	1998	1.1339	递减
1985	0.5531	递增	1999	1.1695	递减
1986	0.7407	递增	2000	1.0794	递减
1987	0.7799	递增	2001	0.9374	递增
1988	0.7802	递增	2002	1	不变
1989	0.9260	递增	2003	1.0007	递减
1990	1	不变	2004	1	不变
1991	1	不变	2005	1	不变
1992	0.9547	递增	2006	0.9995	递增
1993	1.2820	递减	2007	1	不变
1994	1.1800	递减	2008	1	不变
1995	1.1328	递减	2009	0.9972	递增
1996	1.1187	递减	2010	0.9982	递增
1997	1.1464	递减	2011	1	不变

　　由表 6 - 43 可知，除了 DEA 有效的年份，1993—2000 年、2003 年处于规模收益递减状态，说明这些年在增加投入后，所获得产出的增长比例会小于投入的增加比例。也就是说，增加投入的产出效率比较低。而剩下的年份处在规模收益递增阶段，说明这些年份的投入具有较大的增产潜力；或许是投入不足或利用效率不高，使经济产出受到了影响，直接导致资源利用效率较低。

　　2. 江苏省

　　把江苏省年末总人口、固定资产投资额作为投入要素，GDP 作为产出要素，采用超效率 DEA 模型，计算得到表 6 - 44。

表 6 – 44   1984—2011 年江苏省资源配置超效率值

DMU	超效率值（%）	排序	DMU	超效率值（%）	排序
1984	95.97	13	1998	95.77	15
1985	82.27	25	1999	95.74	16
1986	74.81	27	2000	98.52	12
1987	70.76	28	2001	101.58	4
1988	82.60	24	2002	101.28	5
1989	103.83	2	2003	93.37	21
1990	98.82	9	2004	93.43	20
1991	95.51	17	2005	95.10	18
1992	86.98	23	2006	98.79	10
1993	81.15	26	2007	100.37	8
1994	95.89	14	2008	101.61	3
1995	98.54	11	2009	93.05	22
1996	100.75	6	2010	94.94	19
1997	100.43	7	2011	117.80	1

    由表 6 – 44 得出，江苏省在 1989 年、1996 年、1997 年、2001 年、2002 年、2007 年、2008 年、2011 年是资源配置效率有效的，占研究年份的 28.57%，其余年份均为无效，表现出整体的资源配置效率较低。整体的资源配置效率变化如图 6 – 21 所示。

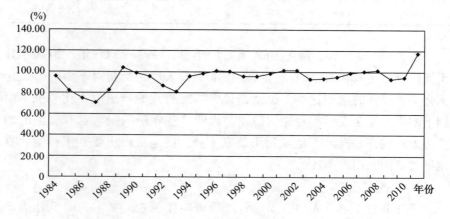

图 6 – 21   江苏省资源配置效率走势

根据图 6-21，江苏省资源配置效率前期不稳定、波动较大，1994 年后整体呈平稳趋势，2011 年呈现强劲上涨趋势。对江苏省 1984—2011 年资源配置进行规模效益分析，得到表 6-45。

表 6-45　　　　　　　1984—2011 年江苏省规模效益分析结果

年份	K 值	规模效益	年份	K 值	规模效益
1984	0.4095	递增	1998	0.9982	递增
1985	0.5992	递增	1999	0.9985	递增
1986	0.7539	递增	2000	1.0018	递减
1987	0.9766	递增	2001	1	不变
1988	0.9830	递增	2002	1	不变
1989	1	不变	2003	0.9993	递增
1990	1.0201	递减	2004	0.9997	递增
1991	1.0260	递减	2005	0.9989	递增
1992	1.0221	递减	2006	1.0032	递减
1993	1.0117	递减	2007	1	不变
1994	1.0105	递减	2008	1	不变
1995	1.0036	递减	2009	0.9984	递增
1996	1	不变	2010	0.9985	递增
1997	1	不变	2011	1	不变

由表 6-45 可知，除了 DEA 有效的年份，江苏省在 1990—1995 年、2000 年处于规模收益递减状态，这几年的投入增加所获得的产出利益小于投入的增加比例，而其余各年份为规模收益递增阶段。

3. 浙江省

同上述方法，把浙江省年末总人口、固定资产投资额作为投入要素，GDP 作为产出要素，采用超效率 DEA 模型，计算得到表 6-46。

表 6-46　　　　　　　1984—2011 年浙江省资源配置超效率值

DMU	超效率值（%）	排序	DMU	超效率值（%）	排序
1984	102.95	4	1998	94.58	12
1985	85.44	22	1999	105.27	2

续表

DMU	超效率值（%）	排序	DMU	超效率值（%）	排序
1986	80.80	25	2000	96.46	10
1987	80.03	26	2001	92.12	14
1988	85.63	21	2002	86.17	19
1989	97.73	7	2003	78.56	28
1990	102.72	5	2004	79.26	27
1991	103.90	3	2005	83.35	24
1992	97.60	8	2006	86.97	18
1993	85.36	23	2007	94.27	13
1994	85.73	20	2008	98.10	6
1995	87.64	17	2009	91.97	15
1996	88.34	16	2010	96.98	9
1997	94.90	11	2011	116.01	1

由表 6-46 可以看出，浙江省各年份总体资源配置效率偏低，在 1984—2011 年，只有 1984 年、1990 年、1991 年、1999 年、2011 年是资源配置效率有效的，仅占研究年份的 17.86%，而其余年份表现为无效状态。将不同年份的资源配置效率比较列于图 6-22。

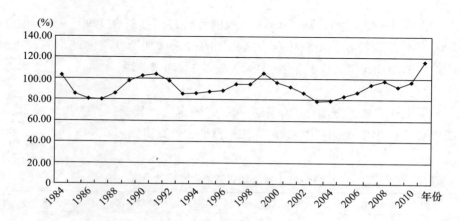

图 6-22 浙江省资源配置效率走势

　　根据图 6 - 22，浙江省资源配置效率呈现出不稳定、波动较大，2003 年后整体呈上升趋势，表现出较为稳定的增长。对浙江省 1984—2011 年资源配置进行规模效益分析，得到表 6 - 47。

表 6 - 47　　　　　　　　1984—2011 年浙江省规模效益分析结果

年份	K 值	规模效益	年份	K 值	规模效益
1984	1	不变	1998	0.9970	递增
1985	1.0943	递减	1999	1	不变
1986	1.0643	递减	2000	1.0636	递减
1987	1.0209	递减	2001	1.0627	递减
1988	0.9518	递增	2002	1.0572	递减
1989	1.0059	递减	2003	1.0463	递减
1990	1	不变	2004	1.0409	递减
1991	1	不变	2005	1.0403	递减
1992	0.9980	递增	2006	1.0371	递减
1993	0.9828	递增	2007	1.0343	递减
1994	1.0440	递减	2008	1.0316	递减
1995	1.0269	递减	2009	1.0231	递减
1996	1.0165	递减	2010	1.0126	递减
1997	1.0011	递减	2011	1	不变

　　由表 6 - 47 可知，除了 DEA 有效的年份，只有 1988 年、1992 年、1993 年、1998 年处在规模收益递增阶段，在这些时间段内的投入可明显提高产出增长幅度，而其余各年份为规模收益递减阶段，这几年投入的增加所获得的产出利益小于投入的增加比例。

　　4. 山东省

　　把山东省年末总人口（X_1）、固定资产投资额（X_2）作为投入要素，GDP（Y_1）作为产出要素，应用 MyDEA1.0 软件计算得到表 6 - 48。

表 6 - 48　　　　　　　　1984—2011 年山东省资源配置超效率值

DMU	超效率值（%）	排序	DMU	超效率值（%）	排序
1984	92.17	18	1998	96.39	11
1985	77.78	25	1999	98.78	8
1986	73.88	26	2000	92.39	17

续表

DMU	超效率值（%）	排序	DMU	超效率值（%）	排序
1987	66.56	28	2001	99.71	6
1988	69.79	27	2002	98.40	9
1989	94.06	15	2003	89.05	21
1990	106.55	2	2004	85.78	22
1991	96.31	12	2005	81.62	23
1992	89.70	19	2006	92.99	16
1993	79.63	24	2007	99.26	7
1994	89.36	20	2008	103.95	3
1995	98.07	10	2009	95.46	14
1996	102.14	5	2010	95.71	13
1997	103.46	4	2011	115.15	1

由表6-48可以看出，山东省各年份总体资源配置效率较低，近30年中只有1990年、1996年、1997年、2008年、2011年是资源配置有效的，占研究年份的17.86%，其余年份均无效，表现出整体的资源配置效率较低，如图6-23所示。

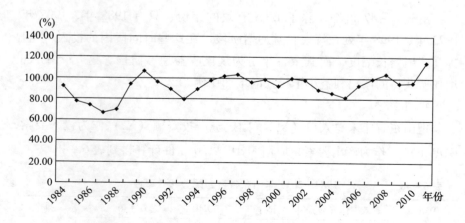

图6-23　山东省资源配置效率走势

从图6-23可以发现，在整个资源配置效率走势图中，整体波动较大，尤其是前十年尤为剧烈，而后呈现下降趋势，在近几年内又出现上升趋势。

对山东省1984—2011年资源配置进行规模效益分析，得到表6-49。

表6-49　　　　　　　　1984—2011年山东省规模效益分析结果

年份	K值	规模效益	年份	K值	规模效益
1984	0.4177	递增	1998	1.0821	递减
1985	0.5786	递增	1999	1.0842	递减
1986	0.6646	递增	2000	1.3432	递减
1987	0.8864	递增	2001	1.2607	递减
1988	0.8970	递增	2002	1.2510	递减
1989	0.9100	递增	2003	1.2105	递减
1990	1	不变	2004	1.1612	递减
1991	0.9874	递增	2005	1.0966	递减
1992	0.9565	递增	2006	1.0915	递减
1993	0.9217	递增	2007	1.0659	递减
1994	1.0899	递减	2008	1	不变
1995	1.0482	递减	2009	0.9993	递增
1996	1	不变	2010	1.0009	递减
1997	1	不变	2011	1	不变

由表6-49可知，除了DEA有效的年份，1985—1993年处在规模收益递增阶段，说明这些年份的投入具有较大的增产潜力，或许是投入不足或利用效率不高，使经济产出受到了影响，直接导致资源利用效率较低。而在1994年以后山东省的规模收益基本处于递减和不变状态，说明这些年在增加投入后，所获得产出的增长比例会小于投入的增加比例，也就是说，增加投入的产出效率比较低。

5. 广东省

同上述方法，采用超效率DEA模型，所得结果如表6-50所示。

表6-50　　　　　　　　　1984—2011年广东省资源配置超效率值

DMU	超效率值（%）	排序	DMU	超效率值（%）	排序
1984	76.37	15	1998	69.67	20
1985	67.89	22	1999	68.56	21
1986	66.92	23	2000	75.60	16
1987	73.21	18	2001	100.52	3
1988	70.92	19	2002	103.56	2
1989	86.31	11	2003	81.63	14
1990	88.70	9	2004	84.72	13
1991	85.93	12	2005	87.23	10
1992	57.63	25	2006	93.81	6
1993	46.20	28	2007	97.69	5
1994	46.82	27	2008	99.42	4
1995	55.33	26	2009	91.34	7
1996	63.73	24	2010	90.07	8
1997	73.42	17	2011	114.25	1

由表6-50可知，广东省在2001年、2002年及2011年是资源配置有效的年份，占研究年份的10.17%，其余年份均无效，总体的资源配置效率偏低。1984—2011年的资源配置效率发展情况如图6-24所示。

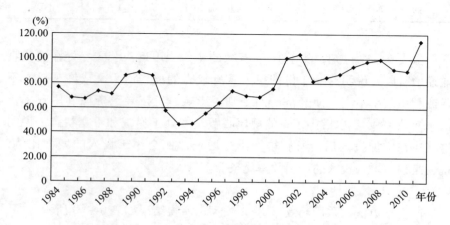

图6-24　广东省资源配置效率走势

图 6－24 表明，2003 年以前广东省资源配置效率波动较大，而后呈稳定上升趋势，2009 年又出现波动，无明显一致的发展规律。

对广东省 1984—2011 年资源配置进行规模效益分析，得到表 6－51。

表 6－51　　　　　　　1984—2011 年广东省规模效益分析结果

年份	K 值	规模效益	年份	K 值	规模效益
1984	0.0498	递增	1998	0.9330	递增
1985	0.0707	递增	1999	0.9524	递增
1986	0.0822	递增	2000	0.9775	递增
1987	0.0956	递增	2001	1	不变
1988	0.1354	递增	2002	1	不变
1989	0.1332	递增	2003	0.9898	递增
1990	0.1454	递增	2004	0.9927	递增
1991	0.1827	递增	2005	1.0605	递减
1992	0.3523	递增	2006	1.0042	递减
1993	0.6234	递增	2007	1.0042	递减
1994	0.8202	递增	2008	1.0048	递减
1995	0.8910	递增	2009	0.9985	递增
1996	0.8913	递增	2010	0.9926	递增
1997	0.8799	递增	2011	1	不变

由表 6－51 可知，除了 DEA 有效的年份，只有 2005—2008 年处在规模收益递减阶段，这四年投入的增加所获得产出利益小于投入的增加比例，而其余各年份为规模收益递增阶段，尤其从 1984—1992 年广东省的 K 值显著偏小，可进一步提高资源的投入，实现规模收益的增加。

6. 福建省

同样的方法，运用超效率 DEA 模型进行计算，得到结果见表 6－52。

由表 6－52 可见，福建省在 1984—2011 年间 1984 年、1990 年、2002 年、2004 年、2005 年、2008 年、2011 年均是资源配置效率有效的年份，占研究年份的 25%，这一数值比其他省份略高，同时也较为平稳，如图 6－25 所示。

表 6 - 52　　　　　　　　1984—2011 年福建省资源配置超效率值

DMU	超效率值（%）	排序	DMU	超效率值（%）	排序
1984	100.28	7	1998	82.91	23
1985	79.63	25	1999	90.27	17
1986	76.12	27	2000	95.36	16
1987	75.54	28	2001	98.61	12
1988	84.42	21	2002	103.67	2
1989	99.63	8	2003	99.54	9
1990	102.01	3	2004	100.73	5
1991	98.47	13	2005	101.90	4
1992	85.35	19	2006	98.92	11
1993	78.83	26	2007	98.36	14
1994	81.50	24	2008	100.51	6
1995	83.16	22	2009	99.40	10
1996	85.30	20	2010	98.20	15
1997	87.38	18	2011	119.15	1

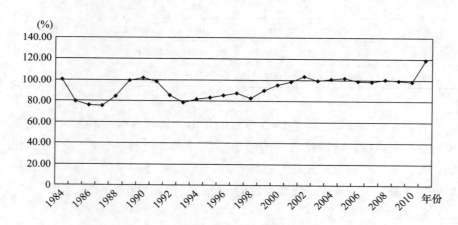

图 6 - 25　福建省资源配置效率走势

从图 6 - 25 可以发现，福建省资源配置效率在 1993 年以前不太稳定，但是之后先呈现出了平稳的上升趋势，而后趋于平缓，近几年又出现显著上升趋势。

对福建省 1984—2011 年资源配置进行规模效益分析，得到表 6 - 53。

表 6 - 53　　　　　　　　**1984—2011 年福建省规模效益分析结果**

年份	K 值	规模效益	年份	K 值	规模效益
1984	1	不变	1998	0.8961	递增
1985	0.5814	递增	1999	0.9084	递增
1986	1.6041	递减	2000	1.0413	递减
1987	1.3026	递减	2001	1.0293	递减
1988	1.0057	递减	2002	1	不变
1989	1.1252	递减	2003	1.0006	递减
1990	1	不变	2004	1	不变
1991	1.0023	递减	2005	1	不变
1992	1.0041	递减	2006	0.9998	递增
1993	0.9654	递增	2007	0.9984	递增
1994	0.9779	递增	2008	1	不变
1995	0.9608	递增	2009	1.0010	递减
1996	1.0340	递减	2010	1.0081	递减
1997	0.9407	递增	2011	1	不变

由表 6 - 53 可知，除了 DEA 有效的年份，福建省其他年份规模收益递增与递减基本呈交替分布状态，且无论递增还是递减其 K 值与规模收益不变的 K 值 1 均较为接近，这表明福建省投入产出的效率较不稳定，应合理规划投入以使投入产出达到最优。

7. 海南省

采用上述相同的投入产出要素指标，运用超效率 DEA 模型计算，结果如表 6 - 54 所示。

由表 6 - 54 看出，海南省在 1984—2011 年，只有 1988 年、2002 年、2003 年和 2011 年是资源配置效率有效的，仅占研究年份的 14.29%，其余年份均为无效。不同年份总体资源配置效率波动也较大，具体如图 6 - 26 所示。

表6-54 1984—2011年海南省资源配置超效率值

DMU	超效率值（％）	排序	DMU	超效率值（％）	排序
1984	98.95	5	1998	84.43	19
1985	75.91	23	1999	87.80	14
1986	78.84	22	2000	95.23	8
1987	93.53	11	2001	98.28	6
1988	107.18	2	2002	103.19	3
1989	88.47	13	2003	102.74	4
1990	83.77	20	2004	87.58	15
1991	80.29	21	2005	84.86	17
1992	66.97	24	2006	84.74	18
1993	45.44	28	2007	93.69	10
1994	48.79	27	2008	95.98	7
1995	56.77	26	2009	90.54	12
1996	62.26	25	2010	95.17	9
1997	85.41	16	2011	120.50	1

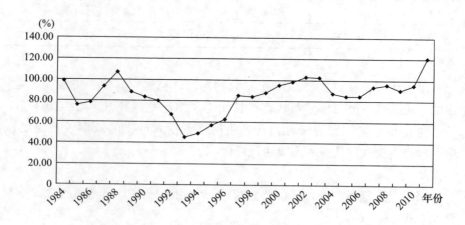

图6-26 海南省资源配置效率走势

从图6-26可以看出，海南资源配置效率整体有较大的降升趋势，前期波动较大，特别是1997年以前，升降波动幅度最为剧烈，而后逐渐趋于上升趋势，表现出较为稳定的增长。对海南省1984—2011年资源配置进行规模效益分析，得到表6-55。

表6-55　　　　　　1984—2011年海南省规模效益分析结果

年份	K值	规模效益	年份	K值	规模效益
1984	0.4881	递增	1998	0.8918	递增
1985	0.6890	递增	1999	0.9180	递增
1986	0.7826	递增	2000	0.9724	递增
1987	0.7955	递增	2001	0.9911	递增
1988	1	不变	2002	1	不变
1989	1.1099	递减	2003	1	不变
1990	1.1329	递减	2004	1.8989	递减
1991	1.1384	递减	2005	1.7983	递减
1992	1.6978	递减	2006	2.1136	递减
1993	2.5526	递减	2007	1.8145	递减
1994	3.4518	递减	2008	1.6910	递减
1995	4.3967	递减	2009	1.4866	递减
1996	5.2953	递减	2010	1.2504	递减
1997	0.9109	递增	2011	1	不变

由表6-55可知，除了DEA有效的年份，1989—1996年、2004—2010年内处在规模收益递减阶段，说明这几年在增加投入后，所获得产出的增长比例会小于投入的增加比例，也就是说，增加投入的产出效率比较低。而其余各年份为规模收益递增阶段，说明这些年份的投入具有较大的增产潜力，或许是投入不足或利用效率不高，使经济产出受到了影响，直接导致资源利用效率较低。

综上所述，运用超效率DEA模型对东部各省份的纵向分析结果有相似处也有不同之处，各个省份都在规模效益递增、规模效益递减和规模效益不变间不断转换，一定程度上说明目前东部省域仍处于经济发展阶段，资源的投入有充分利用的阶段，也有可以改进经济效益的阶段。其中，浙江省、山东省和海南省虽然超效率值在后期呈微弱上升趋势，但有大部分规模效益递减，说明稳定增长的投入并未带来相应有序的规模收益，所获得产出的增加比例小于投入的增加比例，增加投入的产出效率比较低。长期来看，劳动力、资本等要素会随着投入增加而出现收益递减，对经济增长的边际贡献趋于下降，经济的持续增长必须依靠生产率的提高实现。粗放型增长模式的主要特征就是通过增加要素投入实现经济增长，而源于生产率提高的增长份额很小。经济要追求实实在在的增长，提高发展的质量和效益，就要把经济增长模式转变为以提高生产率为核心的集约型增长。一些地方和领域出现了比较严重的产能过剩现象，表明有的省份过于依赖投资的经济增长模式已到了必须转变的时候。下面对中部和东部地区资源配置进行横向分析。

二　资源配置效率的横向分析

（一）中部地区的资源配置效率横向分析

为了清楚地分析出中部六省资源利用效率的情况，将中部六省综合起来做横向比较，以此来评价各省份在不同时期的相对效率情况。这里仍然采用超效率 DEA 模型，模型原理已在上节中提及，同样地，此处运用的投入产出指标选择及数据来源与上节相同，此处均不再赘述，直接进行相关分析过程。

基于建立的超效率 DEA 模型，对中部六省（江西省、河南省、山西省、湖北省、湖南省、安徽省）1984—2011 年的资源配置效率进行评价。同样，采用 EMS 1.3 进行计算分析，结果如表 6 – 56 所示。

表 6 – 56　　　　　1984—2011 年中部六省资源配置超效率值　　　　单位：%

年份	江西省	河南省	山西省	湖北省	湖南省	安徽省
1984	92.01	84.01	101.33	136.51	108.79	81.75
1985	111.10	76.78	80.62	136.98	92.38	79.77
1986	101.33	79.69	88.54	139.15	97.33	48.35
1987	113.33	77.97	90.60	129.46	84.05	81.17
1988	99.65	80.16	104.07	119.40	103.72	86.45
1989	85.57	77.95	118.60	123.77	101.18	81.67
1990	85.99	86.24	127.37	114.03	114.36	84.92
1991	90.81	84.28	123.20	119.68	103.03	78.03
1992	91.49	98.27	99.64	123.86	102.68	81.94
1993	77.65	93.30	89.57	121.79	119.75	76.79

续表

年份	江西省	河南省	山西省	湖北省	湖南省	安徽省
1994	86.65	92.22	92.69	114.62	117.32	92.84
1995	98.92	95.38	103.00	112.48	112.23	86.91
1996	98.72	87.89	98.29	111.33	104.96	92.88
1997	126.55	69.50	102.27	100.92	64.39	87.67
1998	120.63	73.14	101.88	101.25	71.06	91.38
1999	121.87	97.41	101.74	100.34	93.88	87.09
2000	143.00	102.36	86.74	130.72	95.77	84.40
2001	110.73	107.23	86.27	133.71	93.46	82.03
2002	86.50	116.45	84.77	132.38	94.31	80.16
2003	80.56	99.20	79.49	128.17	94.60	82.89
2004	78.72	96.29	89.89	114.06	101.48	86.13
2005	73.05	116.32	103.15	93.22	87.45	75.69
2006	83.97	91.30	109.22	99.98	102.99	78.92
2007	81.28	86.44	114.96	92.80	103.55	70.44
2008	72.90	83.34	105.37	96.44	102.25	67.72
2009	73.46	86.54	99.77	103.78	104.00	70.08
2010	77.55	105.20	102.08	106.06	93.11	72.42
2011	77.65	86.69	102.05	109.29	103.64	73.14
平均值	94.34	90.41	99.54	115.94	98.85	80.13
排名	4	5	2	1	3	6

由此可见，中部六省资源配置效率均值为 96.54%，处于一般水平。资源配置效率均值有效的省份只有湖北省，按照效率均值高低排序为湖北省、山西省、湖南省、江西省、河南省、安徽省。

从时间维度来看，1984—2011 年中部六省资源配置效率均变动较大。其中，湖北省资源配置效率一直较高，除 2005—2008 年之外，其余所有年份资源配置效率均是有效状态。而安徽省资源配置效率一直处在较低水平，在研究期的区间内，其资源配置效率处于较为失效的状态。而其余四省则呈现一定程度的波动，在有效与失效状态之间徘徊。

从省际维度来看，2003 年只有湖北省资源配置效率有效，其余五省略为失效。1985—1987 年、1992—1994 年、1996 年、2002 年、2004—

2009 年这些年份均有两个省份资源配置效率有效。其他年份有三个省份资源配置效率有效。

由表 6 – 57 可见，除了资源配置效率 DEA 有效的年份和省份，只有 1986 年安徽省呈规模收益递减。而其余年份及省份均处在规模收益递增阶段。这里再次说明了上一节的结论，由于在资源投入方面的不足或者利用效率的不高，都有可能致使经济产出受到影响，表现为整体的资源配置效率较低。

表 6 – 57 中部六省资源配置规模收益分析结果

省份		江西省	河南省	山西省	湖北省	湖南省	安徽省
1984 年	K 值	0.5661	0.6469	1	1	1	0.6721
	规模收益	递增	递增	不变	不变	不变	递增
1985 年	K 值	1	0.7358	0.6853	1	0.5638	0.6964
	规模收益	不变	递增	递增	不变	递增	递增
1986 年	K 值	1	0.6971	0.5976	1	0.5215	1.3975
	规模收益	不变	递增	递增	不变	递增	递减
1987 年	K 值	1	0.7205	0.5779	1	0.6466	0.6807
	规模收益	不变	递增	递增	不变	递增	递增
1988	K 值	0.5018	0.6931	1	1	1	0.6219
	规模收益	递增	递增	不变	不变	不变	递增
1989 年	K 值	0.6283	0.7207	1	1	1	0.6728
	规模收益	递增	递增	不变	不变	不变	递增
1990 年	K 值	0.6252	0.6234	1	1	1	0.6365
	规模收益	递增	递增	不变	不变	不变	递增
1991 年	K 值	0.5765	0.6448	1	1	1	0.7200
	规模收益	递增	递增	不变	不变	不变	递增
1992 年	K 值	0.5723	0.5139	0.5018	1	1	0.6706
	规模收益	递增	递增	递增	不变	不变	递增
1993 年	K 值	0.7235	0.5553	0.5876	1	1	0.7357
	规模收益	递增	递增	递增	不变	不变	递增
1994 年	K 值	0.6171	0.5648	0.5590	1	1	0.5581
	规模收益	递增	递增	递增	不变	不变	递增

续表

省份		江西省	河南省	山西省	湖北省	湖南省	安徽省
1995 年	K 值	0.5080	0.5377	1	1	1	0.6153
	规模收益	递增	递增	不变	不变	不变	递增
1996 年	K 值	0.5090	0.6052	0.5138	1	1	0.5579
	规模收益	递增	递增	递增	不变	不变	递增
1997 年	K 值	1	0.8514	1	1	0.9470	0.6067
	规模收益	不变	递增	不变	不变	递增	递增
1998 年	K 值	1	0.7903	1	1	0.8230	0.5729
	规模收益	不变	递增	不变	不变	递增	递增
1999 年	K 值	1	0.5211	1	1	0.5491	0.6140
	规模收益	不变	递增	不变	不变	递增	递增
2000 年	K 值	1	1	0.6165	1	0.5327	0.6439
	规模收益	不变	不变	递增	不变	递增	递增
2001 年	K 值	1	1	0.6232	1	0.5544	0.6698
	规模收益	不变	不变	递增	不变	递增	递增
2002 年	K 值	0.6182	1	0.6377	1	0.5466	0.6931
	规模收益	递增	不变	递增	不变	递增	递增
2003 年	K 值	0.6858	0.5066	0.7028	1	0.5421	0.6592
	规模收益	递增	递增	递增	不变	递增	递增
2004 年	K 值	0.7097	0.5299	0.5855	1	1	0.6242
	规模收益	递增	递增	递增	不变	不变	递增
2005 年	K 值	0.7913	1	1	0.5558	0.6115	0.7507
	规模收益	递增	不变	不变	递增	递增	递增
2006 年	K 值	0.6472	0.5735	1	0.5001	1	0.7079
	规模收益	递增	递增	不变	递增	不变	递增
2007 年	K 值	0.6797	0.6220	1	0.5583	1	0.8351
	规模收益	递增	递增	不变	递增	不变	递增
2008 年	K 值	0.7929	0.6557	1	0.5290	1	0.8790
	规模收益	递增	递增	不变	递增	不变	递增
2009 年	K 值	0.7869	0.6179	0.5012	1	1	0.8394
	规模收益	递增	递增	递增	不变	不变	递增
2010 年	K 值	0.7244	1	1	1	0.5565	0.8028
	规模收益	递增	不变	不变	不变	递增	递增
2011 年	K 值	0.7235	0.6169	1	1	1	0.7903
	规模收益	递增	递增	不变	不变	不变	递增

（二）东部地区的资源配置效率横向分析

为了清楚地分析东部七省（河北省、江苏省、浙江省、山东省、广东省、福建省、海南省）资源利用效率的情况，将东部七省综合起来做横向比较，以此来评价各省份在不同时期的相对效率情况。这里仍然采用超效率 DEA 模型，模型原理已在上节中提及，同样，此处运用的投入产出指标选择及数据来源与上节相同，此处均不再赘述，直接进行相关分析过程。

基于建立的超效率 DEA 模型，对东部七省 1984—2011 年的资源配置效率进行评价。同样，采用 MyDEA1.0 进行计算分析，结果如表 6－58 所示。

表 6－58　　　　　　　　　东部七省横向分析　　　　　　　单位:%

年份	河北省	江苏省	浙江省	山东省	广东省	福建省	海南省
1984	92.22	79.52	109.77	89.01	75.79	95.34	421.33
1985	1.0917	80.88	107.03	86.14	78.00	90.39	433.80
1986	93.67	78.79	115.80	88.02	83.85	87.53	444.99
1987	91.28	75.69	108.67	78.92	88.72	88.06	406.41
1988	84.13	80.30	106.62	75.56	80.89	93.73	377.49
1989	102.13	87.68	106.22	93.95	88.69	95.30	385.92
1990	114.01	78.60	95.67	89.01	81.15	89.47	405.51
1991	108.44	80.36	101.91	91.95	88.48	93.68	403.25
1992	106.63	78.82	100.04	95.90	79.59	90.53	345.65
1993	100.83	90.62	102.76	102.98	92.05	97.40	236.95
1994	88.90	98.98	99.53	113.02	94.87	101.40	175.04
1995	80.90	99.49	99.81	121.93	100.88	99.65	124.91
1996	76.98	95.88	99.98	120.09	105.27	93.52	100.65
1997	73.74	88.85	87.45	107.82	101.62	92.85	383.83
1998	78.33	88.33	89.57	106.76	103.83	93.44	377.45
1999	74.37	88.12	93.76	102.72	97.41	102.98	367.31
2000	78.52	85.75	84.40	94.29	101.98	104.70	350.76
2001	61.66	70.88	68.19	71.07	128.72	77.92	334.51
2002	62.91	69.48	64.02	64.02	127.66	79.19	320.95
2003	83.24	77.18	71.09	71.08	105.60	104.94	176.62

续表

年份	河北省	江苏省	浙江省	山东省	广东省	福建省	海南省
2004	83.27	75.25	72.30	64.61	110.76	96.93	166.17
2005	75.52	76.95	76.91	61.90	117.27	88.78	158.76
2006	63.76	77.75	80.95	66.06	134.42	74.47	132.65
2007	59.69	75.76	82.34	66.36	137.84	66.83	147.21
2008	54.79	79.14	87.42	68.46	143.16	66.70	151.48
2009	49.48	82.15	90.54	69.97	138.16	70.87	158.61
2010	50.17	84.39	95.84	69.25	127.48	71.25	162.61
2011	51.91	85.27	95.38	68.02	137.60	70.56	168.90
平均值	80.38	82.53	92.64	85.67	105.42	88.51	279.28
排名	7	6	3	5	2	4	1

由于海南省超效率值均大于1，说明海南省一直处于资源配置效率有效阶段发展，而其他东部六省资源配置效率均值为89.19%，处于一般水平。资源配置效率均值有效的省份只有广东省，按照效率均值高低排序为广东省、浙江省、福建省、山东省、江苏省、河北省。

从时间维度来看，1984—2011年东部七省资源配置效率均变动较大。其中，海南省配置效率均处于大于1且较高水平，而广东省资源配置效率一直较高，除1984—1994年和1999年之外，其余所有年份资源配置效率均是有效状态。河北省资源配置效率一直处在较低水平，而江苏省研究期的区间内资源配置效率处于较为失效的状态。而其余三省则呈现一定程度的波动，在有效与失效状态之间徘徊。

从省际维度来看，除每年都有效的海南省外，其他东部六省中，1993年有河北省、浙江省和山东省资源配置效率有效，其余三省为失效；1985年、1989年、1991年、1992年、1994—2000年、2003年这些年份均有两个省份资源配置效率有效；其他年份有一个省份资源配置效率有效。

三 综合评述

首先，根据纵向分析结果，将1984—2011年纵向比较下的中部六省资源利用效率数据汇总得到图6－27。

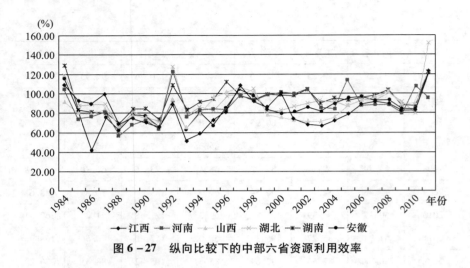

图 6 - 27   纵向比较下的中部六省资源利用效率

纵向比较下的中部六省资源利用效率的均值和方差如表 6 - 59 所示。

表 6 - 59   纵向比较下的中部六省资源利用效率的均值和方差

省份	江西	河南	山西	湖北	湖南	安徽
均值	0.8302	0.8834	0.8547	0.9205	0.9422	0.8409
方差	0.0258	0.02336	0.0193	0.03107	0.0177	0.0261

纵向分析（时间维度）结果比较了各省份自身在发展过程中资源利用效率相对大小。从时间维度来看，1984—2011 年各省份的资源利用效率都存在一定程度的波动，但波动幅度不大。总体来说，湖北省和湖南省总的资源利用效率相对其他省份高。

同时，从图 6 - 27 可以直观地看出，中部六省资源利用效率超过 1 的年份都很少，说明各省份资源利用效率普遍不高，但总体上中部六省资源利用效率仍然具有缓慢上升的态势。

从规模效益来看，中部六省的规模效益递增的年份占多数，规模效益不变和递减的占少数，表明中部六省普遍存在规模效益，且处于规模递增阶段。若能将生产要素等比例增加或者提高生产效率，产出增加价值将大于投入增加价值。

再次，把横向比较下的中部六省资源利用效率分析结果汇总得到图 6 - 28。

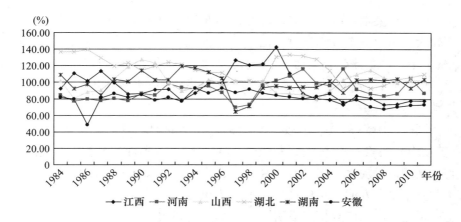

图6－28　横向比较下的中部六省资源利用效率

横向比较下的中部六省资源利用效率的均值和方差如表6－60所示。

表6－60　　　　　横向比较下的中部六省资源利用效率的均值和方差

省份	江西	河南	山西	湖北	湖南	安徽
均值	0.9434	0.9041	0.9954	1.1594	0.9885	0.8013
方差	0.0336	0.0145	0.0145	0.02011	0.0148	0.0083

　　横向分析比较了中部六省在不同年份哪个省份资源利用效率相对较高。从表6－60来看，1984—2011年中部六省资源利用相对效率都存在一定程度的波动，但波动幅度不大。资源利用效率最好的是湖北省，大部分时候相对效率都高于100%，相对效率最低的是安徽省，大部分时间都处于资源利用效率最低的位置。从规模效益看，中部六省基本处于规模收益递增阶段，未来中部六省的投入效果将具有较大的产出倍增潜能。

　　最后，为了结合首位度的分析，将人口和投资两种不同要素对经济发展的贡献单独列出，分别对中部六省投入产出比例进行整理，结果如表6－61所示。

表6－61　　　　　　　　　　中部六省投入产出比例

省份	江西	河南	山西	湖北	湖南	安徽
人口	0.3025	0.3107	0.2246	0.4075	0.3546	0.3789
投资	0.6975	0.6893	0.7754	0.5925	0.6454	0.6211

从人口要素在产出中的作用看，湖北省人口要素对产出来说所占比例较大，山西省人口要素对产出来说所占比例较小，其他省份基本都在1/3左右。总的来说，人力资本的投入虽然是经济发展不可或缺的因素之一，但中部省域目前的经济发展形势对投资的依靠程度要大于人口的拉动。

同时，中部省域经济较为落后的两个地区江西省和山西省，人口（劳动力）要素对经济增长的贡献均较低，而结合前面的分析，两地区在首位度的最优规模上则具有较高值，这说明两省在未来的要素集聚上应更侧重于投资方面，这包括广义的人力资本所带来的技术、资本等，不是简单地扩大城市规模、吸引人口增加，而是欠发达地区所处的经济发展阶段的必然要求；湖北省和安徽省同样应提高人力资本方面的集聚，充分利用其带来的经济效率的提升。

再对东部省域进行综合评述。根据纵向分析结果，将1984—2011年纵向比较下的东部七省资源利用效率数据汇总得到图6-29。

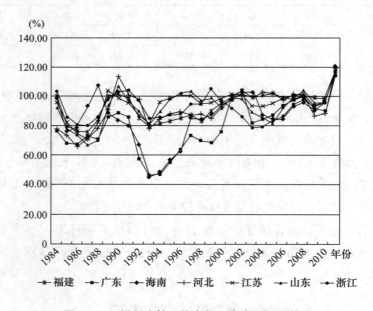

图6-29　纵向比较下的东部七省资源利用效率

纵向比较下的东部七省资源利用效率的均值和方差如表6-62所示。

表 6 - 62　　　　　纵向比较下的东部七省资源利用效率的均值和方差

省份	河北	江苏	浙江	山东	广东	福建	海南
均值	0.9142	0.9463	0.9210	0.9229	0.7919	0.9304	0.8562
方差	0.0155	0.0091	0.0083	0.0127	0.0291	0.0109	0.0295

　　纵向分析（时间维度）结果比较了各省份自身在发展过程中资源利用效率相对大小。从时间维度看，1984—2011 年各省份的资源利用效率都存在一定程度的波动，但波动幅度不大。总体来说，福建省和江苏省总的资源利用效率相较其他省份高。

　　同时，从图 6 - 29 中可以直观地看出，东部七省资源利用效率超过 1 的年份较少，说明各省份资源利用效率普遍不高，但总体上看东部七省资源利用效率仍然具有缓慢上升的态势。

　　从规模效益来看，东部七省的规模效益递增的年份都占多数，表明东部七省普遍存在规模效益，且处于规模递增阶段。若能将生产要素等比例增加或者提高生产效率，产出增加价值将大于投入增加价值。

　　下面进行横向分析的综合分析。由于海南省超效率值过大，给于图中会影响其他六省的数据精确分析，故把横向比较下的东部六省资源利用效率分析结果汇总得到图 6 - 30。

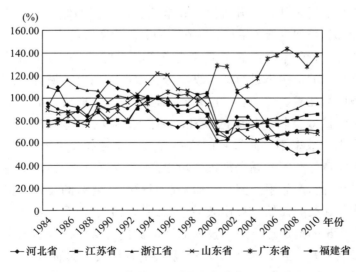

图 6 - 30　横向比较下的东部六省资源利用效率

横向比较下的东部七省资源利用效率的均值和方差如表 6 – 63 所示。

表 6 – 63　　　横向比较下的东部七省资源利用效率的均值和方差

省域	河北	江苏	浙江	山东	广东	福建	海南
均值	0.8038	0.8253	0.9264	0.8567	1.0542	0.8851	2.7928
方差	0.0359	0.0058	0.0186	0.0334	0.0456	0.0136	1.4241

横向分析比较了东部七省在不同年份哪个省份资源利用效率相对较高。从图 6 – 30 来看，1984—2011 年东部六省资源利用相对效率都存在一定程度的波动。除海南省以外，资源利用效率最好的是广东省，超过一半的年份相对效率都高于 100%，相对效率最低的是河北省，大部分时间都处于资源利用效率最低的位置。从图 6 – 30 中可以看出，从横向分析我们可以得出，除广东省效率值近来处于上升阶段，其余五省效率值偏低有下降趋势，说明横向分析中，各省份有待进一步改善资源利用情况。

东部七省在经济增长效益方面尽管存在一些差别，但总体上看，其经济增长效益基本同经济实力密切相关，各省份虽有差距，但整体上呈现的状况一致，即资源配置效率在前期出现较大波动、起伏不定，纵向分析中表现出中后期缓慢提高的趋势，这种表现一定程度上说明了东部省域的经济增长效率不稳定，存在资源管理上的问题；横向分析中，除广东省效率值近来处于上升阶段，其余五省效率值偏低有下降趋势，这说明了东部省域间发展不平衡，存在资源利用效率不足。

以资源配置效率分析的东部省域经济增长效益，是基于劳动力和资本投入两要素的情况下进行的。纵向分析表明，东部省域处于规模效益递增阶段的河北省、江苏省、广东省和福建省，生产要素的一定投入仍能够带来经济效益较大幅度的提升，在考虑继续投入生产要素的同时，也注意到生产效率不够高导致的这一现象，即对资源投入的利用程度、各要素的协调生产等问题仍需进一步提高，如当前产业经济中经常提及的产业链延伸、产品附加值等，均是在同样生产要素的投入下提高经济效益的有效途径。而处于规模效益递减的浙江省、山东省和海南省，说明所获得产出的增加比例小于投入的增加比例，增加投入的产出效率比较低。长期来看，劳动力、资本等要素会随着投入增加而出现收益递减，对经济增长的边际贡献趋于下降，经济的持续增长必须依靠生产率的提高实现。粗放型增长模式的主要特征就是通过增加要素投入实现经济增长，而源于生产率提高的增长份额很小。经济要追求实实在在的增长，提高发展的质量和效益，就要把经济增长模式转变为以提高生产率为核心的集约型增长。一些地方和领域出现了比较严重的产能过剩现象，表明这几个省份过于依赖投资的经济增长模式已经到了必须转变的时候。

第七章 东部省域城市首位度最优规模研究

第四章和第五章分析了我国东中部省域城市首位度的一般演进规律。基于首位度演进规律分析,本章旨在分析东部省域城市首位度的最优规模。由于涉及经济首位度,为了使统计量的一致而采用城市总人口来计算的城市首位度,本章重在城市规模研究,当前学术界在此方面的研究多用常住人口、非农人口来衡量,因此,为了与当前有关首位度的研究标准相符合、研究结论相比较,同时为了得到更显著的实证结论,本章采用城区人口数量计算城市首位度进行分析。在次位城市的选取原则上,根据城区人口次多的城市作为次位城市,由此得到城市首位度。数据来自相应的统计年鉴,时间段为 1994—2014 年;研究地区包括河北省、江苏省、浙江省、福建省、山东省、广东省和海南省;直辖市由于本身定性为一座城市,用其中的县区研究城市首位度意义不大,故本书的地方范畴未包括北京市、天津市和上海市。研究方法上,本章采用城市首位度拉动经济发展效率指数来评价出东部地区城市首位度发展最优省份。

第一节 东部省域城市首位度分析

一 河北省城市首位度

从表 7 - 1 可以发现,河北省 1994—2014 年城区人口最多的城市出现了三次变更,1994—2001 年一直是唐山市,2002 年是石家庄市,2003—2005 年又是唐山市,2006 年则是石家庄市,说明 1994—2014 年,前期河北省一、二位城市城区人口数量差距较小,较为接近,石家庄市和唐山市均有着较高的人口集聚度。后期开始,省会石家庄市才逐步拉开与次位城市唐山市的差距。

表 7 - 1　　　　1994—2014 年河北省城区人口一、二位城市　　　单位：万

年份	人口	第一位城市	人口	第二位城市
1994	156.68	唐山	141.64	石家庄
1995	157.87	唐山	147.72	石家庄
1996	160.33	唐山	151.82	石家庄
1997	162.84	唐山	154.63	石家庄
1998	163.64	唐山	157.17	石家庄
1999	164.55	唐山	160.95	石家庄
2000	168.35	唐山	166.8	石家庄
2001	195	唐山	168.82	石家庄
2002	292.75	石家庄	204.96	唐山
2003	294.91	唐山	211.09	石家庄
2004	296.91	唐山	217.28	石家庄
2005	298.95	唐山	224.15	石家庄
2006	301.17	石家庄	231.35	唐山
2007	303.6	石家庄	237.73	唐山
2008	305.53	石家庄	240.72	唐山
2009	307	石家庄	242.78	唐山
2010	307.53	石家庄	243.87	唐山
2011	307.7	石家庄	246.7	唐山
2012	325	石家庄	247.1	唐山
2013	252.4	石家庄	302.9	唐山
2014	408	石家庄	329.5	唐山

　　再来比较河北省城区人口一、二位城市的人口数量，可以发现，1994—2000 年首位城市唐山市与次位石家庄市差距并不大，2001 年分别达到 195 万和 168.82 万。从 2006 年开始，石家庄市逐步拉开与唐山市的差距，2014 年石家庄市达到 408 万，唐山市则为 329.5 万人。横向比较也可发现，河北两座城市的城区人口规模在东部七省中也排位靠前。

　　基于一、二位城市人口分析，从表 7 - 2 中可以发现，虽然一、二位城市城区人口规模都相当可观，但两者间差距较小，导致河北省城市首位度水平一直较低，1994 年为 1.17，2014 年也仅达到 1.24，仅高于福建省和山东省。

表 7 - 2 河北省 1994—2014 年城市首位度

年份	1994	1995	1996	1997	1998	1999	2000	2001	2002	2003	2004
城市首位度	1. 17	0. 89	0. 92	1. 33	1. 33	1. 12	0. 83	0. 66	0. 8	0. 64	0. 63
年份	2005	2006	2007	2008	2009	2010	2011	2012	2013	2014	—
城市首位度	0. 66	0. 82	1. 23	0. 81	1. 38	1. 36	1. 21	1. 21	1. 1	1. 24	—

二　江苏省城市首位度

从表 7 - 3 可以发现，江苏省历年城区人口最多的城市一直是省会南京市，说明南京市在这 20 年期间一直有着较高的人口集聚度，对全省乃至区域内人口都有着较高吸引力。而这期间城区人口第二位城市则发生了阶段性变更，1994—1996 年为邳州市，1997—2001 年为徐州市，2002—2003 年为淮安市，2004—2005 年为苏州市，2006 年又变为无锡市，2007 年开始又重新变为苏州市。

表 7 - 3　　　　1994—2014 年江苏省城区人口一、二位城市　　　　单位：万

年份	人口	第一位城市	人口	第二位城市
1994	261. 49	南京	153. 18	邳州
1995	265. 8	南京	153. 42	邳州
1996	269. 38	南京	147. 34	邳州
1997	273. 26	南京	149. 34	徐州
1998	276. 36	南京	151. 86	徐州
1999	282. 29	南京	152. 41	徐州
2000	289. 52	南京	160. 61	徐州
2001	371. 89	南京	264. 5	徐州
2002	480. 35	南京	266. 58	淮安
2003	489. 76	南京	268. 17	淮安
2004	501. 23	南京	270. 99	苏州
2005	513. 39	南京	273. 21	苏州
2006	524. 64	南京	232. 3	无锡
2007	534. 39	南京	276. 52	苏州
2008	541. 24	南京	277. 94	苏州
2009	545. 97	南京	274. 52	苏州

续表

年份	人口	第一位城市	人口	第二位城市
2010	548.37	南京	278.35	苏州
2011	551.6	南京	315.7	苏州
2012	553.3	南京	329	苏州
2013	643.1	南京	332.9	苏州
2014	648.7	南京	337.5	苏州

再来比较江苏省城区人口一、二位城市的人口数量，可以发现，首位城市南京市的城区人口数量在东部地区各省份首位城市中列第二，2014年城区人口达到648.7万，略低于山东省青岛市。且第二位城市也拥有较大的城区人口规模，2014年苏州市城区人口达到337.5万，领先于其他省份次位城市。说明江苏省城市人口吸引度较大，在区域乃至全国范围内有着较高的人口聚集度。

基于一、二位城市人口分析，从表7-4可以知，江苏省城市首位度一直保持着较高水平，1994年即达到1.71；但20年期间增长不大，2014年为1.92，位居东部地区第三，低于浙江省和海南省。

表7-4　　　　　　　　1994—2014年江苏省城市首位度

年份	1994	1995	1996	1997	1998	1999	2000	2001	2002	2003	2004
城市首位度	1.71	1.73	1.83	1.83	1.82	1.85	1.8	1.41	1.8	1.83	1.85
年份	2005	2006	2007	2008	2009	2010	2011	2012	2013	2014	—
城市首位度	1.88	2.26	1.93	1.95	1.99	1.97	1.75	1.68	1.93	1.92	—

三　浙江省城市首位度

从表7-5可以发现，浙江省历年城区人口最多的城市一直是省会杭州市，说明杭州市的人口集聚度一直保持在较高的水平，对全省乃至区域内人口都有着较高吸引力。而这期间城区人口第二位城市则发生了阶段性变更，1994年为萧山市（今为萧山区），1995—1999年为台州市，2000年为宁波市，2001—2002年为台州市，2003—2014年为宁波市。

表 7 – 5		1994—2014 年浙江省城区人口一、二位城市		单位：万
年份	人口	第一位城市	人口	第二位城市
1994	141.27	杭州	136.73	萧山
1995	143.52	杭州	137.7	台州
1996	166.73	杭州	116.2	台州
1997	169.29	杭州	139.67	台州
1998	171.89	杭州	140.83	台州
1999	175.27	杭州	142.03	台州
2000	179.18	杭州	143.16	宁波
2001	379.49	杭州	143.9	台州
2002	387.01	杭州	203.41	台州
2003	393.19	杭州	206.91	宁波
2004	401.59	杭州	210.45	宁波
2005	409.52	杭州	213.41	宁波
2006	414.18	杭州	215.81	宁波
2007	419.5	杭州	218.19	宁波
2008	424.3	杭州	220.12	宁波
2009	429.44	杭州	221.83	宁波
2010	434.82	杭州	223.35	宁波
2011	440.3	杭州	224.7	宁波
2012	445.4	杭州	226.1	宁波
2013	450.8	杭州	227.6	宁波
2014	552.1	杭州	229.6	宁波

　　再来比较浙江省城区人口一、二位城市的人口数量，可以发现，首位城市杭州市的城区人口数量在东部地区各省份首位城市中排第三位，2014 年城区人口达到 552.1 万，位居江苏省和山东省后。而第二位城市则与其他省份次位城市差距较大，城区人口量级相对较小，2014 年宁波市城区人口仅达到 229.6 万，仅高于海南省和福建省，城区人口历年增长量也远小于首位城市杭州市。

　　基于一、二位城市人口分析，从表 7 – 6 可以知，浙江省城市首位度在 1994 年较低，仅有 1.03，仅高于相邻的福建省。但从 2000 年开始，受区划调整、区域发展政策、交通设施等硬件的因素影响，浙江省城市首位度得到迅速提升，2002 年开始就稳定在 1.90 以上，2014 年更是达到 2.40，在东部地区仅次于海南省。

表 7 - 6　　　　　　　1994—2014 年浙江省城市首位度

年份	1994	1995	1996	1997	1998	1999	2000	2001	2002	2003	2004
城市首位度	1.03	1.04	1.43	1.21	1.22	1.23	1.25	2.64	1.9	1.9	1.91
年份	2005	2006	2007	2008	2009	2010	2011	2012	2013	2014	—
城市首位度	1.92	1.92	1.92	1.93	1.94	1.95	1.96	1.97	1.98	2.40	—

四　福建省城市首位度

从表 7 - 7 可以发现，福建省 1994—2014 年城区人口最多的城市也一直是省会福州市，说明福州市的人口集聚度在省内一直保持在较高的水平，对全省人口有着较高吸引力。这期间城区人口第二位城市也较为稳定，1998 年前是南安市，1998 年开始，则一直为厦门市。

表 7 - 7　　　　　1994—2014 年福建省城区人口一、二位城市　　　　单位：万

年份	人口	第一位城市	人口	第二位城市
1994	138.84	福州	135.48	南安
1995	142.64	福州	137.52	南安
1996	146.47	福州	139.66	南安
1997	141.68	福州	124.67	南安
1998	143.69	福州	126.59	厦门
1999	145.4	福州	128.99	厦门
2000	148.49	福州	131.27	厦门
2001	153.77	福州	134.36	厦门
2002	200.81	福州	157.64	厦门
2003	201.63	福州	166.24	厦门
2004	202.67	福州	170.85	厦门
2005	203.76	福州	176.11	厦门
2006	205.43	福州	181.72	厦门
2007	207.04	福州	185.92	厦门
2008	210.91	福州	186.68	厦门

续表

年份	人口	第一位城市	人口	第二位城市
2009	212.98	福州	187.33	厦门
2010	215.45	福州	188.59	厦门
2011	217.4	福州	190	厦门
2012	219.4	福州	192.1	厦门
2013	222.9	福州	196.8	厦门
2014	228.4	福州	203.4	厦门

再来比较福建省城区人口一、二位城市的人口数量，可以发现，首位城市福州市的城区人口数量量级虽然在省内排第一位，但通过横向对比，福州城区人口数量一直较少，2002 年才迈上 200 万这个台阶，2014 年也仅为 228.4 万，在东部地区各省份首位城市中排倒数第二位，仅高于海口市。第二位城市厦门市，与首位福州市差距不大，2014 年也达到了 203.4 万，但同样存在横向比较人口规模较小的问题，在次位城市比较中，也仅高于海南省三亚市。

基于一、二位城市人口分析，从表 7 - 8 可以知，福建省城市首位度水平一直较低。1994 年仅为 1.02，居七省末位；2014 年也仅达到 1.12，居第六位，仅高于山东省。

表 7 - 8　　　　　　　　　**1994—2014 年福建省城市首位度**

年份	1994	1995	1996	1997	1998	1999	2000	2001	2002	2003	2004
城市首位度	1.02	1.04	1.05	1.14	1.14	1.13	1.13	1.14	1.27	1.21	1.19
年份	2005	2006	2007	2008	2009	2010	2011	2012	2013	2014	—
城市首位度	1.16	1.13	1.11	1.13	1.14	1.14	1.14	1.14	1.13	1.12	—

五　山东省城市首位度

从表 7 - 9 可以发现，山东省历年城区人口最多的城市在 1994—2014 年出现数次更替，说明山东省城区人口各城市相差不大，省会相较于其他省份人口集聚度偏低。1994—2001 年城区人口最多的城市为淄博市，2002—2005 年为济南市，2006—2014 年为青岛市。

表 7 - 9　　　　　　1994—2014 年山东省城区人口一、二位城市　　　　单位：万

年份	人口	第一位城市	人口	第二位城市
1994	254.45	淄博	243.09	济南
1995	257.44	淄博	247.57	济南
1996	260.64	淄博	250.91	济南
1997	263.03	淄博	254.82	济南
1998	265.42	淄博	257.49	济南
1999	266.82	淄博	260.64	济南
2000	268.5	淄博	264.46	济南
2001	322.45	淄博	270.48	济南
2002	327.55	济南	271.84	淄博
2003	334.8	济南	273.37	淄博
2004	341.73	济南	274.61	青岛
2005	347.87	济南	275.56	淄博
2006	352.29	青岛	276.53	济南
2007	352.71	青岛	277.45	济南
2008	350.23	青岛	278.17	济南
2009	348.24	青岛	278.77	济南
2010	348.02	青岛	279.6	济南
2011	349.4	青岛	280.8	济南
2012	363.9	青岛	352.2	济南
2013	366.4	青岛	355.4	济南
2014	370.5	青岛	361	济南

再来比较山东省城区人口一、二位城市的人口数量，可以发现，首位城市与次位城市量级差距很小。如 1994 年，首位城市淄博市城区人口为 254.45 万，次位城市济南市为 243.09 万，两者相差 11.36 万；2014 年，首位城市青岛市为 370.5 万，次位城市济南市也达到了 361 万，一、二位城市差距缩小至 9.5 万。

基于一、二位城市人口分析，可以推断出山东省城市首位度较低。从表 7 - 10 可知，山东省城市首位度 1994 年仅有 1.05，仅高于福建省和浙江省。此后，20 年期间山东省的城市首位度也一直保持着较低的增长速度，2012 年开始出现缓慢下降，2014 年仅为 1.03，说明山东省近年来城市城区人口差距在进一步缩小。

表 7 – 10　　　　　　　　1994—2014 年山东省城市首位度

年份	1994	1995	1996	1997	1998	1999	2000	2001	2002	2003	2004
城市首位度	1.05	1.04	1.04	1.03	1.03	1.02	1.02	1.19	1.2	1.22	1.24
年份	2005	2006	2007	2008	2009	2010	2011	2012	2013	2014	—
城市首位度	1.26	1.27	1.27	1.26	1.25	1.25	1.24	1.03	1.03	1.03	—

六　广东省城市首位度

从表 7 – 11 可以发现，广东省历年城区人口最多的城市发生了一次更替，2006 年以前一直是省会广州市，2006 年开始，深圳市成为广东省城区人口最多城市，说明深圳市已替代广州市成为广东省人口吸收能力最强的城市。

表 7 – 11　　　　　1994—2014 年广东省城区人口一、二位城市　　　　单位：万

年份	人口	第一位城市	人口	第二位城市
1994	380.31	广州	208.1	潮阳
1995	385.38	广州	210.67	潮阳
1996	390.18	广州	213.34	潮阳
1997	395.65	广州	147.12	潮阳
1998	399.3	广州	148.77	东莞
1999	405.49	广州	150.82	东莞
2000	566.68	广州	152.61	东莞
2001	576.97	广州	153.89	东莞
2002	583.89	广州	338.98	东莞
2003	588.26	广州	344.24	佛山
2004	599.91	广州	480.27	深圳
2005	617.28	广州	484.05	汕头
2006	625.33	深圳	488.12	广州
2007	636.76	深圳	493.58	广州
2008	645.83	深圳	499.3	广州
2009	654.68	深圳	503.43	广州
2010	664.29	深圳	516.74	广州
2011	671.3	深圳	522	广州
2012	678	深圳	525.4	广州
2013	686.6	深圳	532.5	广州
2014	695	深圳	539.1	广州

再来比较广东省城区人口一、二位城市的人口数量，可以发现，广东省一、二位城市差距虽然较大，但两者都拥有着较大规模的城区人口。2014 年深圳市城区人口达到 695 万，城区人口居东部地区首位；次位城市广州市也达到了 539.1 万，也位居东部地区前列。

基于一、二位城市人口分析，从表 7–12 可知，广东省城市首位度 20 年期间呈现逐步下降态势，1994 年为 1.83，2014 年则降为了 1.29。

表 7–12　　　　　　　　1994—2014 年广东省城市首位度

年份	1994	1995	1996	1997	1998	1999	2000	2001	2002	2003	2004
城市首位度	1.83	1.83	1.83	2.69	2.68	2.69	3.71	3.75	1.72	1.71	1.25
年份	2005	2006	2007	2008	2009	2010	2011	2012	2013	2014	—
城市首位度	1.28	1.28	1.29	1.29	1.30	1.29	1.29	1.29	1.29	1.29	—

七　海南省城市首位度

从表 7–13 可以发现，海南省历年城区人口最多的城市一直是省会海口市，三亚市也一直保持着次位城市地位，这与海南省城市数量较少、城市人口集聚度较低、人口总数较低、全省外来人口较少有关。

从海南省城区人口一、二位城市的人口数量也可以发现，海南省城市城区人口数量整体偏低。2014 年海口市和三亚市城区人口分为 165.3 万和 58.6 万，与东部地区其他省份有着不小的差距。

表 7–13　　　　1994—2014 年海南省城区人口一、二位城市　　　　单位：万

年份	人口	第一位城市	人口	第二位城市
1994	75.4	海口	60.76	三亚
1995	76.77	海口	61.95	三亚
1996	63.3	海口	53.22	三亚
1997	51.41	海口	44.06	三亚
1998	52.79	海口	44.6	三亚
1999	54.38	海口	46.22	三亚
2000	57.34	海口	47.51	三亚
2001	60.2	海口	48.6	三亚

续表

年份	人口	第一位城市	人口	第二位城市
2002	63.88	海口	49.57	三亚
2003	139.19	海口	50.39	三亚
2004	143.07	海口	50.75	三亚
2005	147.3	海口	51.19	三亚
2006	176.68	海口	52.42	三亚
2007	152.94	海口	53.52	三亚
2008	155.82	海口	54.58	三亚
2009	158.24	海口	55.71	三亚
2010	160.43	海口	57.01	三亚
2011	162.4	海口	58.1	三亚
2012	161.6	海口	57.3	三亚
2013	163.2	海口	57.7	三亚
2014	165.3	海口	58.6	三亚

　　基于一、二位城市人口分析，从表7-14可知，海南省城市城区人口虽然总量较小，但后期海南省城区人口增长速度明显快于三亚市，导致海南省城市首位度从2004年开始快速攀升，2013年达到2.83，居东部地区首位。

表 7-14　　　　　　　　　1994—2014 年海南省城市首位度

年份	1994	1995	1996	1997	1998	1999	2000	2001	2002	2003	2004
城市首位度	1.24	1.24	1.19	1.17	1.18	1.18	1.21	1.24	1.72	1.71	1.25
年份	2005	2006	2007	2008	2009	2010	2011	2012	2013	2014	—
城市首位度	1.28	1.28	1.29	2.85	2.84	2.81	2.80	2.82	2.83	2.82	—

第二节　东部省域城市经济发展分析

一　河北省城市经济发展分析

　　从表7-15可以发现，河北省人均GDP最高的城市一直是唐山市，次位城市除1994年和1995年为秦皇岛市外，一直是省会石家庄市，位次排名完全与首位度排名相反。具体来说，1994 年唐山市人均 GDP 达到 5736 元，秦皇岛市也达到 5352 元，两者差距不大。2000 年，唐山市达到 13129 元，第二位石家庄市也达到 10485 元，差距保持在 3000 元以内。但从 2001 年开始，一、二位差距开始扩大，2006 年唐山市达到 32380 元，石家庄市仅有 21000 元，两者相差 11380 元。2014 年两者间的差距进一步扩大，分别为 96631 元和 58850 元，说明人口首位城市石家庄市经济发展水平并不突出。

表 7 - 15　　1994—2014 年河北省城区人口一、二位城市人均 GDP　　单位：元

年份	人均 GDP	第一位城市	人均 GDP	第二位城市
1994	5736	唐山	5352	秦皇岛
1995	7357	唐山	6429	秦皇岛
1996	8907	唐山	7719	石家庄
1997	10359	唐山	8904	石家庄
1998	11334	唐山	9517	石家庄
1999	12029	唐山	10076	石家庄
2000	13129	唐山	10485	石家庄
2001	14379	唐山	12157	石家庄
2002	15715	唐山	13187	石家庄
2003	18387	唐山	14309	石家庄
2004	23017	唐山	16247	石家庄
2005	28466	唐山	18671	石家庄
2006	32380	唐山	21000	石家庄
2007	37765	唐山	24243	石家庄
2008	48054	唐山	28923	石家庄
2009	51179	唐山	44089	石家庄
2010	73639	唐山	33934	石家庄
2011	89393	唐山	50823	石家庄
2012	95679	唐山	53381	石家庄
2013	82831	唐山	48491	石家庄
2014	96631	唐山	58850	石家庄

　　从表 7 - 16 可以发现，河北省整体经济发展水平在东部地区中表现也较为一般。GDP 增长率方面，河北省 2000 年以来就一直偏低，2000 年仅

有 9.5%，2014 年 GDP 增长率仅有 6.5%，居东部地区末位。全省人均 GDP 方面，河北省人均 GDP 在东部地区排位一直靠后。1994 年河北人均 GDP 仅为 3439 元，居东部地区末位；2000 年则升至 7663 元，仅超过海南省；2006 年，人均 GDP 升至 16962 元，依旧居第六位；2014 年，人均 GDP 虽然达到 39984 元，但末位海南省已大幅度缩小与河北省的差距。

表 7 – 16　　　　1994—2014 年河北省人均 GDP 与 GDP 增长率　单位：万元、%

年份	1994	1995	1996	1997	1998	1999	2000	2001	2002	2003	2004
人均 GDP	0.34	0.44	0.54	0.61	0.65	0.69	0.77	0.84	0.91	1.03	1.25
GDP 增长率	14.9	13.9	13.5	12.5	10.7	9.1	9.5	8.7	9.6	11.6	12.9
年份	2005	2006	2007	2008	2009	2010	2011	2012	2013	2014	2015
人均 GDP	1.48	1.70	2.00	2.30	2.46	2.87	3.40	3.66	3.88	4.00	—
GDP 增长率	13.4	13.2	12.8	10.1	10.0	12.2	11.3	9.6	8.2	6.5	—

二　江苏省城市经济发展分析

从表 7 – 17 可以发现，苏州市和无锡市在 1994—2014 年交替成为江苏省人均 GDP 最高的城市，说明江苏省各城市经济发展水平差异较小。1994 年，无锡市和苏州市就已分别达到 14145 元和 12639 元，位居东部地区前列。2000 年，苏州市和无锡市人均 GDP 均翻了一倍。2006 年，苏州市和无锡市分别达到 62526 元和 57899 元。2014 年，苏州市和无锡市则分别升至 129926 元和 126389 元，两者间差距大幅度缩小，说明近年来江苏省一、二位城市发展速度均较快，城市间差异较小。

表 7 – 17　　　1994—2014 年江苏省城区人口一、二位城市人均 GDP　　单位：元

年份	人均 GDP	第一位城市	人均 GDP	第二位城市
1994	14145	无锡	12639	苏州
1995	17656	无锡	15784	苏州
1996	20041	无锡	17474	苏州
1997	21963	无锡	19713	苏州
1998	24042	无锡	21733	苏州
1999	26294	无锡	23592	苏州

续表

年份	人均GDP	第一位城市	人均GDP	第二位城市
2000	27109	无锡	26692	苏州
2001	30526	无锡	30384	苏州
2002	35733	苏州	35087	无锡
2003	47693	苏州	41617	无锡
2004	57992	苏州	50592	无锡
2005	66766	苏州	51034	无锡
2006	62526	苏州	57899	无锡
2007	69151	苏州	65570	无锡
2008	78875	苏州	73733	无锡
2009	83696	苏州	81151	无锡
2010	93043	苏州	92167	无锡
2011	107437	无锡	102129	苏州
2012	117357	无锡	114029	苏州
2013	124640	无锡	123209	苏州
2014	129926	苏州	126389	无锡

从表7-18可以发现，江苏省整体经济发展水平在东部地区中表现较为抢眼。GDP增长率方面，江苏省2000年达到10.6%，2003—2007年持续保持在13%以上，2008年之后虽然有所下降，但仍处于东部地区前列，2014年为8.7%。人均GDP方面，江苏省人均GDP值在东部地区也一直保持着较高排位。1994年，江苏省人均GDP达到5801元，列东部地区第三位；2014年，达到81874元，居东部地区第一位，远超东部地区其他省份；说明江苏省整体经济发展十分迅速。

表7-18　　　　1994—2014年江苏省人均GDP与GDP增长率　单位：万元、%

年份	1994	1995	1996	1997	1998	1999	2000	2001	2002	2003	2004
人均GDP	0.58	0.73	0.85	0.94	1.01	1.07	1.18	1.3	1.44	1.68	2.00
GDP增长率	16.5	15.4	12.2	12.0	11.0	10.1	10.6	10.2	11.7	13.6	14.8
年份	2005	2006	2007	2008	2009	2010	2011	2012	2013	2014	2015
人均GDP	2.5	2.89	3.43	4.00	4.43	5.28	6.23	6.83	7.46	8.19	—
GDP增长率	14.5	14.9	14.9	12.7	12.4	12.7	11.0	10.1	9.6	8.7	—

三 浙江省城市经济发展分析

从表 7 – 19 可以发现，杭州市和宁波市在 1994—2014 年交替成为浙江省人均 GDP 最高的城市，说明浙江省各城市经济发展速度较快，且城市间水平差异较小。1994 年，杭州市和宁波市人均 GDP 分别达到 9924元和 8815 元，在东部地区表现并不突出。但到了 2000 年，杭州市和宁波市的人均 GDP 均翻了一番，分别达到 22342 元和 21208 元，位居东部地区前列。2006 年，杭州市和宁波市分别达到 51878 元和 51460 元，相较于 2000 年水平又翻了一番。2014 年宁波达到 130769 元，成为浙江省人均 GDP 最高的城市，但次位城市杭州市与其差距较小。

表 7 – 19　　1994—2014 年浙江省城区人口一、二位城市人均 GDP　　单位：元

年份	人均 GDP	第一位城市	人均 GDP	第二位城市
1994	9924	杭州	8815	宁波
1995	12797	杭州	12024	宁波
1996	15095	杭州	14846	宁波
1997	17113	杭州	16534	宁波
1998	18611	杭州	17832	宁波
1999	19961	杭州	18946	宁波
2000	22342	杭州	21208	宁波
2001	25074	杭州	24213	宁波
2002	28150	杭州	27541	宁波
2003	32819	杭州	32639	宁波
2004	39293	杭州	39174	宁波
2005	44853	杭州	44156	宁波
2006	51878	杭州	51460	宁波
2007	61258	杭州	61067	宁波
2008	70832	杭州	69997	宁波
2009	74924	杭州	73998	宁波
2010	90175	宁波	86691	杭州
2011	105334	宁波	101370	杭州
2012	114065	宁波	111758	杭州
2013	123139	宁波	118589	杭州
2014	130769	宁波	129448	杭州

从表 7 - 20 可以发现，浙江省整体经济发展水平在东部地区中表现较为突出。GDP 增长率方面，浙江省 1994 年就达到 19.97%，2014 年为 7.6%。虽然增长率有所下降，但从全省人均 GDP 方面来看，浙江省人均 GDP 在东部地区也一直保持着较高排名。1994 年，浙江省人均 GDP 达到 6201 元，居东部地区第二位；2014 年达到 73002 元，居东部地区第二位，远超东部地区其他省份；说明浙江省整体经济发展也十分迅速。

表 7 - 20　　1994—2014 年浙江省人均 GDP 与 GDP 增长率　单位：万元、%

年份	1994	1995	1996	1997	1998	1999	2000	2001	2002	2003	2004
人均 GDP	0.62	0.81	0.96	1.06	1.14	1.22	1.34	1.47	1.70	2.01	2.48
GDP 增长率	19.97	16.78	12.7	11.1	10.17	10.0	11.4	10.7	12.6	14.7	14.48
年份	2005	2006	2007	2008	2009	2010	2011	2012	2013	2014	2015
人均 GDP	2.27	3.19	3.74	4.14	4.38	5.17	5.92	6.34	6.85	7.30	—
GDP 增长率	12.8	13.88	14.71	10.1	8.94	11.9	9.05	8	8.2	7.6	—

四　福建省城市经济发展分析

从表 7 - 21 可以发现，1994—2014 年，厦门市一直是福建省人均 GDP 最高的城市，福州市则一直位居第二。1994 年，厦门市就已达到 15662 元，而福州市仅为 6244 元，一、二位城市差距较大。2000 年，厦门市和福州市人均 GDP 分别达到 38233 元和 14841 元，差距进一步放大。2014 年，厦门市和福州市分别达到 86832 元和 69995 元，两者差距有所缩小，但与东部其他省份差距较大。

表 7 - 21　　1994—2014 年福建省城区人口一、二位城市人均 GDP　单位：元

年份	人均 GDP	第一位城市	人均 GDP	第二位城市
1994	15662	厦门	6244	福州
1995	20645	厦门	8219	福州
1996	24385	厦门	10126	福州
1997	28772	厦门	11891	福州
1998	31848	厦门	13330	福州
1999	34735	厦门	14308	福州

续表

年份	人均GDP	第一位城市	人均GDP	第二位城市
2000	38233	厦门	14841	福州
2001	42039.52	厦门	15835	福州
2002	47271	厦门	19387.37	福州
2003	35009	厦门	20520	福州
2004	40147	厦门	23444	福州
2005	44737	厦门	22301	福州
2006	50130	厦门	24874	福州
2007	56188	厦门	29601	泉州
2008	62651	厦门	34840	泉州
2009	68938	厦门	39227	泉州
2010	67880	厦门	44667	福州
2011	70832	厦门	52245	泉州
2012	77340	厦门	58202	福州
2013	81572	厦门	64045	福州
2014	86832	厦门	69995	福州

从表7-22可以发现，福建省整体经济发展水平在东部地区处于中游水平。GDP增长率方面，2000年福建省就达到9.3%，2000—2013年则表现为先升后降，2014年仍达到9.9%。人均GDP方面，福建省人均GDP在东部地区排位也一直处于平均水平。1994年，福建省人均GDP达到5193元，居东部地区第四位；2014年则升为63472元，居东部地区第五位。

表7-22　　　　　1994—2014年福建省人均GDP与GDP增长率　单位：万元、%

年份	1994	1995	1996	1997	1998	1999	2000	2001	2002	2003	2004
人均GDP	0.52	0.65	0.76	0.88	0.96	1.03	1.12	1.17	1.27	1.41	1.62
GDP增长率	20.3	14.6	13.3	14.0	10.8	9.9	9.3	8.7	10.2	11.5	11.8
年份	2005	2006	2007	2008	2009	2010	2011	2012	2013	2014	2015
人均GDP	1.86	2.15	2.59	2.98	3.34	4	4.74	5.28	5.79	6.35	—
GDP增长率	11.6	13.4	15.2	13.0	12.3	13.9	12.3	11.4	11.0	9.9	—

五 山东省城市经济发展分析

从表 7-23 可以发现，东营市和威海市在 1994—2014 年交替成为山东省人均 GDP 最高的城市。1994 年，东营市和威海市就已分别达到 11839 元和 10889 元，位居东部地区前列。2000 年，东营市和威海城市人均 GDP 均翻了一倍。2006 年，东营市和威海市分别达到 74050 元和 54860 元。2014 年，两者间差距迅速扩大，东营市达到 163982 元，威海市则仅为 99392 元；说明近年来，山东省城市间经济发展差异有扩大化趋势。

表 7-23　　　1994—2014 年山东省城区人口一、二位城市人均 GDP　　单位：元

年份	人均 GDP	第一位城市	人均 GDP	第二位城市
1994	11839	东营	10889	威海
1995	14056	东营	13153	威海
1996	15707	东营	15436	威海
1997	18041	东营	17323	威海
1998	18790	威海	18779	东营
1999	20359	威海	19471	东营
2000	27139	东营	22746	威海
2001	29015	东营	25380	威海
2002	30966	东营	28434	威海
2003	39528	东营	32288	威海
2004	50229	东营	40677	威海
2005	64907	东营	47028	威海
2006	74050	东营	54860	威海
2007	84081	东营	63226	威海
2008	102741	东营	63519	威海
2009	103246	东营	68614	威海
2010	116448	东营	69187.44	威海
2011	130811	东营	75563	青岛
2012	145395	东营	83516	威海
2013	156356	东营	91010	威海
2014	163982	东营	99392	威海

从表 7-24 可以发现，山东省整体经济发展水平在东部地区处于中游水平。GDP 增长率方面，2000 年山东省为 10.5%，2014 年则为 8.7%，

均属于东部地区中等水平。人均 GDP 方面，山东省人均 GDP 值在东部地区排位也一直处于中等靠后。1994 年，山东省人均 GDP 达到 4473 元，居东部地区第六位；2014 年虽然达到 60879 元，但居东部地区第五位。

表 7 - 24　　　　1994—2014 年山东省人均 GDP 与 GDP 增长率　单位：万元、%

年份	1994	1995	1996	1997	1998	1999	2000	2001	2002	2003	2004
人均 GDP	0.45	0.58	0.68	0.76	0.81	0.87	0.96	1.02	1.13	1.33	1.64
GDP 增长率	16.3	14.2	12.2	11.2	10.8	10.1	10.5	10.1	11.73	13.4	15.3
年份	2005	2006	2007	2008	2009	2010	2011	2012	2013	2014	2015
人均 GDP	2.01	2.38	2.78	3.29	3.59	4.11	4.73	5.18	5.63	6.09	—
GDP 增长率	15.2	14.7	14.3	12.1	12.2	12.5	10.9	9.8	9.6	8.7	—

六　广东省城市经济发展分析

从表 7 - 25 可以发现，1994—2014 年广东省人均 GDP 最高的城市不断变化，说明广东省各城市经济发展速度较快，且城市间水平差异较小。1994 年，一、二位城市分别为珠海市和深圳市，分别为 19264 元和 16954 元，居东部地区首位。1999 年，一、二位城市变为广州市和深圳市，分别达到 31478 元和 29747 元，继续保持东部地区前列首位。从 2005 年开始，深圳市超过广州市，成为首位城市。2014 年，深圳市、广州市分别达到 149495 元和 137967 元，仍然位居东部地区前列。

表 7 - 25　　1994—2014 年广东省城区人口一、二位城市人均 GDP　单位：元

年份	人均 GDP	第一位城市	人均 GDP	第二位城市
1994	19264	珠海	16954	深圳
1995	23381	深圳	21208	珠海
1996	27005	深圳	20327	佛山
1997	30619	深圳	25377	广州
1998	33282	深圳	24230	佛山
1999	31478	广州	29747	深圳
2000	32800	深圳	27770.1	珠海
2001	34822.13	深圳	29221.55	珠海

续表

年份	人均 GDP	第一位城市	人均 GDP	第二位城市
2002	51038	东莞	46388	深圳
2003	60158	东莞	54545	深圳
2004	71995	东莞	59271	深圳
2005	60801.42	深圳	53809.27	广州
2006	69450	深圳	63184	广州
2007	79645	深圳	72123	广州
2008	89814	深圳	76440	广州
2009	84147	深圳	79383	广州
2010	94297	深圳	87458.01	广州
2011	110421	深圳	97588	广州
2012	123247	深圳	105909	广州
2013	136948	深圳	127019.68	广州
2014	149495	深圳	137967	广州

从表7-26可以发现,广东省整体经济发展水平在东部地区中表现也较为突出。GDP增长率方面,广东省1994年就达到19.7%,2008年后开始有所下降,2014年为7.8%。虽然增长率有所下降,但从人均GDP方面来看,广东省人均GDP值在东部地区排位也一直保持着较高位次。1994年,广东省人均GDP达到6530元,居东部地区首位;2014年,就已达到63469元,稳定在东部地区第三位,远远超过东部地区其他省份。

表7-26　　　　1994—2014年广东省人均 GDP 与 GDP 增长率　单位:万元、%

年份	1994	1995	1996	1997	1998	1999	2000	2001	2002	2003	2004
人均 GDP	0.65	0.81	0.91	1.01	1.08	1.14	1.27	1.39	1.54	1.78	2.09
GDP 增长率	19.7	15.6	11.3	11.2	10.8	10.1	11.5	10.5	12.4	14.8	14.8
年份	2005	2006	2007	2008	2009	2010	2011	2012	2013	2014	2015
人均 GDP	2.46	2.87	3.39	3.76	3.94	4.47	5.08	5.41	5.85	6.35	—
GDP 增长率	13.8	14.1	14.9	10.4	9.7	12.4	10.0	8.2	8.5	7.8	—

七　海南省城市经济发展分析

从表 7 - 27 可以发现，1994—2008 年海南省人均 GDP 最高的城市一直为海口市，2009—2014 年则变为三亚市。由于总量偏小等因素制约，海南省城市人均 GDP 值一直居东部地区末位。2014 年，三亚市和海口市人均 GDP 分别为 54584 元和 49943 元，列东部地区末位。

表 7 - 27　　　1994—2014 年海南省城区人口一、二位城市人均 GDP　　　单位：元

年份	人均 GDP	第一位城市	人均 GDP	第二位城市
1994	15660	海口	—	
1995	16075	海口	—	
1996	16608	海口	—	
1997	17127	海口	—	
1998	17039	海口	—	
1999	17854	海口	8633	琼海
2000	23919	海口	9268	琼海
2001	24782	海口	9342	琼海
2002	26226	海口	9970	琼海
2003	16730	海口	10885	琼海
2004	18519	海口	12130	琼海
2005	21473	海口	14560	三亚
2006	24286	海口	21090	三亚
2007	26741	海口	24520	三亚
2008	29601	海口	28418	三亚
2009	33124	三亚	31541	海口
2010	46596	三亚	38731	海口
2011	42236	三亚	39716	儋州
2012	46370	三亚	44719	儋州
2013	51335	三亚	46902	儋州
2014	54584	三亚	49943	海口

注："—"标注为信息缺失。

从表 7 - 28 可以发现，海南省整体经济发展水平也低于东部地区其他省份。GDP 增长率方面，海南省 1994 年为 25.2%，2014 年降为 10.2%。

从人均 GDP 方面来看，海南省人均 GDP 值也一直处于东部地区末位，2014 年仅为 38923 元。

表 7 – 28　　　1994—2014 年海南省人均 GDP 与 GDP 增长率　单位：万元、%

年份	1994	1995	1996	1997	1998	1999	2000	2001	2002	2003	2004
人均 GDP	0.47	0.51	0.53	0.56	0.6	0.64	0.69	0.73	0.8	0.86	0.98
GDP 增长率	25.2	7.68	5.59	4.13	8.17	5.99	8.01	6.11	9.92	6.85	14.2
年份	2005	2006	2007	2008	2009	2010	2011	2012	2013	2014	2015
人均 GDP	1.12	1.28	1.49	1.77	1.93	2.38	2.89	3.24	3.53	3.89	—
GDP 增长率	13.7	14.7	16.4	18.5	8.84	23.7	21.26	12.04	9.08	10.2	—

第三节　东部省域城市首位度最优规模分析

一　河北省城市首位度的最优规模分析

从表 7 – 29 和图 7 – 1 可以发现，河北省 1994—2014 年城市首位度与人均 GDP 之比波动较大；说明河北省在此期间城市首位度带动效率低，全省经济发展处于不稳定发展阶段；2014 年，人均 GDP 与城市首位度之比仅为 3.33，城市首位度带动经济发展效率偏低。

表 7 – 29　　　1994—2014 年河北省城市首位度与经济发展水平　单位：万元、%

年份	1994	1995	1996	1997	1998	1999	2000	2001	2002	2003	2004
人均 GDP	0.34	0.44	0.54	0.61	0.65	0.69	0.77	0.84	0.91	1.03	1.25
GDP 增长率	1.17	0.89	0.92	1.33	1.33	1.12	0.83	0.66	0.8	0.64	0.63
城市首位度带动效率	0.29	0.5	0.58	0.46	0.49	0.62	0.92	1.26	1.14	1.6	1.98
年份	2005	2006	2007	2008	2009	2010	2011	2012	2013	2014	2015
人均 GDP	1.48	1.70	2.00	2.30	2.46	2.87	3.40	3.66	3.88	4.00	—
城市首位度	0.66	0.82	1.23	0.81	1.38	1.36	1.21	1.21	1.1	1.2	—
城市首位度带动效率	2.24	2.06	1.63	2.86	1.78	2.11	2.8	3.01	3.53	3.33	—

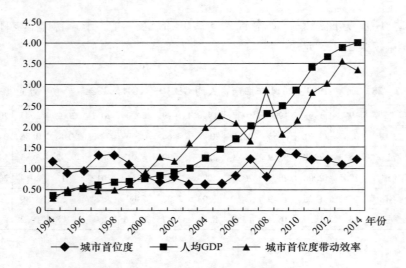

图 7 - 1 1994—2014 年河北省城市首位度与经济发展水平

二 江苏省城市首位度的最优规模分析

从表 7 - 30 和图 7 - 2 可以发现，江苏省 1994—2014 年前期城市首位度与人均 GDP 增长差异较小，两者处于同步协调发展状态；从 2006 年起两者差异开始迅速扩大，人均 GDP 开始迅速增长，城市首位度带动经济发展效率明显强于河北省；说明江苏省在 2006—2014 年，城市首位度带动全省经济发展的效率明显提高，进入强有效发展阶段；2014 年，人均 GDP 与城市首位度之比达到 4.26。

表 7 - 30　　　　1994—2014 年江苏省城市首位度与经济发展水平 单位：万元、%

年份	1994	1995	1996	1997	1998	1999	2000	2001	2002	2003	2004
城市首位度	1.71	1.73	1.83	1.83	1.82	1.85	1.8	1.41	1.8	1.83	1.85
人均 GDP	0.58	0.73	0.85	0.94	1.01	1.07	1.18	1.3	1.44	1.68	2
城市首位度带动效率	0.34	0.42	0.46	0.51	0.55	0.58	0.65	0.92	0.8	0.92	1.08
年份	2005	2006	2007	2008	2009	2010	2011	2012	2013	2014	2015
城市首位度	1.88	2.26	1.93	1.95	1.99	1.97	1.75	1.68	1.93	1.92	—
人均 GDP	2.5	2.89	3.43	4.00	4.43	5.28	6.23	6.83	7.46	8.19	—
城市首位度带动效率	1.33	1.28	1.77	2.05	2.23	2.68	3.57	4.06	3.86	4.26	—

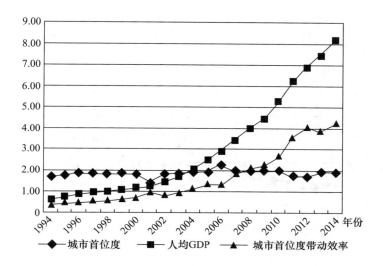

图 7 – 2　1994—2014 年江苏省城市首位度与经济发展水平

三　浙江省城市首位度的最优规模分析

从表 7 – 31 和图 7 – 3 可以发现，浙江省 1994—2014 年前期城市首位度与人均 GDP 基本保持一致发展；从 2006 年起两者差异开始扩大，人均 GDP 开始迅速增长，但由于浙江省拥有较高的城市首位度，带动效率处于东部地区第六位，仅高于海南省；2014 年带动效率指数仅为 3.04。

表 7 – 31　　　　1994—2014 年浙江省城市首位度与经济发展水平 单位：万元、%

年份	1994	1995	1996	1997	1998	1999	2000	2001	2002	2003	2004
城市首位度	1.03	1.04	1.43	1.21	1.22	1.23	1.25	2.64	1.9	1.9	1.91
人均 GDP	0.62	0.81	0.96	1.06	1.14	1.22	1.35	1.47	1.7	2.01	2.48
城市首位度带动效率	0.6	0.78	0.67	0.88	0.93	0.99	1.08	0.56	0.89	1.06	1.3

年份	2005	2006	2007	2008	2009	2010	2011	2012	2013	2014	2015
城市首位度	1.92	1.92	1.92	1.93	1.94	1.95	1.96	1.97	1.98	2.4	—
人均 GDP	2.77	3.19	3.74	4.14	4.38	5.17	5.92	6.34	6.85	7.3	—
城市首位度带动效率	1.44	1.66	1.95	2.15	2.26	2.66	3.02	3.22	3.46	3.04	—

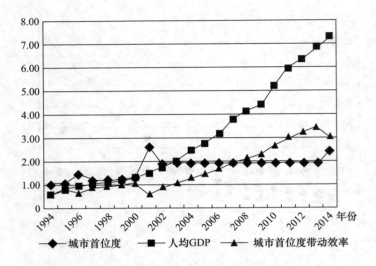

图 7 - 3   1994—2014 年浙江省城市首位度与经济发展水平

四   福建省城市首位度的最优规模分析

从表 7 - 32 和图 7 - 4 可以发现，福建省 1994—2014 年前期城市首位度与人均 GDP 基本保持一致发展；从 2006 年起两者差异开始扩大，人均 GDP 开始迅速增长；但凭借较低的城市首位度规模，福建省的城市首位度带动效率明显高于其他东部省份，仅次于山东省；说明福建省在 2006—2014 年，城市首位度带动全省经济发展的效率明显提高，进入强有效发展阶段，但带动效率略小于山东省。

表 7 - 32   1994—2014 年福建省城市首位度与经济发展水平 单位：万元、%

年份	1994	1995	1996	1997	1998	1999	2000	2001	2002	2003	2004
城市首位度	1.02	1.04	1.05	1.14	1.14	1.13	1.13	1.14	1.27	1.21	1.19
人均 GDP	0.52	0.65	0.76	0.88	0.96	1.03	1.12	1.17	1.27	1.41	1.62
城市首位度带动效率	0.51	0.63	0.73	0.77	0.85	0.92	0.99	1.02	1	1.16	1.37
年份	2005	2006	2007	2008	2009	2010	2011	2012	2013	2014	2015
城市首位度	1.16	1.13	1.11	1.13	1.14	1.14	1.14	1.14	1.13	1.12	—
人均 GDP	1.86	2.15	2.59	2.98	3.34	4	4.74	5.28	5.79	6.35	—
城市首位度带动效率	1.61	1.9	2.33	2.63	2.94	3.5	4.14	4.62	5.11	5.65	—

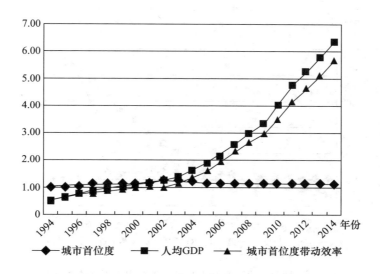

图 7 - 4　1994—2014 年福建省城市首位度与经济发展水平

五　山东省城市首位度的最优规模分析

从表 7 - 33 和图 7 - 5 可以发现，山东省从 2006 年起两者差异开始扩大，人均 GDP 开始迅速增长；说明山东省在 2006—2014 年，城市首位度带动全省经济发展的效率明显提高，进入强有效发展阶段，带动效率居东部地区首位；2014 年带动效率指数达到 5.93，属于东部地区城市首位度发展最优省份，达到东部地区省域城市首位度发展最优规模。

表 7 - 33　　1994—2014 年山东省城市首位度与经济发展水平 单位：万元、%

年份	1994	1995	1996	1997	1998	1999	2000	2001	2002	2003	2004
城市首位度	1.05	1.04	1.04	1.03	1.03	1.02	1.02	1.19	1.2	1.22	1.24
人均 GDP	0.45	0.58	0.68	0.76	0.81	0.87	0.96	1.02	1.13	1.33	1.64
城市首位度带动效率	0.43	0.55	0.66	0.74	0.79	0.85	0.94	0.86	0.94	1.08	1.32
年份	2005	2006	2007	2008	2009	2010	2011	2012	2013	2014	2015
城市首位度	1.26	1.27	1.27	1.26	1.25	1.24	1.24	1.03	1.03	1.03	—
人均 GDP	2.01	2.38	2.78	3.29	3.59	4.11	4.73	5.18	5.63	6.09	—
城市首位度带动效率	1.59	1.87	2.19	2.62	2.87	3.3	3.8	5.01	5.46	5.93	—

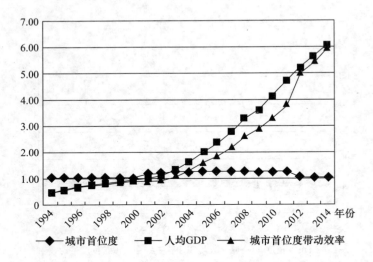

图 7 – 5　1994—2014 年山东省城市首位度与经济发展水平

六　广东省城市首位度的最优规模分析

从表 7 – 34 和图 7 – 6 可以发现，广东省在 2003 年以前处于城市首位度低效率发展阶段，该阶段广东省有着较高的城市首位度，经济发展速度却相对较慢。从 2006 年起两者差异开始扩大，人均 GDP 开始迅速增长；说明广东省在 2006—2014 年，城市首位度带动全省经济发展的效率明显提高，进入强有效发展阶段。该阶段，城市首位度带动效率大幅度攀升，2014 年人均 GDP 与城市首位度之比达到 4.92。

表 7 – 34　　　1994—2014 年广东省城市首位度与经济发展水平 单位：万元、%

年份	1994	1995	1996	1997	1998	1999	2000	2001	2002	2003	2004
城市首位度	1.83	1.83	1.83	2.69	2.68	2.69	3.71	3.75	1.72	1.71	1.25
人均 GDP	0.65	0.81	0.91	1.01	1.08	1.14	1.27	1.39	1.54	1.78	2.09
城市首位度带动效率	0.36	0.44	0.5	0.38	0.4	0.42	0.34	0.37	0.89	1.04	1.67
年份	2005	2006	2007	2008	2009	2010	2011	2012	2013	2014	2015
城市首位度	1.28	1.28	1.29	1.29	1.3	1.29	1.29	1.29	1.29	1.29	—
人均 GDP	2.46	2.87	3.39	3.76	3.94	4.47	5.08	5.41	5.85	6.35	—
城市首位度带动效率	1.93	2.24	2.63	2.91	3.03	3.48	3.95	4.19	4.54	4.92	—

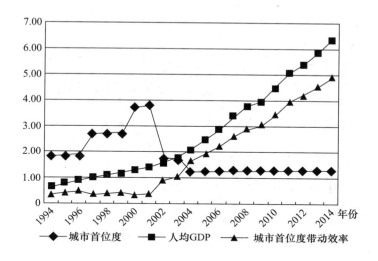

图 7 - 6　1994—2014 年广东省城市首位度与经济发展水平

七　海南省城市首位度的最优规模分析

从表 7 - 35 和图 7 - 7 可以发现，海南省在 1994—2014 年城市首位度拉动效率居东部地区末位，较高的城市首位度未能有效转化为经济发展的动力，2014 年带动效率指数仅为 1.38，远远低于其他省份。

表 7 - 35　　　1994—2014 年海南省城市首位度与经济发展水平 单位：万元、%

年份	1994	1995	1996	1997	1998	1999	2000	2001	2002	2003	2004
城市首位度	1.24	1.24	1.19	1.17	1.18	1.18	1.21	1.24	1.29	2.76	2.82
人均 GDP	0.47	0.51	0.53	0.56	0.6	0.64	0.69	0.73	0.8	0.86	0.98
城市首位度带动效率	0.38	0.41	0.45	0.48	0.51	0.54	0.57	0.59	0.62	0.31	0.35
年份	2005	2006	2007	2008	2009	2010	2011	2012	2013	2014	2015
城市首位度	2.88	3.37	2.86	2.85	2.84	2.81	2.8	2.82	2.83	2.82	—
人均 GDP	1.12	1.28	1.49	1.77	1.93	2.38	2.89	3.24	3.53	3.89	—
城市首位度带动效率	0.39	0.38	0.52	0.62	0.68	0.85	1.03	1.15	1.25	1.38	—

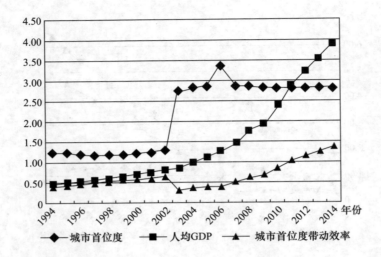

图 7 - 7 1994—2014 年海南省城市首位度与经济发展水平

第八章　中部省域城市首位度最优规模研究

第七章的研究明确了城市首位度与经济增长之间存在一定的因果关系，并给出了两者之间的简单线性关系，那么首位度是否越大越好，还是进行必要限制？就经济增长来说，其最优规模是什么？针对这些问题，本章以中部六省城市首位度最佳规模为主要研究内容，对上述问题进行明确的解答。

在第七章的研究中发现，城市首位度主要与人均 GDP 之间存在因果关系，但也不完全排除与 GDP 首位度和 GDP 增长率之间存在因果关系，于是，在本章的研究中，依然采用同上一章关系存在性检验相类似的内容，即分别分析城市首位度关于 GDP 首位度、GDP 增长率和人均 GDP 的最优规模，并根据这些分析结果总结关于中部省域城市首位度的一般规律。

关于研究的相关指标和数据来源，前两章的分析由于涉及经济首位度，为使统计量的一致而采用了城市总人口所计算的城市首位度，本章重在城市规模研究，当前学术界在此方面的研究多用常住人口、非农人口来衡量，因此，为了和当前有关首位度的研究标准相符合、研究结论相比较，同时为了得到更显著的实证结论，本章采用城市非农人口数量计算的城市首位度进行分析。在次位城市的选取原则上，则是根据城市非农人口最多的城市作为次位城市，由此得到城市首位度。数据仍然来自相应的统计年鉴，在研究方法上，前面的分析均采用线性模型，发现部分结果并不理想，为更好地迎合实际需要，运用非线性的阈值回归模型来确定最优值，同时用时变参数来进行后续的相关验证。

第一节　城市首位度与经济首位度
最优规模分析

一　江西省城市首位度最优规模确定

根据相关研究，柯布—道格拉斯生产函数是关于经济增长的基本模型，经济产出是资本和劳动力两大因素所形成的结果。此外，第七章研究也明确了首位度不是推动经济增长的唯一原因，而首位度在一定程度上反映了劳动力的集聚情况，城市发展以城市基础设施建设为基础，因此引入固定资产投资和城市首位度作为经济增长的两大因素。

首先，定义固定资产投资增长率（FAI）：

$$FAI_t = \frac{FAIM_t - FAIM_{t-1}}{FAIM_{t-1}} \times 100\%$$

式中，$FAIM$ 表示固定资产投资额，t 表示年份即 1985—2011 年。进一步地，可建立首位度与经济增长模型：

$$GDPS_t = \beta_1 SWD_t + \beta_2 FAI_t + \beta_0 + e_t$$

式中，$GDPS_t$ 表示在第 t 年的 GDP 首位度，SWD_t 表示第 t 年的城市首位度，FAI_t 表示第 t 年的固定资产投资增长率，β_0 是所对应变量的系数。

门槛回归（也称阈值回归）是非线性回归模型的一种，其核心思想在于确定不同阶段变量之间的不同关系，并确定出现关系变化的"临界点"，对于研究区域经济问题具有良好的操作性。

这里仍以传统的城市首位度（SWD）作为门槛变量，从而确定城市首位度的最优值。汉森（Hansen，1996；2000）提出的门槛回归方法是当前主流的非线性回归中"临界值"的确定方法，根据该方法，首先建立门槛回归模型：

$$y_t = \theta' x_t + \rho' x_t \{\gamma\} + e_t$$

式中，y_t 是被解释变量，x_t 是解释变量，$x_t\{\gamma\} = x_t I_t(\gamma)$，$\gamma$ 是门槛值。虚拟变量 $I_t(\gamma) = \{q_t \leq \gamma\}$，$\{\cdot\}$ 是指示函数，可知，当 $q_t \leq \gamma$ 时，$I = 1$，否则，$I = 0$。θ、ρ、γ 为待估参数。通过进一步求出估计值和参数值，得到估计残差平方和：

$$S_1(\gamma) = \hat{e}_t(\gamma)' \hat{e}_t(\gamma)$$

进而得到最优门槛值为：

$$\hat{\gamma} = \mathrm{argmin} S_1(\gamma)$$

残差方差为：

$$\hat{\sigma}^2 = \frac{1}{T} \hat{e}' \hat{e} = \frac{1}{T} S_1(\gamma)$$

门槛回归模型显著性检验的目的是，检验以门槛值划分的两组样本其模型估计参数是否显著不同。因此，不存在门槛值的零假设为：H_0：$\theta_1 = \theta_2$。同时构造 LM 统计量：

$$LM = n \frac{S_0 - S_n(\hat{\gamma})}{S_n(\hat{\gamma})}$$

式中，S_0 是零假设下的残差平方和。由于 LM 统计量并不服从标准分布，因此，汉森（2000）提出了利用"自举法"（Bootstrap，也称"拔靴法"）得到渐进分布的想法，进而得出相应的概率 P 值，也称为 Bootstrap P 值。

使用 Bootstrap 方法来获得检验统计量及 P 值，使用 Matlab 7.0 进行回归的相关计算。结果如表 8 - 1 所示。

表 8 - 1　　　　　　　　　　江西省门槛值的检验

假设检验	LM 统计量	P 值	检验结果	门槛值
H_0：没有门槛值 H_1：有 1 个门槛值	8.3501	0.0350	拒绝原假设	2.5563

在原假设为没有门槛值的条件下，得到的 LM 统计量为 8.3501，自举法计算的 P 值为 0.0350，这表明在 0.05 的显著性水平下可以拒绝原假设，即存在 1 个门槛值，门槛值为 2.5563。由于门槛值把原始样本划分为两部分，且两部分样本均为较小样本，所以不再检验两个及更多门槛值。

通过门槛估计，得到门槛的置信区间如图 8 - 1 所示。

由图 8 - 1 可以看到，门槛值的 95% 的置信区间为：（2.4010，3.7232）。此时，城市首位度 ≤ 2.5563 的年份有 9 个，城市首位度 > 2.5563 的有 18 个。在确认城市首位度只存在一个门槛值的条件下，可以依据门槛值把样本分成两个范围，分析 GDP 首位度与城市首位度的非线性回归关系，以及城市首位度在两个范围内对 GDP 首位度影响的差异。

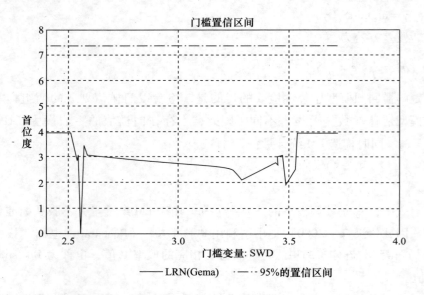

图 8 - 1　江西省城市首位度的门槛置信区间

表 8 - 2 和表 8 - 3 是门槛回归结果。其中，表 8 - 2 显示的是城市首位度不大于 2.5563 时的门槛回归结果。表 8 - 3 显示的是城市首位度 > 2.5563 时的门槛回归结果。

表 8 - 2　江西省参数估计（1）：城市首位度≤2.5563，样本个数：9

解释变量	估计系数	标准差	t 统计量	自由度	P 值
常数	3.9955	1.2754	3.1327	6	P < 0.05
SWD	- 0.9622	0.5199	- 0.2743	6	P > 0.05
FAI	0.1108	0.1161	0.6337	6	P > 0.05

表 8 - 3　江西省参数估计（2）：城市首位度 >2.5563，样本个数：18

解释变量	估计系数	标准差	t 统计量	自由度	P 值
常数	0.4025	0.1636	2.4595	15	P < 0.05
SWD	0.5224	0.0503	17.7933	15	P < 0.05
FAI	- 0.0963	0.0759	- 1.4789	15	P > 0.05

　　从表 8 – 2 和表 8 – 3 中可知：当城市首位度≤2.5563 时，城市首位度 SWD 的估计系数为 – 0.9622，固定资产投资增长率 FAI 的估计系数为 0.1108。说明城市首位度对 GDP 首位度产生了负面影响且不显著，而固定资产投资增长率对 GDP 首位度产生了有利影响且不显著。当城市首位度 >2.5563 时，SWD 的估计系数为 0.5224，FAI 的估计系数为 – 0.0963。说明在此条件下，城市首位度对 GDP 首位度具有正面影响且显著。而固定资产投资增长率对 GDP 有负面影响且不显著。

　　由上述分析可知，江西省城市首位度与 GDP 首位度之间存在门槛效应，在城市首位度≤2.5563 时，城市首位度对 GDP 首位度有负面影响；在城市首位度 >2.5563 时，城市首位度对 GDP 首位度有正面影响。综上所述，江西省的城市首位度具有门槛效应，且最优城市首位度为 2.5563。

　　对城市首位度和 GDP 首位度，按照年份作图，得到图 8 – 2。

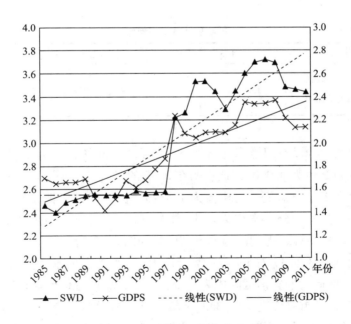

图 8 – 2　江西省 GDP 首位度与城市首位度的散点图

　　图 8 – 2 中，线性表示相应变量的线性发展趋势。虚线表示城市首位度的门槛值，虚线以下部分表示城市首位度小于等于门槛值 2.5563 的年

份，点画线以上部分表示城市首位度大于门槛值 2.5563 的年份。由图 8 - 2 中发现，江西省城市首位度与 GDP 首位度整体均一直处于增长的趋势。在 1991 年出现城市首位度门槛值以前，城市首位度缓慢增长，但 GDP 首位度整体下降。1991 年之后城市首位度迅速增长，且波动很大，同时 GDP 首位度也迅速增长，同样伴随波动。可见，城市首位度与经济增长具有非线性关系。

二 中部其他五省的相关分析

采用上述同样的分析方法和步骤，对中部其他五省份的城市首位度进行最优规模的确定，具体分析结果如下。

（一）河南省

以城市首位度（SWD）作为门槛变量，利用 Matlab 7.0 进行门槛回归分析，从而确定城市首位度的最优值，使用 Bootstrap 方法来获得检验统计量及 P 值。结果如表 8 - 4 所示。

表 8 - 4　　　　　　　　　　河南省门槛值的检验

假设检验	LM 统计量	P 值	检验结果	门槛值
H_0：没有门槛值 H_1：有 1 个门槛值	13.6456	0.0000	拒绝原假设	1.5343

在原假设为没有门槛值的条件下，得到的 LM 统计量为 13.6456，自举法计算的 P 值为 0.0000，这表明在 0.05 的显著性水平下可以拒绝原假设，即存在 1 个门槛值，门槛值为 1.5343。由于门槛值把原始样本划分为两部分，且两部分样本均为较小样本，所以不再检验两个及更多门槛值。通过门槛估计，得到门槛的置信区间如图 8 - 3 所示。

由图 8 - 3 可以看到，门槛值的 95% 的置信区间为：（1.5343，1.5343），即此时的置信区间成为一个置信点，城市首位度≤1.5343 的年份有 14 个，城市首位度 >1.5343 的有 13 个。在确认城市首位度只存在 1 个门槛值的条件下，可以依据门槛值把样本分成两个范围，分析 GDP 首位度与城市首位度的非线性回归关系，以及城市首位度在两个范围内对 GDP 首位度影响的差异。表 8 - 5 和表 8 - 6 是门槛回归结果。

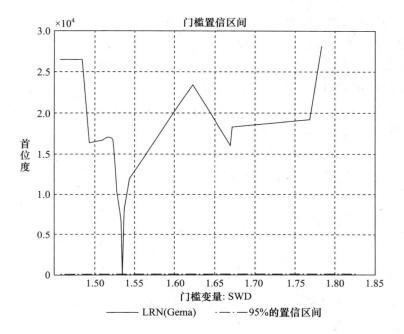

图8-3　河南省城市首位度的门槛置信区间

表8-5　　河南省参数估计（1）：城市首位度≤1.5343，样本个数：14

解释变量	估计系数	标准差	t统计量	自由度	P值
常数	7.598457	0.495324	15.34037721	11	P<0.05
SWD	-4.028925	0.327550	-1.264859814	11	P>0.05
FAI	0.039926	0.097739	0.290693775	11	P>0.05

表8-6　河南省参数估计（2）：城市首位度大于1.5343，样本个数：13

解释变量	估计系数	标准差	t统计量	自由度	P值
常数	2.662221	0.277345	9.598950765	10	P<0.05
SWD	-0.529459	0.171703	-1.117050539	10	P>0.05
FAI	-0.284821	0.125443	-1.787925792	10	P>0.05

门槛值为1.5343，当城市首位度≤1.5343时，SWD的估计系数为-4.028925，FAI的估计系数为0.039926。说明城市首位度对GDP首位

度产生负面影响，而固定资产投资增长率则为有利影响，两者均不显著。当城市首位度 > 1.5343 时，SWD 的估计系数为 - 0.529459，FAI 的估计系数为 - 0.284821，说明在这一条件下，城市首位度与固定资产投资增长率对 GDP 首位度均为负面影响，且仍均不显著。因此，河南省的最优城市首位度是 1.5343。结合河南省城市首位度和 GDP 首位度，作散点图（见图 8 - 4）。

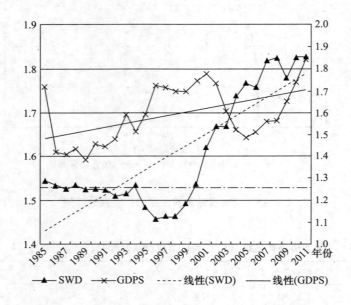

图 8 - 4　河南省 GDP 首位度与城市首位度的散点图

图 8 - 4 中，线性表示相应变量的线性发展趋势，虚线表示城市首位度的门槛值 1.5343。虚线以下部分表示城市首位度小于等于门槛值 1.5343 的年份，虚线以上部分表示城市首位度大于门槛值 1.5343 的年份。从图中可以发现，当城市首位度低于门槛值时，城市首位度呈现下降趋势，而 GDP 首位度呈现上升趋势。当城市首位度高于门槛值时，城市首位度仍然为上升趋势，而 GDP 首位度先表现出下降趋势，然后随着城市首位度的波动增长而表现为增长趋势。由此可见，河南省的城市首位度与 GDP 首位度相互影响，且城市首位度存在门槛效应。

（二）山西省

同上述模型，使用 Bootstrap 方法来获得检验统计量及 P 值。结果如

表8-7所示。

表8-7   山西省门槛值的检验

假设检验	LM 统计量	P 值	检验结果
H$_0$：没有门槛值 H$_1$：有 1 个门槛值	4.529871	0.687000	接受原假设

通过门槛值检验结果，得到 LM 统计量为 4.529871，对应 P 值为 0.687000，接受原假设：没有门槛值。所以，山西省城市首位度与 GDP 首位度之间不存在门槛效应。作山西省城市首位度和 GDP 首位度的散点图（见图8-5）。

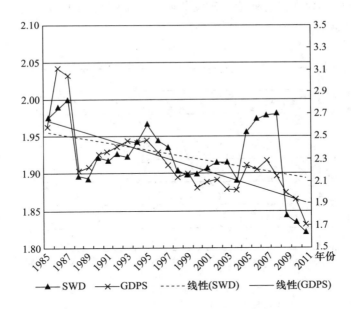

图8-5 山西省 GDP 首位度与城市首位度的散点图

图8-5中，线性表示相应变量的线性发展趋势。从图8-5可以发现，山西省 GDP 首位度与城市首位度均表现为伴随波动的下降趋势，且城市首位度的波动影响着 GDP 首位度的波动情况。由此可见，山西省的 GDP 首位度与城市首位度表现为线性相关关系，并不具有门槛效应。

（三）湖北省

同上述模型，使用 Bootstrap 方法来获得检验统计量及 P 值。结果如表 8 - 8 所示。

表 8 - 8   湖北省门槛值的检验

假设检验	LM 统计量	P 值	检验结果
H_0：没有门槛值 H_1：有 1 个门槛值	7. 654751	0. 092000	接受原假设

通过门槛值检验结果，得到 LM 统计量为 7. 654751，对应 P 值为 0. 092000，接受原假设：没有门槛值。所以，湖北省城市首位度与 GDP 首位度之间不存在门槛效应。对湖北城市首位度和 GDP 首位度作散点图，如图 8 - 6 所示。

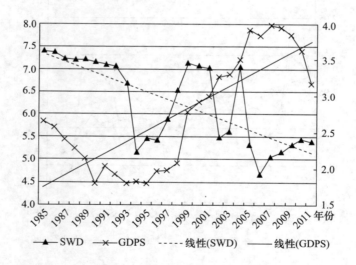

图 8 - 6 湖北省 GDP 首位度与城市首位度的散点图

从图 8 - 6 可以发现，湖北省城市首位度与 GDP 首位度均有较大波动，其中城市首位度尤其明显。但城市首位度的波动变化对 GDP 首位度的发展影响不大。尤其是在 2001 年以后，湖北省的城市首位度出现了几次较大的波动，而 GDP 首位度一直处于较为稳定的增长趋势。由此可见，湖北省的城市首位度不存在门槛效应。

（四）湖南省

使用 Bootstrap 方法来获得检验统计量及 P 值。结果如表 8 - 9 所示。

表 8 - 9 　　　　　　　　　湖南省门槛值的检验

假设检验	LM 统计量	P 值	检验结果
H_0：没有门槛值 H_1：有 1 个门槛值	5. 4087	0. 424000	接受原假设

通过门槛值检验结果，得到 LM 统计量为 5. 4087，对应 P 值为 0. 424000，接受原假设：没有门槛值。所以湖南省城市首位度与 GDP 首位度之间不存在门槛效应。对城市首位度和 GDP 首位度，按照年份作图，得到图 8 - 7。

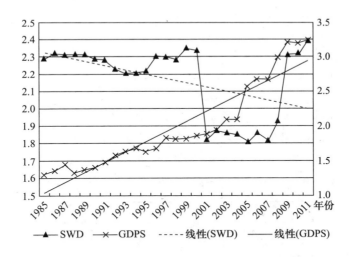

图 8 - 7　湖南省 GDP 首位度与城市首位度的散点图

从图 8 - 7 可以发现，湖南省 GDP 首位度整体一直处于较为稳定的增长趋势。而城市首位度则波动较大，且城市首位度的波动变化对 GDP 首位度的发展影响不大。尤其是在 2001 年以后，湖南省的城市首位度出现了几次较大的波动，而 GDP 首位度一直处于平稳的增长趋势。由此可见，湖南省的城市首位度不存在门槛效应。

（五）安徽省

使用 Bootstrap 方法来获得检验统计量及 P 值。结果如表 8－10 所示。

表 8－10　　　　　　　　　　安徽省门槛值的检验

假设检验	LM 统计量	P 值	检验结果
H_0：没有门槛值 H_1：有 1 个门槛值	7.599862	0.084000	接受原假设

通过门槛值检验结果，得到 LM 统计量为 7.599862，对应 P 值为 0.084000，接受原假设：没有门槛值。所以安徽省城市首位度与 GDP 首位度之间不存在门槛效应。对城市首位度和 GDP 首位度，按照年份作图，得到图 8－8。

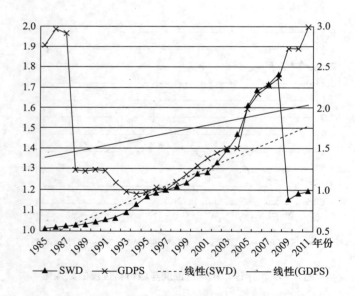

图 8－8　安徽省 GDP 首位度与城市首位度的散点图

由图 8－8 可以看出，安徽省的城市首位度与 GDP 首位度均在上升趋势中伴随着几次剧烈的波动。但城市首位度的波动变化对 GDP 首位度的发展影响不大。由此可见，安徽省的城市首位度不存在门槛效应。

第二节　城市首位度与经济
增长率最优规模

数据来源和相关指标的确定标准与第一节一致，不再重复说明。直接对城市首位度和经济增长率（GDP 增长率）之间进行阈值回归分析。

一　江西省城市首位度最优规模的确定

同上述的模型建立原则，将城市首位度同经济增长率之间设定模型如下：

$$GDPR_t = \beta_1 SWD_t + \beta_2 FAI_t + \beta_0 + e_t$$

式中，$GDPR_t$ 表示在第 t 年的 GDP 增长率，SWD_t 表示第 t 年的城市首位度，FAI_t 表示第 t 年的固定资产投资增长率，β_t 表示所对应变量的系数。

以城市首位度（SWD）作为门槛变量，利用 Matlab 7.0 进行门槛回归分析，从而确定城市首位度的最优值。

固定资产投资增长率和 GDP 增长率也从 1985 年开始计算，门槛估计中采用《中国城市统计年鉴》（1985—2011）的数据，共 27 组。

同样，采用汉森门槛回归模型 $y_t = \theta' x_t + \rho' x_t \{\gamma\} + e_t$，其计算、检验分析的过程同上节所述，此处不再重复列举，最后根据 Bootstrap 方法来获得检验统计量及 P 值。结果如表 8 – 11 所示。

表 8 – 11　　　　　　　　　江西省门槛值的检验

假设检验	LM 统计量	P 值	检验结果
H_0: 没有门槛值 H_1: 有 1 个门槛值	6.5735	0.1530	接受原假设

由于 P 值大于 0.05，可见江西省城市首位度没有门槛值。也就是说，江西省城市首位度与 GDP 增长率之间没有门槛效应。进一步地，结合城市首位度和 GDP 增长率，按照年份作散点图（见图 8 – 9）。

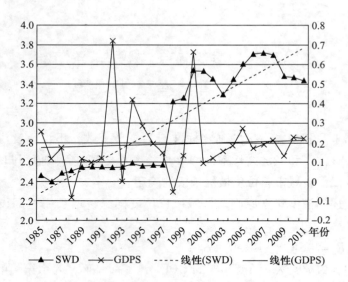

图 8 – 9 江西省 GDP 增长率与城市首位度的散点图

由图 8 – 9 可以发现，江西省城市首位度整体呈现上升趋势，而 GDP 增长率整体一直处于不平稳的发展趋势。1997 年之后，江西省的城市首位度出现了急剧上升并伴随较大波动，而 GDP 增长率并未受到趋势的影响。由此可见，江西省的城市首位度不存在门槛效应。

二 中部其他五省的相关分析

采用上述同样的分析方法，建立其他五省的城市首位度同经济增长率的模型，经计算、整理后的结果如下：

（一）河南省

同江西省的模型设定，以城市首位度（SWD）作为门槛变量，利用 Matlab 7.0 进行门槛回归分析，从而确定城市首位度的最优值。使用 Bootstrap 方法来获得检验统计量及 P 值。结果如表 8 – 12 所示。

表 8 – 12 　　　　　　　　　河南省门槛值的检验

假设检验	LM 统计量	P 值	检验结果
H_0：没有门槛值 H_1：有 1 个门槛值	6.458690	0.195000	接受原假设

通过门槛值检验结果，得到 LM 统计量为 6.458690，对应 P 值为
0.195000，接受原假设：没有门槛值。所以河南省城市首位度与 GDP 增
长率之间不存在门槛效应。作河南省城市首位度和 GDP 增长率的散点图
（见图 8 - 10）。

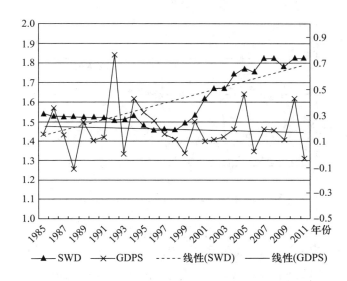

图 8 - 10　河南省 GDP 增长率与城市首位度的散点图

由图 8 - 10 可以看出，河南省 GDP 增长率整体上一直呈现较大波动。
而城市首位度在 1999 年之前处于下降趋势，而 1999 年之后处于上升趋
势，且城市首位度的波动变化对 GDP 增长率的发展影响不大。由此可见，
河南省城市首位度同经济增长率之间不存在门槛效应。

（二）山西省

同上述模型，使用 Bootstrap 方法来获得检验统计量及 P 值。结果如
表 8 - 13 所示。

表 8 - 13　　　　　　　　　　山西省门槛值的检验

假设检验	LM 统计量	P 值	检验结果
H₀：没有门槛值 H₁：有 1 个门槛值	5.924566	0.297000	接受原假设

　　通过门槛值检验结果，得到 LM 统计量为 5.924566，对应 P 值为 0.297000，接受原假设：没有门槛值。所以山西省城市首位度与 GDP 增长率之间不存在门槛效应。对城市首位度和 GDP 增长率作散点图（见图 8 - 11）。

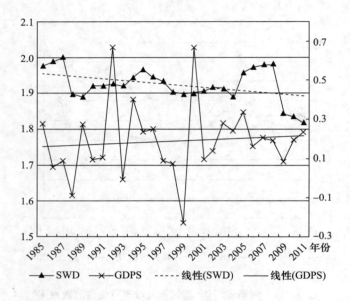

图 8 - 11　山西省 GDP 增长率与城市首位度的散点图

　　由图 8 - 11 可以看出，山西省 GDP 增长率与城市首位度均呈现波动状态。城市首位度的波动情况与 GDP 增长率波动情况并未表现出因果或相关关系。由此可见，山西省城市首位度同经济增长率之间不存在门槛效应。

（三）湖北省

　　设定模型后，使用 Bootstrap 方法来获得检验统计量及 P 值，结果如表 8 - 14 所示。

表 8 - 14　　　　　　　　　　湖北省门槛值的检验

假设检验	LM 统计量	P 值	检验结果
H_0：没有门槛值 H_1：有 1 个门槛值	7.487184	0.057000	接受原假设

通过门槛值检验结果，得到 LM 统计量为 7.487184，对应 P 值为 0.057000，接受原假设：没有门槛值。所以湖北省城市首位度与 GDP 增长率之间不存在门槛效应。对湖北省城市首位度和 GDP 增长率，按照年份作散点图（见图 8-12）。

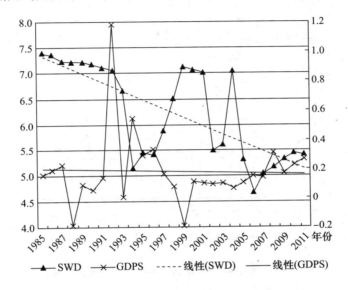

图 8-12 湖北省 GDP 增长率与城市首位度的散点图

从图 8-12 可以看出，湖北省 GDP 增长率与城市首位度均呈现波动状态。但城市首位度的波动情况与 GDP 增长率波动情况并未表现出因果或相关关系。由此可见，湖北省的城市首位度不存在门槛效应。

（四）湖南省

使用 Bootstrap 方法来获得检验统计量及 P 值，结果如表 8-15 所示。

表 8-15　　　　　　　　　湖南省门槛值的检验

假设检验	LM 统计量	P 值	检验结果
H_0：没有门槛值 H_1：有 1 个门槛值	3.418085	0.937000	拒绝原假设

通过门槛值检验结果，得到 LM 统计量为 3.418085，对应 P 值为

0.937000，接受原假设：没有门槛值。所以湖南省城市首位度与 GDP 增长率之间不存在门槛效应。对湖南省城市首位度和 GDP 增长率作散点图（见图 8 - 13）。

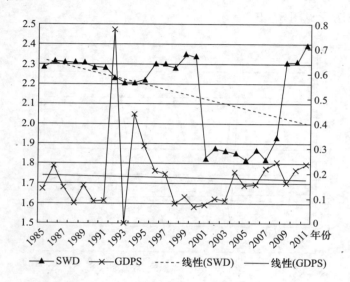

图 8 - 13　湖南省 GDP 增长率与城市首位度的散点图

由图 8 - 13 可以看出，湖南省 GDP 增长率与城市首位度均呈现波动状态。但城市首位度的波动情况与 GDP 增长率波动情况并未表现出因果或相关关系。由此可见，湖南省的城市首位度不存在门槛效应。

（五）安徽省

使用 Bootstrap 方法来获得检验统计量及 P 值，结果如表 8 - 16 所示。

表 8 - 16　　　　　　　　安徽省门槛值的检验

假设检验	LM 统计量	P 值	检验结果
H₀：没有门槛值 H₁：有 1 个门槛值	7.932026	0.059000	接受原假设

通过门槛值检验结果，得到 LM 统计量为 7.932026，对应 P 值为 0.059000，接受原假设：没有门槛值。所以安徽省城市首位度与 GDP 增长率之间不存在门槛效应。对安徽省城市首位度和 GDP 增长率作散点图（见图 8 - 14）。

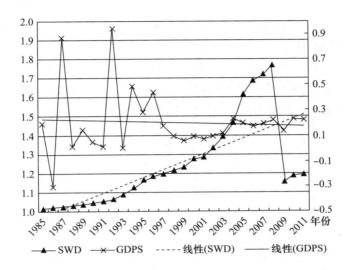

图 8-14　安徽省 GDP 增长率与城市首位度的散点图

由图 8-14 可以发现，安徽省 GDP 增长率呈现出较大的波动状态，而城市首位度则基本处于稳定的上升趋势。城市首位度的持续上升与 GDP 增长率波动情况并未表现出因果或相关关系。由此可见，安徽省的城市首位度不存在门槛效应。

第三节　城市首位度与人均 GDP 最优规模

数据来源和相关指标的确定标准与上章相同，不再重复说明，直接对城市首位度和人均 GDP 之间进行阈值回归分析。

一　江西省城市首位度最优规模确定

通过检验城市首位度与 GDP 之间的因果关系，发现人均 GDP 的对数值与城市首位度之间的因果关系比较稳定，但检验结果表明可能存在其他解释变量，这里同样增加固定资产投资增长率作为第二个解释变量。假设模型设定如下：

$$\ln(GDPP_t) = \beta_1 SWD_t + \beta_2 FAI_t + \beta_0 + e_t$$

式中，$GDPP_t$ 表示在第 t 年的人均 GDP，SWD_t 表示第 t 年的城市首位度，FAI_t 表示第 t 年的固定资产投资增长率，β_i 是所对应变量的系数。

鉴于固定资产投资增长率需要从 1985 年开始计算，所以门槛估计中采用《中国城市统计年鉴》（1985—2011）的数据，共 27 组。

以城市首位度（SWD）作为门槛变量，利用 Matlab 7.0 进行门槛回归分析，从而确定城市首位度的最优值。依然采用汉森的门槛回归模型，经计算，并使用 Bootstrap 方法来获得检验统计量及 P 值。结果如表 8 – 17 所示。

表 8 – 17　　　　　　　　　　　　江西省门槛值的检验

假设检验	LM 统计量	P 值	检验结果	门槛值
H_0：没有门槛值 H_1：有 1 个门槛值	8.8974	0.0410	拒绝原假设	2.5563

在原假设为没有门槛值的条件下，得到的 LM 统计量为 8.8974，自举法计算的 P 值为 0.0410，这表明在 0.05 的显著性水平下可以拒绝原假设，即存在 1 个门槛值，门槛值为 2.5563。由于门槛值把原始样本划分为两部分，且两部分样本均为较小样本，所以不再检验两个及更多门槛值。通过门槛估计，得到门槛的置信区间如图 8 – 15 所示。

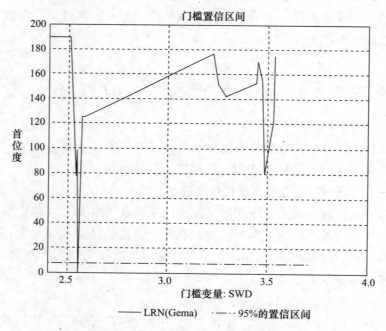

图 8 – 15　江西省城市首位度的门槛置信区间

由图 8 – 15 可以看到，门槛值的 95% 的置信区间为（2.5563，
2.5563），即此时的置信区间成为一个置信点，城市首位度≤2.5563 的年
份有 9 个，城市首位度 >2.5563 的有 18 个。我们在确认城市首位度只存
在 1 个门槛值的条件下，可以依据门槛值把样本分成两个范围，分析经
济增长与城市首位度的非线性回归关系，以及城市首位度在两个范围内
对经济增长影响的差异。

表 8 – 18 和表 8 – 19 是门槛回归结果。其中，表 8 – 18 显示的是城市
首位度≤2.5563 时的门槛回归结果。表 8 – 19 显示的是城市首位度 >
2.5563 时的门槛回归结果。

表 8 – 18　江西省参数估计（1）：城市首位度≤2.5563，样本个数：9

解释变量	估计系数	标准差	t 统计量	自由度 df	P 值
常数	2.4017	2.8387	0.8461	6	$P > 0.05$
SWD	1.8755	1.1390	0.2440	6	$P > 0.05$
FAI	0.5721	0.1826	2.0803	6	$P < 0.05$

表 8 – 19　江西省参数估计（2）：城市首位度 >2.5563，样本个数：18

解释变量	估计系数	标准差	t 统计量	自由度	P 值
常数	5.8202	0.6138	9.4823	15	$P < 0.05$
SWD	1.0234	0.2133	8.2268	15	$P < 0.05$
FAI	− 0.7290	0.3914	− 2.1714	15	$P < 0.05$

从表 8 – 18 和表 8 – 19 中可知，当城市首位度≤2.5563 时，城市首
位度 SWD 的估计系数为 1.8755，固定资产投资增长率 FAI 的估计系数为
0.5721，说明城市首位度与固定资产投资增长率都对人均 GDP 产生了有
利影响。其中，城市首位度对人均 GDP 的影响最大，但估计结果不显著。
当城市首位度 >2.5563 时，SWD 的估计系数为 1.0234，FAI 的估计系数
为 − 0.7290，说明在不同城市首位度的情况下，城市首位度对人均 GDP
的影响波动不大，但固定资产投资增长率对人均 GDP 由正向影响转变为
负面影响，估计结果均显著。其中，城市首位度 SWD 的系数仍为最大
值，说明江西省近 30 年来，城市首位度都是作为经济增长的主要影响

因素。

由上述分析可知，江西省城市首位度与人均 GDP 之间存在门槛效应，在城市首位度 ≤2.5563 时，城市首位度对人均 GDP 有正面影响但不显著；在城市首位度 >2.5563 时，城市首位度对人均 GDP 有负面影响，影响程度降低，且显著。

综上所述，江西的城市首位度关于人均 GDP 具有门槛效应，且最优城市首位度为 2.5563。对城市首位度和人均 GDP，按照年份作散点图（见图 8 – 16）。

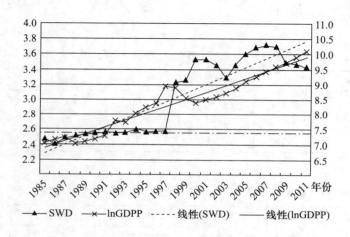

图 8 – 16　江西省人均 GDP 与城市首位度的散点图

图 8 – 16 中，线性表示相应变量的线性发展趋势。虚线表示城市首位度的门槛值，虚线以下部分表示城市首位度 ≤2.5563 的年份，虚线以上部分表示城市首位度 >2.5563 的年份。由图 8 – 16 发现，江西省城市首位度与人均 GDP 均一直处于增长趋势。1998 年以前，城市首位度较为平稳，且经济增长速度较快。1998 年之后，城市首位度迅速增长，且变化非常不平稳，同时人均 GDP 出现一次较大的下跌。可见，城市首位度与经济增长相互制约，当城市首位度低于门槛值时，城市首位度的增长导致经济的不断增长。当城市首位度高于门槛值时，经济发展限制首位度的持续增长，导致其发展的不稳定，但每次抑制后，城市首位度会发生反弹。对应的城市首位度的迅速增长，会使经济发生波动，甚至对经济增长产生负影响。

二　中部其他五省的相关分析

（一）河南省

同江西省的设定模型一致，以城市首位度（SWD）作为门槛变量，利用 Matlab 7.0 进行门槛回归分析，从而确定城市首位度的最优值。使用 Bootstrap 方法来获得检验统计量及 P 值，结果如表 8 - 20 所示。

表 8 - 20　　　　　　　　　　河南省门槛值的检验

假设检验	LM 统计量	P 值	检验结果	门槛值
H_0：没有门槛值 H_1：有 1 个门槛值	10.413421	0.003000	拒绝原假设	1.534328

在原假设为没有门槛值的条件下，得到 LM 统计量为 10.413421，自举法计算的 P 值为 0.003000，这表明在 0.05 的显著性水平下可以拒绝原假设，即存在 1 个门槛值，门槛值为 1.534328。由于门槛值把原始样本划分为两部分，且两部分样本均为较小样本，所以不再检验两个及更多门槛值。通过门槛估计，得到门槛的置信区间如图 8 - 17 所示。

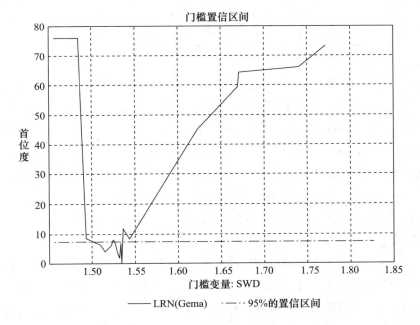

图 8 - 17　河南省城市首位度的门槛置信区间

由图 8 – 17 可以看出，门槛值的 95% 的置信区间为（1.510638，1.534328）。此时，城市首位度 ≤ 1.5343 的年份有 14 个，城市首位度 > 1.5343 的有 13 个。在确认城市首位度只存在 1 个门槛值的条件下，可以依据门槛值把样本分成两个范围，分析经济增长与城市首位度的非线性回归关系，以及城市首位度在两个范围内对经济增长影响的差异。表 8 – 21 和表 8 – 22 是门槛回归结果。

表 8 – 21　河南省参数估计（1）：城市首位度 ≤ 1.5343，样本个数：14

解释变量	估计系数	标准差	t 统计量	自由度	P 值
常数	37.343345	4.045465	9.23091535	11	$P < 0.05$
SWD	– 19.652258	2.681823	– 0.75355188	11	$P > 0.05$
FAI	0.222304	0.509770	0.31032790	11	$P > 0.05$

表 8 – 22　河南省参数估计（2）：城市首位度 > 1.5343，样本个数：13

解释变量	估计系数	标准差	t 统计量	自由度	P 值
常数	– 1.851017	2.262676	– 0.818065423	10	$P > 0.05$
SWD	6.529510	1.262165	1.874057142	10	$P < 0.05$
FAI	– 0.634948	0.524815	– 0.952699275	10	$P > 0.05$

门槛值为 1.5343，当城市首位度 ≤ 1.5343 时，SWD 的估计系数为 – 19.652258，FAI 的估计系数为 0.222304，均不显著。说明城市首位度对人均 GDP 产生负面影响，而固定资产投资增长率则为有利影响；当城市首位度 > 1.5343 时，SWD 的估计系数为 6.529510，FAI 的估计系数为 – 0.634948，说明在这一条件下，城市首位度对人均 GDP 产生了有利影响，且显著。而固定资产投资增长率对人均 GDP 则变为负面影响，且不显著。因此，河南省的最优城市首位度是 1.5343。作河南省城市首位度和人均 GDP 的散点图（见图 8 – 18）。

图 8 – 18 中，线性表示相应变量的线性发展趋势，虚线表示城市首位度的门槛值 1.5343。虚线以下部分表示城市首位度 ≤ 1.5343 的年份，点画线以上部分表示城市首位度 > 1.5343 的年份。由图 8 – 18 发现，当城市首位度低于门槛值时，城市首位度整体为下降趋势，而人均 GDP 表现为

增长趋势；当城市首位度高于门槛值时，城市首位度呈现整体上升趋势，同时人均 GDP 也表现为增长趋势。可见，城市首位度与经济增长相互制约，在城市首位度低于门槛值时，城市首位度的下降导致经济增长，呈现负面影响；当城市首位度高于门槛值时，城市首位度的增长导致经济增长。相应地，人均 GDP 的增长，会抑制城市首位度的持续上升，因而出现波动。可见，河南省的城市首位度与人均 GDP 相互影响，且城市首位度存在门槛效应。

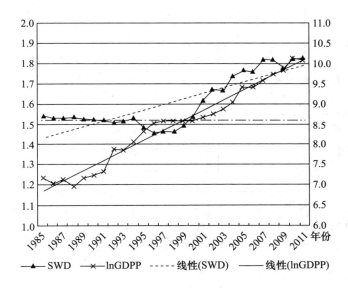

图 8 – 18　河南省人均 GDP 与城市首位度的散点图

（二）山西省

同上述模型一致，使用 Bootstrap 方法来获得检验统计量及 P 值。结果如表 8 – 23 所示。

表 8 – 23　　　　　　　　　　山西省门槛值的检验

假设检验	LM 统计量	P 值	检验结果	门槛值
H₀：没有门槛值 H₁：有 1 个门槛值	10.930348	0.015000	拒绝原假设	1.897178

　　在原假设为没有门槛值的条件下，得到 LM 统计量为 10.930348，自举法计算的 P 值为 0.015000，这表明在 0.05% 的显著性水平下可以拒绝原假设，即存在 1 个门槛值，门槛值为 1.897178。由于门槛值把原始样本划分为两部分，且两部分样本均为较小样本，所以不再检验两个及更多门槛值。通过门槛估计，得到门槛的置信区间如图 8 - 19 所示。

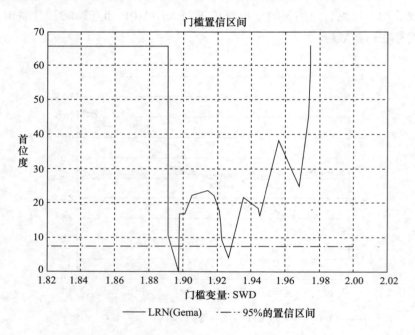

图 8 - 19　山西省城市首位度的门槛置信区间

　　由图 8 - 19 可以看出，门槛值的 95% 的置信区间为：（1.897178，1.926527）。此时，城市首位度≤1.897178 的年份有 6 个，城市首位度 > 1.897178 的有 21 个。确认城市首位度只存在 1 个门槛值，因此可以依据门槛值把样本分成两个范围，分析经济增长与城市首位度的非线性回归关系，以及城市首位度在两个范围内对经济增长影响的差异。表 8 - 24 和表 8 - 25 是门槛回归结果。

　　门槛值为 1.897178，当城市首位度≤1.897178 时，SWD 的估计系数为 - 33.742092，FAI 的估计系数为 3.935079。说明城市首位度对人均GDP 产生了较大的负面影响，而固定资产投资增长率对人均 GDP 产生了有利影响，两者均不显著；当城市首位度 > 1.897178 时，SWD 的估计系

数为 -0.275043，FAI 的估计系数为 0.266260，说明在这一条件下，城市首位度仍对人均 GDP 有负面影响，但影响程度明显减少。固定资产投资增长率对人均 GDP 仍产生了有利影响，其影响程度有所降低。因此，山西省的最优城市首位度是 1.897178。对山西的城市首位度和人均 GDP 作散点图（见图 8-20）。

表 8-24　山西省参数估计（1）：城市首位度≤1.897178，样本个数：6

解释变量	估计系数	标准差	t 统计量	自由度	P 值
常数	71.068797	6.467866	10.98798228	3	P < 0.05
SWD	-33.742092	3.461001	0.389076519	3	P > 0.05
FAI	3.935079	1.165797	-0.346838543	3	P > 0.05

表 8-25　山西省参数估计（2）：城市首位度 >1.897178，样本个数：21

解释变量	估计系数	标准差	t 统计量	自由度	P 值
常数	9.048486	12.108577	0.747279057	18	P > 0.05
SWD	-0.275043	6.253222	-0.006347793	18	P > 0.05
FAI	0.266260	0.681602	0.331755703	18	P > 0.05

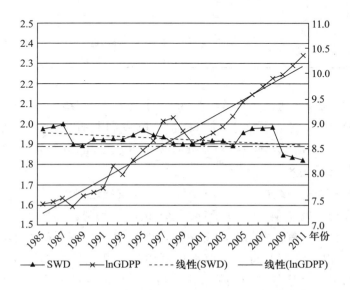

图 8-20　山西省人均 GDP 与城市首位度的散点图

图 8－20 中，线性表示相应变量的线性发展趋势，虚线表示城市首位度的门槛值 1.897178，虚线以下部分表示城市首位度≤1.897178 的年份，虚线以上部分表示城市首位度＞1.897178 的年份。由图 8－20 发现，当城市首位度低于门槛值时，呈现稳定的下降趋势。人均 GDP 表现为稳定的上升趋势。当城市首位度高于门槛值时，整体有下降趋势，但伴随较大波动。而人均 GDP 则处于增长趋势，且不稳定。可见，城市首位度与经济增长相互制约，当城市首位度低于门槛值时，城市首位度的降低导致人均 GDP 的稳定增长；当城市首位度高于门槛值时，人均 GDP 的持续增长会刺激城市首位度发生增长的波动，导致其发展的不稳定。而城市首位度的增长会影响人均 GDP 的稳定增长，使经济发生波动，甚至对经济增长产生负面影响。可见，山西省的城市首位度与人均 GDP 相互影响，且城市首位度存在门槛效应。

（三）湖北省

同样地，使用 Bootstrap 方法来获得检验统计量及 P 值。结果如表 8－26 所示。

表 8－26　　　　　　　　　　　湖北省门槛值的检验

假设检验	LM 统计量	P 值	检验结果
H$_0$：没有门槛值 H$_1$：有 1 个门槛值	7.447757	0.087000	接受原假设

通过门槛值检验结果，得到 LM 统计量为 7.447757，对应的 P 值为 0.087000，接受原假设：没有门槛值。所以湖北省城市首位度与人均 GDP 之间不存在门槛效应。对湖北省城市首位度和人均 GDP，按照年份作散点图（见图 8－21）。

图 8－21 中，线性表示相应变量的线性发展趋势。由图 8－21 看出，湖北省人均 GDP 整体一直处于较为稳定的增长趋势。而城市首位度则波动较大，且城市首位度的波动变化对人均 GDP 的发展影响不大。尤其是在 1994 年以后，湖北省的城市首位度出现了几次较大的波动，而人均 GDP 一直处于平稳的增长趋势。由此可见，湖北省的城市首位度不存在门槛效应。

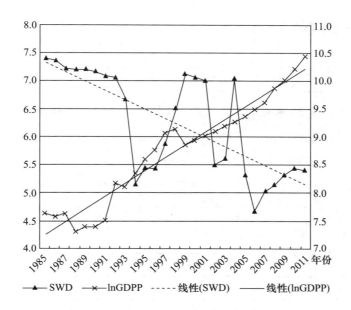

图 8 - 21　湖北省人均 GDP 与城市首位度的散点图

（四）湖南省

使用 Bootstrap 方法来获得检验统计量及 P 值。结果如表 8 - 27 所示。

表 8 - 27　　　　　　　　　湖南省门槛值的检验

假设检验	LM 统计量	P 值	检验结果
H_0：没有门槛值 H_1：有 1 个门槛值	6.037898	0.283000	接受原假设

通过门槛值检验结果，得到 LM 统计量为 6.037898，对应的 P 值为 0.283000，接受原假设：没有门槛值。所以湖南省城市首位度与人均 GDP 之间不存在门槛效应。对城市首位度和人均 GDP，按照年份作散点图，得到图 8 - 22。

由图 8 - 22 发现，湖南省人均 GDP 整体一直处于较为稳定的增长趋势。而城市首位度则波动较大，且城市首位度的波动变化对人均 GDP 的发展影响不大。尤其是在 2000—2009 年，湖南省的城市首位度出现了较大的波动，而人均 GDP 一直处于平稳的增长趋势。由此可见，湖南省的城市首位度不存在门槛效应。

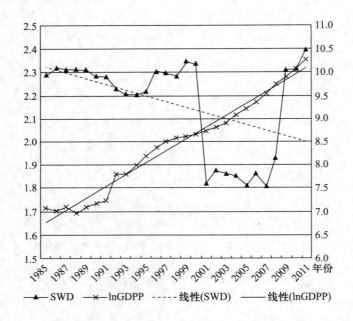

图 8-22　湖南省人均 GDP 与城市首位度的散点图

（五）安徽省

使用 Bootstrap 方法来获得检验统计量及 P 值。结果如表 8-28 所示。

表 8-28　　　　　　　　　　　安徽省门槛值的检验

假设检验	LM 统计量	P 值	检验结果	门槛值
H_0：没有门槛值 H_1：有 1 个门槛值	14.657178	0.000000	拒绝原假设	1.193619

在原假设为没有门槛值的条件下，得到 LM 统计量为 14.657178，自举法计算的 P 值为 0.000000，这表明在 0.05% 的显著性水平下可以拒绝原假设，即存在 1 个门槛值，门槛值为 1.193619。由于门槛值把原始样本划分为两部分，且两部分样本均为较小样本，所以不再检验两个及更多门槛值。通过门槛估计，得到门槛的置信区间如图 8-23 所示。

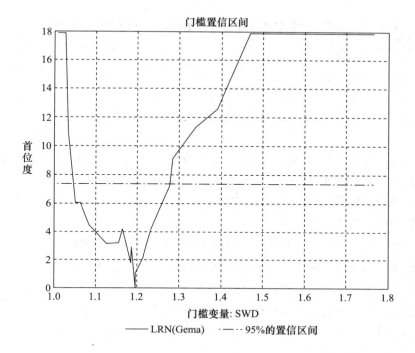

图 8 - 23　安徽省城市首位度的门槛置信区间

由图 8 - 23 可以看出，门槛值的 95% 的置信区间为：（1.053007，1.276722）。此时，城市首位度≤1.193619 的年份有 15 个，城市首位度 >1.193619 的年份有 12 个。同样地，城市首位度只存在 1 个门槛值，依据门槛值把样本分成两个范围，分析经济增长与城市首位度的非线性回归关系，以及城市首位度在两个范围内对经济增长影响的差异。表 8 - 29 和表 8 - 30 是门槛回归结果。

表 8 - 29　安徽省参数估计（1）：城市首位度≤1.193619，样本个数：15

解释变量	估计系数	标准差	t 统计量	自由度 df	P 值
常数	- 6.287904	2.344689	- 2.681764618	12	P > 0.05
SWD	13.119938	2.262540	1.51245045	12	P > 0.05
FAI	- 0.127040	0.620274	- 0.165413114	12	P > 0.05

表 8 - 30　安徽省参数估计（2）：城市首位度 > 1.193619，样本个数：12

解释变量	估计系数	标准差	t 统计量	自由度 df	P 值
常数	6.307796	0.224730	28.06833089	9	P < 0.05
SWD	1.807567	0.155476	8.127922569	9	P < 0.05
FAI	− 0.300503	0.157712	− 1.230047089	9	P > 0.05

　　门槛值为 1.193619，当城市首位度 ≤ 1.193619 时，SWD 的估计系数为 13.119938，FAI 的估计系数为 − 0.127040。说明城市首位度对人均 GDP 产生了有利影响，且影响程度较大；而固定资产投资增长率对人均 GDP 产生了负面影响，两者均不显著。当城市首位度大于 1.193619 时，SWD 的估计系数为 1.807567，FAI 的估计系数为 − 0.300503。说明在这一条件下，城市首位度仍对人均 GDP 具有正面影响，但其影响程度降低且显著。固定资产投资增长率对人均 GDP 仍为负面影响。因此，安徽省的最优城市首位度是 1.193619。对城市首位度和人均 GDP，按照年份作图，得到安徽省人均 GDP 与城市首位度的散点图（见图 8 - 24）。

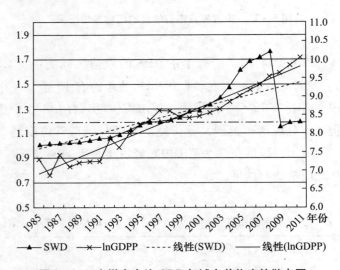

图 8 - 24　安徽省人均 GDP 与城市首位度的散点图

　　图 8 - 24 中，线性表示相应变量的线性发展趋势，虚线表示城市首位度的门槛值 1.193619，虚线以下部分表示城市首位度 ≤ 1.193619 的年份，

虚线以上部分表示城市首位度 > 1.193619 的年份。由图 8 - 24 可知，安徽省城市首位度与人均 GDP 整体上均一直处于增长的趋势。当城市首位度低于门槛值时，城市首位度增长较为平稳且缓慢，而人均 GDP 的发展并不稳定，伴随多次波动；当城市首位度高于门槛值时，城市首位度增长速度加快，同时人均 GDP 出现一次下跌后呈现稳定上升趋势。可见，安徽省的城市首位度与人均 GDP 相互影响，且城市首位度存在门槛效应。

第四节　城市首位度最优规模实践性探究

一　中部省域首位度最优规模的比较

本单前三节对中部六省城市首位度与 GDP 首位度、GDP 增长率和人均 GDP 三个指标之间阈值进行了分析。为了进一步总结和分析其中的规律，把上述分析结构汇总如表 8 - 31 所示。

表 8 - 31 中"阈值"表示各省份城市首位度与相应经济发展指标回归得出的阈值，该栏目下的数字就是具体的阈值，"无"表示该省城市首位度与相应经济发展指标之间不存在门槛效应；"SWD"表示城市首位度，"FAI"表示固定资产投资，"大（小）于阈值"表示在城市首位度大（小）于阈值时，相应首位度和固定资产投资的变化情况，"＋"表示该指标增加会导致相应的经济增长指标变大，"－"表示该指标的增加而导致相应的经济增长指标变小，"N"表示该指标的作用不显著，"Y"表示该指标的作用显著。例如，表 8 - 31 中江西省对应 GDP 首位度一栏，阈值为 2.5563，在小于该阈值时，随着城市首位度的增加，经济首位度会减小；相反，在城市首位度小于阈值时，随着固定资产投资的增加，GDP 首位度会增加，虽然上述分析两者之间的关系并十分显著，但这种发展规律是真实存在的。空缺值都是对应着不存在门槛值的情形，此时没有关于首位度和固定资产投资率的可对应的情况。

进一步地，结合城市首位度与人均 GDP 分析中四个省份（江西省、河南省、山西省、安徽省）所具有的门槛值，对比当前的首位度进行比较分析（见表 8 - 32）。

表 8 - 31　城市首位度关于经济增长的阈值综合结果

	经济（GDP）首位度					经济（GDP）增长率					人均 GDP				
	阈值	小于阈值 SWD	小于阈值 FAI	大于阈值 SWD	大于阈值 FAI	阈值	小于阈值 SWD	小于阈值 FAI	大于阈值 SWD	大于阈值 FAI	阈值	小于阈值 SWD	小于阈值 FAI	大于阈值 SWD	大于阈值 FAI
江西省	2.5563	−	N	+	Y	无					2.5563	+	N	+	Y
河南省	1.5343	−	N	−	N	无					1.5343	−	N	−	N
山西省	无					无					1.8972	−	N	−	Y
湖北省	无					无					无				
湖南省	无					无					无				
安徽省	无					无					1.1936	+	N	−	N

表 8 – 32　　　　　　　　　　城市首位度最优规模值与实际的比较

省域	最优值	2007 年	2008 年	2009 年	2010 年	2011 年
江西	2. 5563	3. 7232	3. 6958	3. 4875	3. 4706	3. 4417
河南	1. 5343	1. 8199	1. 8244	1. 7805	1. 8272	1. 8279
山西	1. 8972	1. 9786	1. 9816	1. 8434	1. 8357	1. 8207
安徽	1. 1936	1. 7151	1. 7650	1. 1538	1. 1850	1. 1936

由表 8 – 32 可以看出，江西省人口首位度明显高于最优值，且有下降趋势。说明江西省首位度已达到一定水平，首位城市的规模相对较大。河南省人口首位度高于最优值，伴随上升趋势，说明河南省的首位城市，即省会城市的集中程度仍在提高，也就是说，省会城市作为行政中心城市对人口规模的集聚作用起着重要作用，从而导致城市首位度不断上升。山西省城市首位度低于最优值，伴随下降趋势，但变化很小，说明山西省的首位城市规模与次位城市规模逐渐达到一个稳定状态，人口分布正在向一个均衡的规模靠拢。安徽省人口首位度低于最优值，伴随上升趋势，说明安徽省首位城市的集聚作用仍显不足，其集聚程度仍在提高，从而使人口分布达到最优规模。

二　首位度最优规模的实践验证

由上述分析可以看出，城市当前的首位度与最优规模值相比，反差最大的是江西省，那么是不是江西省的首位城市规模存在严重超标？结合前面城市首位度的规律，从理论上讲，欠发达地区应合理地提高城市集聚规模，以进一步扩大规模经济，而江西省这种经济水平相对落后的地区，是否同这一规律存在悖论？基于此问题，且江西省的城市首位度规律呈倒 "U" 形曲线发展特征，并且其同经济增长之间，特别是人均GDP 之间存在着较为明显的因果关系，因此可以对江西城市首位度对经济增长的贡献值进行分析，得出的结果以检验最优规模同经济增长之间的真实关系。

（一）模型选取

选取合适的模型是实证分析的前提。传统的计量模型研究表明，区域经济增长与城市首位度之间存在某种线性的关系，而现实的经济问题是，经济增长与众多要素之间并不是呈现单一线性关系，非线性的、动态的计量模型则可以较好地应对此类问题，避免传统线性模型所引起的伪回归现象。通过对多种非线性计量模型适用范围的比较，结合区域聚集程度对宏观经济可能存在的非线性影响这一特性，选取时变参数模型，建立城市首位度与区域经济增长的关系框架。

时变参数模型是根据时间的变化，待估参数也相应变化的一种回归方法，其模型中的参数为变量，利用状态空间模型构造变参数模型是一种较为常见的方法，其一般形式为：

$$Y_t = X_t \beta_t + u_t \tag{8-1}$$

$$\beta_t = \psi \beta_{t-1} + \varepsilon_t \tag{8-2}$$

$$(u_t, \ \varepsilon_t) \sim N\left(\begin{pmatrix} 0 \\ 0 \end{pmatrix} \begin{pmatrix} \sigma^2 & g \\ g & Q \end{pmatrix}\right) \tag{8-3}$$

式中，$t = 1, 2, \cdots, T$，式（8-1）称为量测方程，是变量关系的基本模型，X_t 是随机系数的解释变量向量，随机系数向量是状态向量，β_t 是待估参数；式（8-2）称为状态方程，是对待估参数的估计模型，通常假定 β_t 服从一阶自回归模型，利用可观测变量 Y_t 和 X_t 来估计，Ψ 是待估参数的系数；式（8-3）是量测方程和状态方程的随机干扰项之间的关系，即两者服从均值为 0，方差为 σ^2 和协方差矩阵为 Q，且 cov(u_t, ε_t) = g 的正态分布。

状态空间模型中的未知参数 β_t 通常用以卡尔曼（Kalman）滤波为核心的算法来估计状态空间模型。卡尔曼滤波是在时刻 t 基于所有可得到的信息计算状态向量的最理想的递推过程，当扰动项和初始状态向量服从正态分布时，其能够通过预测误差分解计算似然函数，从而对模型中的参数进行估计，并且当新的观测值一旦得到时，就可以利用卡尔曼滤波连续地修正状态向量的估计。

基于上述方法，建立关于江西城市首位度与经济增长之间的时变参数模型，运用卡尔曼滤波计算可变参数值，分析城市首位度对区域经济增长的影响。

（二）首位度对经济增长的贡献值测算

同前面的分析一致，建立人均 GDP 关于城市首位度与固定资产投资增长率之间的回归模型。首先，对原始数据进行整理，具体数据已在前文，此处不再单独列出。同时，人口首位度与人均 GDP 之间的因果关系检验以及协整性检验在前面都已经分析过，此处不再复述，为此可直接建立经济增长关于城市首位度的变参数模型：

量测方程：$\ln(GDPP_t) = \beta_t SWD_t + \beta_1 FAI_t + \beta_0 + u_t$

状态方程：$\beta_t = \psi\beta_{t-1} + \varepsilon_t$

$$(u_t, \varepsilon_t) \sim N\left(\binom{0}{0}\binom{\sigma^2 \quad 0}{0 \quad Q}\right)$$

这里定义量测方程和状态方程的随机扰动项的协方差为 0，即 cov $(u_t, \varepsilon_t) = 0$。运用 Eviews 6.0 建立上述模型，所运行的模型形式为：

$@signal \ln GDPP = c(2) + c(1) \times FAI + SV1 \times SWD + \{var = \exp[c(3)]\}$

$@state SV1 = c(5) + c(4) \times SV1(-1) + \{var = \exp[c(6)]\}$

式中，$c(1)$，…，$c(5)$ 代表方程中的各系数，然后代入相应指标的观测值，得到的统计结果如表 8-33 所示。

表 8-33　　　　　　　　时变参数模型的回归结果

	相关系数	标准差	Z 统计量	P 值
c（1）	0.938298	0.249222	-3.764913	0.0002
c（2）	8.292040	0.488795	16.96426	0.0000
c（3）	-2.580620	0.547449	-4.713900	0.0000
c（4）	1.090000	3.78E-07	2.646092	0.0000
c（5）	0.044169	5.34E-06	8.265977	0.0000
c（6）	-3.937542	2.783340	-0.014100	0.0099
	Final State	RMSE	Z 统计量	P 值
SV1	0.690715	0.017049	40.51394	0.0000
对数似然值	16.59360	赤池准则		1.613829
主要因素	6	施瓦茨准则		1.899301
扩散因素	1	汉南—奎因准则		1.701101

结合 Stata 计算该回归结果的 $R^2 = 0.895$，$DW = 1.861$，方程拟合程度较好；由表 8-33 可知，各回归系数显著，并且方程极大似然值为 16.593，量测方程和状态方程的参数估计 P 值均不超过 1%，说明量测方程中的状态变量是显著的，整体回归估计是显著有效的。由此得到结果：

量测方程：$\ln GDPP = 8.292 + 0.938 FAIt + \beta_t SWD + [var = \exp(-2.581)]$

状态方程：$\beta_t = 0.044 + 1.090\beta_{(t-1)} + [var = \exp(-3.938)]$

进一步地，根据参数系数，估计系统的变参数值 β_t，即为首位度的经济增长贡献值，同时计算出经济增长贡献的变化值。经计算后的结果如表 8 - 34 所示，为更好地比较分析，将各年江西城市首位度同时列入表中。

表 8 - 34   首位度变参数的估计值

年份	1985	1986	1987	1988	1989	1990	1991	1992	1993
城市首位度	2.4662	2.4010	2.4846	2.5107	2.5418	2.5519	2.5563	2.5449	2.5477
经济贡献量	-0.3795	-0.3577	-0.3371	-0.3099	-0.3009	-0.2731	-0.2416	-0.1847	-0.1189
贡献量变化率（%）	2.8111	2.1767	2.0642	2.7128	0.9033	2.7845	3.1450	5.6944	6.5750
年份	1994	1995	1996	1997	1998	1999	2000	2001	2002
城市首位度	2.5873	2.5636	2.5726	2.5716	3.2224	3.2550	3.5368	3.5298	3.4503
经济贡献量	-0.0683	-0.0225	0.0249	0.0811	0.1317	0.1724	0.2085	0.2474	0.2864
贡献量变化率（%）	5.0602	4.5823	4.7364	5.6207	5.0658	4.0690	3.6092	3.8896	3.8943
年份	2003	2004	2005	2006	2007	2008	2009	2010	2011
城市首位度	3.2871	3.4492	3.6039	3.6984	3.7232	3.6958	3.4875	3.4706	3.4417
经济贡献量	0.3390	0.3751	0.4153	0.4473	0.4843	0.5249	0.5665	0.6083	0.6465
贡献量变化率（%）	5.2598	3.6191	4.0178	3.1977	3.7004	4.0632	4.1526	4.1825	3.8197

为更好地分析首位度的经济贡献值以及贡献值变化量的变化规律，图 8 - 25 给出了首位度变参数估计值的变化趋势。

（三）研究结论

根据上述实证结果，结合前面的阈值回归结果，得到的结论主要有以下几点：

（1）根据威廉姆森假说，可以认为江西省目前仍处于倒"U"形曲线的成长阶段，这也是欠发达地区区域发展过程的重要特征。江西省城市首位度对经济增长在前期处于负向的阻碍关系，说明首位度过低、人力资源等要素的分散状态不利于区域经济的发展，但首位度对经济贡献率的增幅较大、进步明显，负值差距逐渐缩小并逐渐变为正向的促进关系，

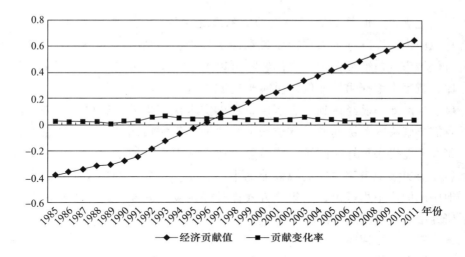

图 8 – 25 江西省城市首位度经济贡献值及其变化率的趋势

即江西省首位城市规模的扩大对全省区域经济的发展起到了促进、带动作用，并且这种作用曲线继续呈现上升的趋势。但需要注意的是，即使欠发达地区的江西省，其城市首位度对经济增长的贡献也显著低于投资要素，并且根据其变化率和理论上的发展阶段，未来的首位度贡献量会逐步下降，这一现象再次证实了前面所提到的"首位度对经济增长的影响较为微弱"这一重要结论。

（2）结合阈值回归的分析，江西省城市首位度的最优规模为 2.5563，即 1990—1997 年这个阶段所实现的规模，进一步结合贡献量的变化率来看，变化率最高的区间为 5%—6%，实现这一高效率的阶段正是 1992—1994 年这个区间，正好与门槛值所在年份相一致，但是，从那时起到现在，城市首位度一致对经济增长保持了正向的、不断增长的贡献。这一现象表明，阈值回归所得到的最优规模仅仅是理论上的一种统计规律，首位度在最优规模的前后并不是反差极大的作用，而是作用程度的变化，即在超过最优规模后，江西省的城市首位度依然对经济增长起到推动作用，只是推动效果在减弱，由表 8 – 34 可以证实，之后的经济贡献量变化率基本都维持在 3%—4%。因此，阈值回归的最优规模仅仅是对要素作用效果变化率的度量，即保持这一水平可以实现显著的效果增强。

（3）结合上述两点，虽然江西省城市首位度在理论上说已经大大超过最优规模，但其对经济增长的贡献还是保持了正向推进作用，因此，首位城市可以继续扩大规模以推动经济发展；但结合增长率来看，随着首位城市规模继续扩大，规模经济可以继续保持，可与最优规模阶段相比，贡献率增幅明显降低，说明当前城市规模发展速度放缓，资源的集聚、生产效率已经达到一定程度，难以实现快速提升，这也是未来江西省需要解决的关键问题，首位城市一味地依靠城市用地、人口数量的扩张并不能带来很好的区域经济效益，特别是进入了城市化的中高级阶段后，要更多地搭建发挥资源效能的平台，而不是简单的规模扩张，有效地协调周边中小城市，以集群方式提升经济发展效益，这一点在后面的研究中将重点阐述。

三 综合评述

综合最优规模的比较以及江西省城市首位度对经济增长的贡献，本章研究可以得出以下几点重要结论：

（1）与城市首位度关系密切的仍然是人均 GDP。在人均 GDP 一栏中有阈值的占多数，而在 GDP 首位度和 GDP 增长率两项中存在阈值占少数，甚至根本不存在阈值。这一点与上一章中城市首位度是影响人均 GDP 的影响因素相互相印证，再次说明了人口数量的聚集、城市规模的扩大范围在一定发展速度上能够带来更高的经济增长效益。

（2）推动经济增长的因素不仅仅是城市首位度和固定资产投资率，在所有存在阈值的情况中，无论是城市首位度，还是固定资产投资率对经济增长指标都存在影响，但以影响不显著的情形居多，且城市首位度对经济增长指标不显著的情形更多，这说明了城市首位度对经济增长的作用有限，首位度对经济增长的贡献只是一种内在的影响，这种影响更多地依靠于其他因素实现联动性的作用。

（3）中部六省城市首位度的阈值差别较大，湖北省、湖南省不存在理论上说的门槛效应，说明其城市首位度在对经济增长的作用中相对平稳，无明显的促进或抑制作用，这与上一章中的湖北省和湖南省的关系方程不显著结论相一致；湖北省和湖南省的首位城市武汉市和长沙市是在中部地区发展竞争力最强的两个城市，结合两章对其的研究结论，说明湖北省和湖南省目前的首位度已经处于最优规模的区间内，相比较中部其他首位城市，武汉市和长沙市的城市体系相对完善，大、中、小城市布局也相对合理，因此首位城市对经济增长作用比较稳定，这也在一定程度上说明了经济实力较好的地区，城市的发展形态更自然地为现有的经济需求服务、适应经济发展阶段，而不是单纯地靠城市建设来提高经济效益。江西省的首位度阈值最高，说明首位城市南昌市是中部省域集聚效益产生作用最为明显的区域，这也与上一章的影响程度分析相互印证，为加快经济增长，江西首位城市的人口、资源集中程度必将是中部省域最高的。河南省、山西省、安徽省的阈值均低于2，说明要想达到经济效益最佳，首位分布程度不宜过高，即保持低首位分布的类型，积极发展次中心等类型的其他城市，以形成良好的城市体系。

（4）从目前的中部省域首位城市发展来看，具有阈值的省域，其现在的首位度值均已达到或超过门槛值，即便是该值较高的江西省也是此类情况，从理论分析的角度看，中部省域均应积极发展其他城市，适度控制首位城市规模，大力推进中小城市发展，形成与经济发展阶段相适应的合理城市体系。同时，按照现有首位度的研究成果，首位度的不同可以反映出经济发展的水平，处于2左右的为中等水平，明显低于2，说明经济发展程度较高。除了无明显门槛的湖北省和湖南省，欠发达地区的江西省和山西省最优首位度都明显偏高，而经济发展相对较好的河南省和安徽省首位度则显著低于2，这种现象与省域发展的经济水平基本一致，再次证实了首位度与区域经济水平之间的内在联系。

（5）结合本章和上一章的研究，虽然两者在分析模型、首位度计量方式上有所差别，但最后的分析结论具有一致性，如表8-35所示。可以看出，湖南省、湖北省和安徽省是首位度发展相对稳定的省域；山西省尚未达到最优区间，可进一步提升首位城市规模、实现规模效益；河南省和江西省均有较为明显的超标，但江西省处于上升阶段，未来重点是调整城市内部结构、提高规模收益；河南省则应在稳定现有首位城市规模的同时，增强其辐射能力、实现区域协调发展。

表8-35　　　　　　　中部省域首位度所处的发展阶段比较

省份	江西	河南	山西	湖北	湖南	安徽
所处关系趋势的曲线阶段	超过高增长阶段的拐点，但仍在上升阶段	下降阶段初期	上升阶段后期	不显著	不显著但有微弱下降趋势	下降阶段初期
同阈值下的最优规模比较	较高	较高	略低	不存在	不存在	基本相等

（6）阈值并不意味着随着该值的增加一定会造成对经济增长或所起的作用会相反。在阈值两侧，无论是城市首位度，还是固定资产投资率都存在对经济增长起着相同作用的情形（同为正向影响或同为负向影响），也存在对经济增长起着相反作用的情形。因此，这里分析的阈值，即最优规模，不一定意味着作用性质（促进作用或阻碍作用）也会发生变化，只是表明了对经济增长所起作用的大小发生变化。

第九章　城市首位度与区域经济
增长机理研究

　　城市体系的空间结构模式表现为中心—腹地模式,对于中部省域,中心城市即为首位城市,是一个区域最重要的城市,它们居于区域城市体系的最高层,在城市群中发挥着命令与控制职能,集聚高端产业与综合服务功能,向腹地城市提供高级产品和服务输出。根据发展经验,发达地区在向后工业化时代的转型过程中,首位城市成为人力、货币、资源、信息等多种要素集聚的主要节点,发挥生产要素的集聚与扩散功能;在要素集聚作用下,首位城市规模得以扩大的同时,综合服务能力逐步升级,实现了集对外贸易、商业金融、文化交流以及技术创新等各项功能于一体,能够为区域内的各种经济活动提供高效、便捷的服务;同时,在首位城市功能扩散的作用下,其能够更好地对区域内中小城市起到辐射、引领、示范、带动作用。总之,城市体系中的首位城市以其最具效率的要素流动、最具竞争力的综合职能、最具活力的辐射效应成为引领区域发展的中坚力量。

　　本章将综合前面几章的研究结果,在现有的相关研究成果基础上,对首位度发生作用的机理和作用加以分析及阐述,以进一步认识、提炼和总结关于首位度的性质及规律。

第一节　首位度与经济增长功能分析

　　根据前几章的研究,关于首位度有如下基本规律:(1)推动首位度变化的内在原因是资源配置效率趋同,这是首位度对经济产生影响的根本作用;(2)城市首位度是经济增长的原因之一,但不是影响经济增长的主要因素,且对经济增长的影响通常存在滞后期;(3)城市首位度对经济增长的影响主要体现在对人均 GDP 的影响上；（4）城市首位度不是越大或越小越好，通常在一定范围内对经济增长最为有利。

从这些规律以及相关研究可以看出，城市首位度的形成伴随着首位城市在区域发展中的龙头带动作用、极化集聚效益、辐射扩散作用和创新示范效益。显然，首位城市依靠其资源、区位等优势，可以集聚区域内的人才、资金、信息等生产要素，从而实现规模经济效益，提高经济生产效率，不断增强自身发展的规模、实力，形成中心效应。在自身提升的同时，还要发挥其对周边城市的辐射带动作用，即"知识外溢"，主要表现在其示范作用、资源流通、协调区域经济发展等方面，逐步实现区域经济的一体化、层级化格局。下面首先就两大功能进行具体分析。

首位城市的规模集聚功能是指首位城市吸收、聚合区域内的各种生产要素，实现要素效能的整合，这既是城市最基本的经济功能，也是城市形成和发展的先决条件。首位城市凭借其在人口规模、基础设施、交通条件、信息获取等众多方面的优势，在一定区域范围内形成对人力资源、资源禀赋、资金基础等方面较强的吸引能力，促使区域发展的基本生产要素向首位经济城市不断集中。同样地，由于首位城市所具有的经济效益较高、就业机会较多、社会管理服务先进、收入消费形式多样化，能够促使首位城市居民获取更多的收入，提升生活质量，进而使首位城市对于周围城镇和乡村，甚至其他区域的居民产生很大的吸引力。集聚效应在推进首位城市的经济效益不断提高、保持一定增长速度的同时，又能增强其本身的区域核心作用，稳固其区域中心增长极的地位。

首位度的产生是城市中人口等资源汇集的自然结果。因此，首位度所表现出的聚集作用，与城市发展密不可分，而影响城市资源汇集的因素有历史、经济、社会、军事、文化等方面的原因。有些城市的历史可上溯千年。为了清楚地分析影响人口聚集的因素，下面简单地梳理一下各种资源聚集形成城市及其功能的过程。

一 城市发展的基本脉络

最初的城市是由人口聚居地逐渐发展而成，那时主要考虑的因素是是否有利于耕作，因此，人们通常选择土壤肥沃、有一定灌溉条件的地方聚居。当粮食增产足以供养更多的人口时，就有了大量的剩余食物，这种能够维持大量的非农业人口的生活模式便成为城市文明出现的基础。

随着农业劳动生产率的提高，一部分人能够脱离农业生产而转向手工业，成为手艺人和工匠；也有的人脱离生产劳动，成为从事商品交换的商人。这时城市通常出现在商品交换活跃、交通便利的地方。可以说，劳动分工使城市得以出现，而城市的产生又进一步扩大和巩固了劳动分工。随着商业与服务业的繁荣在城市还出现职能分区。为了保护其财富而需要加强防护，因此，城市需要城墙，通常是城墙外挖有壕沟，城墙内聚居大量居民和军队，储存大量生活、生产等物资，使城市变为坚固的防御堡垒。至此，城市正式产生，"城市"这个词才有了真正的意义，"城"是带有围墙和壕沟的防御工事，"市"是各种物资的集散地。

随着劳动分工和商品交换的发展，需要有某种政治组织来维持生产和生活秩序，以保护某些集团的利益。这时出现了维持生产、分配以及管理社会的上层权力机构。政治组织的出现，能够在强大的人力、物力基础上组织起军事力量，它不仅能支持权力机构的正常运行，也被用来向外侵略扩张。

通过商业与军事活动，国土逐渐扩大，随着军事征服胜利者的城市生活也就自然地出现在新的地区。最初，军队为了能控制这些新占领的土地，需要在当地建立资源的集聚地，用这些物资来支持在当地的军事存在。随着军事占领的稳定，经济生活也开始发展并逐渐安定起来，越来越多的各阶层的人出现在集聚点，这些新的集聚点就上升为新的城市。随着军事扩张的继续，国家占领的土地增多，城市也就随着这种占领—稳定的浪潮在各地增多。

在发展过程中，政府官吏是城市的管理者，许多城市也成为各级政府的驻地，进一步促进了各种资源在城市的集聚；在经济上，商业活动日益扩大，工商业活动更加繁荣，国内外贸易促进了城市之间的连接与交流；军事技术的发展及城市综合规划思想的出现，都对城市的发展起着重要作用。城市的功能也从最初的防御和交换，增加了政治、经济、文化、宗教等方面的内容，成为人类文明的集中地。

随着铁路、航空等新的交通方式的出现，给运输提供方便；工厂的建立和交通的发展，使人口迅速转移到城市，产业工人常常成为城市居民的主体。由于城市中市场的集中与资源集聚，产生了更多的需求，进一步把更多的人口、工业企业、物资、资金吸引到城市中，使城市的范围和规模迅速扩大。

在 20 世纪初，拥有 100 万人口的城市已是很大的城市，且数量并不多。而现在拥有千万人口以上的"超级城市"，如美国的纽约、日本的东京、墨西哥的墨西哥城、中国的上海和北京、巴西的里约热内卢与圣保罗等，也屡见不鲜了。在一些经济发达地区，城市不但数量多、规模大，而且由铁路、高速公路、航空等交通网络相互连接，把原本在城市边缘的铁路、工厂等也包括进城市，使大城市连片成群地聚集在某一个区域，形成城市带，从而产生了现在的城市化现象和趋势。但是，随着城市人口的迅速增长以及城市化的到来，也带来了诸如环境恶化、交通混乱、住房拥挤等问题。城市人口过多、范围过大，在城市功能和结构上的不合理现象逐渐凸显。

二　我国城市的发展功能演变

中华文明是世界上唯一未曾中断过的文明，我国城市发展的特点有城市发展的一般过程，也有自己发展的特殊过程。有继承和持续发展的城市，如西安、北京、太原、南昌、成都、长沙、兰州等城市都历史悠久，一直是比较重要且有相当规模的城市；也有随帝国主义的入侵、国外资本输入、文化殖民而产生较大变化甚至是新兴的城市，如青岛（先德国，后日本）、哈尔滨（沙俄）、旅大（先沙俄，后日本）、威海卫（英国）等曾长期为某一个外来国家所控制，城市往往带上了该国的色彩，在城市建筑及布局方面受到的影响一直持续到现在；如上海、天津、汉口等城市被一些帝国主义国家长期占有租界地，后来成为我国规模很大的工商、交通城市；还有一些沿海沿江地区，如济南、沈阳、福州、烟台、重庆等城市，由于不平等条约被开设为商埠，也逐渐发展成为地区的商业贸易中心城市。

交通的发展与工矿企业的建立也推动了一批新兴城市的出现，如京沪线上的蚌埠；京广线上的郑州、石家庄；陇海线上的宝鸡。这几个城市都位于或水陆交通交会点，或铁路枢纽。交通的发展和新兴工业的兴起又刺激了工业和采矿业的发展，如河南省的焦作、河北省的唐山、江西省的萍乡、湖北省的大冶，以及辽宁省的阜新、鞍山、本溪、抚顺等城市。还有根据整体布局而发展出来的城市，如新中国成立后西北地区、内蒙古自治区、西南少数民族等边远地区，其交通建设与经济发展备受重视，不但加速了原有城市的发展，而且出现了一些新兴城市。此外，由于工业、矿业等的发展，在新的交通线上出现了一些新的城市，例如青海省的格尔木市、新疆维吾尔自治区的克拉玛依市、宁夏自治区的石嘴山市、甘肃省的白银市、四川省的渡口市与内蒙古自治区的海勃湾市等。随着经济社会发展，也有原来的城市由于工商业的竞争、交通发展而逐渐衰落，如大运河曾是明清时期的南北交通要道，其沿岸也成为城市发达地带，由于海运的发展、津浦铁路的修建，大运河的经济地位大幅下降，其沿线的淮安、淮阴、临清、扬州等城市相比之下都处于衰落的状态。

　　由于我国全民所有制在经济结构中占据绝对优势，所以行政在经济发展中的作用非常显著。这一点在城市发展方面也表现得很突出。一般来说，行政中心所在地汇集资源较多，城市的发展也比较快，规模也偏大。例如，原来比淮南市、唐山市人口少得多的合肥市和石家庄市由于是省会，现在都已超过原来的第一大城市。总的来说，行政中心城市的发展速度比较快。

　　从是否为行政中心来看，省份级与非省份级中心城市，如四川省的重庆市、河北省的唐山市，历来人口都超过省会成都和石家庄市，是省内首位城市；安徽省的淮南市以及内蒙古自治区的包头市，都是由于如钢铁、煤炭等工业的发展成为本省份的大城市。与此同时，全国城市人口占总人口的比重也有明显的上升，城市化趋势明显，城市数量剧增。城市的现代化水平及城市的分布也都有显著的变化与提高。在城市规模上出现了一批特大城市。如上海市与北京市（含郊区）的人口都已超过1000万，进入了世界规模最大城市的前10名。

　　从城市发展的时间维度上看，20世纪50年代，中国工业的大中型建设项目集中分布在大中城市中，县级城市发展较慢。从60年代后期到70年代初，工业布局调整，强调分散发展，大力发展"五小"工业，因此加快了县级城市的发展。70年代末以来，我国实行改革开放政策，工农业都比过去有较快的发展。与乡镇企业的兴起相适应的是中小城镇得到了快速发展，其发展速度超过了大中城市。特别是由于我国实行改革开放政策，加速了沿海地区经济发展，大力促进了小城镇的建设，在珠江三角洲、京津冀地区、沪宁杭地区、辽宁中部地区出现大、中、小城市以及乡镇共同发展的新局面，开始形成各级城市相互协调、相互促进的城镇群体。这也是全国城市化水平比较高的几个地区。

　　综上所述，影响城市发展功能的因素有历史因素，也有现实因素，城市处于不断的发展演变过程中，其中的人口等资源也随之变化。城市已经发展成为经济、政治等因素综合作用之下的综合体，成为人类文明的集中呈现地。但是，贯穿城市发展的主线是生产力水平，从最初完全受制于自然条件，到后来越来越能体现人类自身的意志，生产力水平越经，相应的保障能力就越强，城市规模也越大。城市的发展为人类带来了生活水平的提高，但随着城市规模的扩大，交通拥挤、环境污染、就业难、社会保障不健全等问题也在制约着城市的规模。

三 扩散辐射功能

首位城市的辐射功能机理是首位城市向周边其他地区输出各种生产要素，实现其经济成果的扩散作用，从而形成首位城市与周边区域的协同发展，体现首位城市的带动作用，这也是区域经济发展中的重要机制。因此，首位城市的辐射功能主要是通过生产要素的扩散来实现产业发展、城镇建设的集聚整合。具体来讲，以首位城市为区域发展的基点，凭借其在产业规模、技术水平、人力资源、文化底蕴等方面的基础，有目的地向周边中小城市提供资金支持、技术援助、文化传播；即通过效应外溢的形式，形成不同程度的辐射作用。一般来说，辐射效应的强弱，与首位城市的经济实力成正比，首位城市实力越强、辐射作用越强，辐射的范围就越广，区域经济的得益也就越大；反之，首位城市的实力较弱，则辐射作用和范围就相对偏小。更进一步地，通过辐射作用，首位城市的经济发展理念、技术创新手段、社会管理方式、生活节奏形式等内容逐步渗透到周边区域，并被这些区域吸收、消化、效仿、融入，这样，在实现辐射的同时，也实现了区域经济一体化，表现为首位城市的周边兴起卫星城，形成城市群、城市圈，推动区域发展一体化。

城市是生产力发展的直接产物，集聚了人口等众多资源，成为一个地区的经济、政治的中心，它也必将影响周围地区的发展，从而出现了扩散作用。其扩散作用主要体现在技术扩散和文化扩散两个方面。

（一）技术扩散辐射

首位度与经济指标人均 GDP 关系最为密切，是影响人均 GDP 的一个重要因素。在此过程中，资源利用效率起主要作用，高效率首先表现为技术水平的提高，因此，城市的扩展作用表现的基本形式就是技术扩散。由于是资源利用效率由高向低扩散，劳动生产率的提高主要体现在技术进步，因此，技术扩散主要体现在技术创新的扩散。从我们使用的手机的更新换代就能看到技术创新在改变人们的物质生活环境，同时也根本改变了人们的生活方式。城市生活的快速变化主要是技术创新所推动的。

目前，从世界各国蓬勃发展的技术创新实践来看，人们对效率、成本、机会等空前关注，技术创新的经济价值不断地被深入挖掘。这种技术创新应用反过来推动了整个社会的组织及规章制度的变化，并重塑着人类的信念。

首位城市扩散作用中的技术扩散是广义的，从微观上看，包含现有技术创新扩散、技术扩散和技术转移等基本概念，从宏观上看，包括产业扩散过程。它们对经济增长都发挥了重要的作用，缺一不可。每一项技术创新都是为了满足某种社会需要而创造的，特定的需要造就了独特的价值理念。另外，技术创新从内在过程看也是一个价值选择与构建过程，是新的价值、理念的物化过程。

从微观上看，创新的价值主要体现在能够提高系统的运行效率和创造出更高的价值，或者节约必要的劳动及资本；或者提高系统的功能，而新的价值创造了新的市场，从而在创新与其周围的空间里产生"位势差"。为了获得和拓展市场，创新者会努力向外进行创新的扩散和传播，而落后者为了保有或拓展市场，必须为消除"差异"而进行学习、模仿和借鉴。这时创新扩散表现为学习过程，即在模仿的基础上还有不断的自主创新活动。从意愿来说，企业总是倾向于接受效率更高、成本更低或更新颖的先进技术，同时顾客会青睐品质高、价格低的产品，而这也只能通过企业采用创新技术才得以实现，技术创新也是顾客选择的结果，而延迟甚至拒绝采用创新的企业，则无法逃避被淘汰的命运。正是通过市场中生产者和顾客的相互作用、相互选择的过程，使技术创新成果在市场中得到广泛而快速的传播，这也是技术创新逐步地扩散的过程。创新技术扩散既是创新技术采用者在时间上的数量积累过程，又是创新技术在不同地域逐步地被采纳的空间推广过程。从产业来看，区域创新技术空间扩散是创新技术扩散的空间表现形式，是创新技术随着时间推移在地区间传播、推广和应用的过程，表现为产业扩散效应。

美国经济学家罗斯托（W. W. Rostow）提出，"扩散效应就是关键部门在其高速增长阶段的卓越作用"，并将扩散效应分解为回顾效应、旁侧效应和前向效应。其中，回顾效应是指新产业处于高速增长阶段时，会对机器和原材料产生新的投入需求，并反过来推动设计观念和设计方法的发展。根据产业技术性特点，这些投入可能对人力和物力，也可能对制度方面提出新要求；旁侧效应是指主导产业还会引起上下游等相关产业的一系列变化，这些变化趋向于在更广泛的方面推进工业化进程，从而出现新的主导部门并导致整个地区发生改变的情形。旁侧效应通常以起飞期间的城市化加速为标志——扩大了城市人口在总人口中的比重，并加强了对生产过程观念的理解，这种影响往往远超出新增活动本身和投入引起的直接影响。前向效应是指现代工业活动创造了能够开展新工业活动的基础，或者通过削减其他工业部门的投入成本，从而吸引企业家进行新产品和服务的开发，或者现代工业活动产生一个"瓶颈"问题，而该问题的解决会带来潜在的利益，从而吸引发明家和企业家投入其中。扩散效应会产生刺激力，为更大范围的经济活动提供了可能，甚至为新兴的主导部门建立起台阶。

根据这三种效应，扩散效应的组合获得了新的生产函数，两个相关因素的复合，将一个新产业升级为主导产业。这时产业有以下两个特点：一是在这段时间里，该产业不仅增长呈上升态势，而且规模还会达到显著的程度；二是在这段时间里，该产业部门的回顾和旁侧效应渗透到整个经济，因此，当初始的主导产业（单个或多个）达到一定规模时，其能量足以导致基本的扩张效应，经济飞跃由此诞生。当然，这种飞跃在经济发展中有时会遭到扼杀。

首先，当一个或多个主导产业首次诞生时，不仅能带来新的生产函数和高增长率，而且能通过旁侧效应和回顾效应使经济规模增大。

其次，在经济起飞已经出现时，社会必须有意识地、有能力地去利用前向联系，这样，当旧的主导产业衰退时，新的主导部门才会接踵而至。这会使主导产业部门不断从旧到新，实现经济的持续增长。一个社会必须不断发展或引进持续增长所依赖的新技术，并注意解决经济高涨可能带来的结构性问题。

总之，这些理论阐述很好地解释了首位城市中产业的扩散效应的发生及作用。同时，技术扩散必然带来与之相适应的管理理念、方法等模式的辐射效应，进一步地形成新技术带来的创新效应。

创新效应是首位城市发展过程中的一种延伸性表现，即在整体发展过程中，在遵循一般发展规律的基础上，不断形成新的理念、新的制度，有效地解决区域内的当前发展问题。美国区域经济发展专家弗里德曼提出了区域发展中著名的核心—边缘理论，认为区域核心区的发展与其创新功能有着密切的关系，核心区存在对创新的潜在需求，创新增强了核心区的发展能力和活力。在这方面，首位城市的集聚功能为创新功能的实现提供了必要的条件，因为人力资源、技术支持、资金条件等要素的集聚为首位城市的创新过程提供了良好的环境。同时，首位城市发挥辐射作用是对其创新能力的考验和要求，也是实现辐射的必备条件，只有通过首位城市在发展观念、管理制度等主要领域的不断创新，才能形成一定的辐射能力，实现对周边区域的效益扩散，因此，创新既是城市功能的外在表现，也是对首位城市发展的基本要求。

（二）文化扩散辐射

城市在长期的发展中所形成的思想、意识、行为方式等内容构成了区域的文化特色。文化扩散是指思想观念、经验技艺和其他文化特质从一个社会传到另一个社会，从一个地方传到另一个地方的过程，又称文化传播。文化扩散是一种空间的相互作用，带有明显的地理性。生活方式扩散为一种普遍的人类社会的文化样式，是内在的、非正式的、无形的，但同时也是深刻的和长期的。在空间上，通过居民从一个地方传播到另一个地方，主要是在一个核心地区发展起来的一种新观念或新创造逐步向外扩散，使接受这种文化的人和出现的地区越来越多。

从扩散形式上看，有扩展扩散和迁移扩散。扩展扩散是一种文化事物或现象由人们接力似的从一个地方传往另一个地方的过程，在空间距离上是一种短距离的扩散。迁移扩散是指拥有某种文化的个人或集团，通过迁移方式，将其从一个地方长距离带到另一个地方，成为跨空间传播的文化。这种扩散方式有可能创造新的分布区即通过个人或群体的迁移活动，把新观念或新工艺带到新的地区。这种扩散作用不仅传播距离远，而且同原文化区之间有很大间隔。

从首位城市的文化扩散来看，一是观念文化的扩散。其作为人类精神外化的思想观念，其在生存环境和生命结构中都具有相当程度的共同性；在思想主题和价值取向方面有内在同一性的同一国度、同一省域内，彼此更容易相互接受和吸收，并外化为相似的行为。二是制度文化的扩散。制度文化包含人类生存和群体活动各种制度的集合，从外部给予人类活动以约束、激励和影响，且具有强制性和普适性，并逐渐体现在群体思维和习惯中。一般来说，同一个地方的城市具有相同的制度文化氛围，致使各个城市之间具有相似的价值观念和行为准则。

首位城市文化扩散的实质是指文化的横向传播，是两种文化模式之间的互相渗透和交互影响。当今社会，区域间交流与文化的扩散活动变得越来越频繁，也越来越深入和广泛。不同民族、不同文化模式相互碰撞、相互影响已是当今社会发展的趋势。

文化扩散的作用随着与源地的距离的增加和时间的延长而逐渐减弱，呈现时间—距离衰减现象。新文化向外扩散的作用有时也会受其他作用的影响而停止，即未遵循时间—距离的衰减规律。例如，边界对文化扩散起到屏障的作用。边界在阻止文化扩散通过时，起到吸收屏障作用；也会有选择地让部分文化扩散通过的情形，此时则起到可过滤屏障的作用。通常，一个地方接受新文化的现象符合逻辑增长曲线，起初人数不多且人数的增加比较缓慢，到中间阶段接受的人数会迅速增加，到末期接受的人数增加速度明显减慢，逐渐达到饱和以致不再增加。当然，环境也影响着文化扩散。大环境越稳定，信息扩散就越顺畅。文化扩散和技术扩散交相辉映，共同促进首位城市集聚要素向周围扩散。

第二节　首位城市与经济增长机理分析

区域经济增长与首位城市的关系是城市经济的增长决定了城市的发展，首位城市的发展又影响和制约着区域经济的增长，首位城市的扩张、提升需要有效的经济增长来奠定发展基础，而经济的持续增长又会受到首位城市在社会治理、城市管理系统发展状况等方面的影响和制约。因此，首位度与区域经济增长的机制是一个区域内各种要素之间相互制约、相互影响的联系与作用过程。根据相关研究理论，同时结合现实区域中首位城市发展的一般规律，可将两者之间的关系机理分为动力机理、传递机理和协调机理，通过这几种机理，首位城市与区域经济增长形成相互促进、相互制约的发展关系。

一　首位城市与经济增长的形成过程

根据区域经济增长的原因，可以分为市场推动型和政府推动型两类，这也是首位城市与经济增长最为显著的机理特征。

（一）市场推动型经济增长的形成过程

市场推动型区域经济增长，主要是根据市场需求，形成有效供给，提升区域经济发展。经济学中，社会需求的主体是消费者和厂商，其各自追求利益的最大化，以此为目的，消费者和厂商通过均衡性的价格、供求来促使商品和生产要素在一定区域范围内实现集中，形成区域的经济增长中心，随着经济规模的扩大、外围转移等进一步扩展经济增长区域，逐步地通过增长区形成产业、设施相对集中的中心城市，即首位城市，通过城市的发展、人口增加，又可以进一步引起新的社会需求，从而再次形成资源的集聚，由此往复实现新一轮的增长，这种循环式的增长模式成为市场推动型经济增长机理。

（二）政府推动型经济增长的形成过程

政府推动型的区域经济增长在发展中国家是一种较为普遍的发展方式，我国所经历的计划经济时期，以及当前我国经济发展中依然需要"看得见的手"，均是典型的政府推动型经济增长。政府对经济效益的需求是根本原因，通过对生产技术、产业布局等内容的规定，政府引导资金、人力等生产要素在其划定的区域范围内实现集中，形成新的经济发展区，这种区域会随着政府的向导实现要素集聚，形成社会需求，从而完善基础设施建设，形成新的城区，其往往配合首位城市的发展，并不是培育首位城市的主要手段。当前的经济发展条件下，政府推动型的发展模式是配合市场推动型的，即在首位城市发展过程中作为协调性的辅助手段，并不是传统首位城市的形成机理，但是，引导首位城市发挥最大经济效益的有效机理。

综合上述分析，图9-1列示了形成机理的发展过程。市场经济条件下的首位城市发展，是一种以市场推动型为主导、政府推动型为辅助的成长机理，从而实现对区域经济增长的不同贡献。尽管两者在运作上具有动因上的差别，但都是通过生产要素的区域性集聚来实现的，而这一集聚的空间定位就在首位城市。因此，首位城市内产业体系、市场体制、基础设施状况以及社会环境对区域经济的提升都是关键因素，首位城市的发展水平直接影响着区域经济增长的机理实现。反之，上述各种因素的集中程度也直接影响到首位城市的发展，即区域资源禀赋上的集聚水平也反映出首位城市的发展程度，这就需要政府推动型的模式发挥其调节作用。

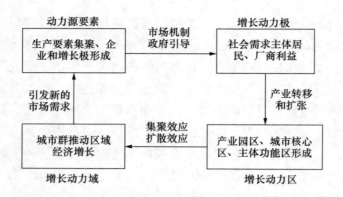

图 9 - 1　首位城市与经济增长的形成机理

二　首位城市与经济增长的传导过程

区域经济增长的传导机理是指在区域发展过程中，首位城市与周边城市之间进行某些经济要素的传导、扩散，并互相发生影响和作用，使区域经济结构产生一定的变化。传导过程主要表现为生产要素的传导和产业链的延伸扩张。生产要素的传导，主要是资本、劳动力、技术、自然资源等在首位城市与周边区域的传递，实质是在不同范围内的要素组合，实现生产要素的集聚。而这种集聚就是产业发展对于要素的需求，从而引起产业在区域间的传导。首位城市在其产业发展过程中，通常选取具有生产优势的区域进行生产，以实现产业链不断地延伸、生产环节的部分转移，从而达到效率的最大化；这样就在产业的形成中将首位城市与周边城市联系起来，形成产业集群，实现传导性的经济增长。生产要素的传导是产业传导的依托和载体，而产业传导是要素传导的需求和前提。

在上述区域经济增长的传导机理运行中，首位城市始终是传导过程中渠道、目标、方式和最终结果的空间载体，其发展的需要决定了传导机理的形成，因此，首位城市的发展状况、经济效益的高低直接影响传导机理的运行质量，是该机理所形成的基础和必要条件（见图 9 -2）。同时，传导机理的有效运行也可以为首位城市提供良好的发展环境，是首位城市发展过程中有效的助推力，对提升区域经济效益有重要帮助，因此，这一机理在首位城市与区域经济增长的关系中起到至关重要的作用。

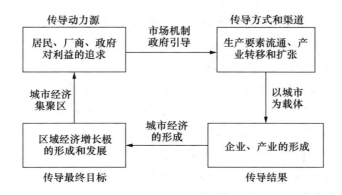

图 9 - 2　首位城市与经济增长的传导机理

三　首位城市与经济增长的协调过程

协调过程是城市发展中各个因素相互配合、互相促进的关系，区域经济增长依赖于各要素之间相互协调的状态，即人口规模、自然资源环境、社会环境等各方面均能处于和谐、融洽的发展关系。具体来讲，有三个层面：一是宏观层面，区域经济增长需要资源、劳动力、资金、技术等要素在宏观层面作为基础性因素，同样，需要政府采用相应的法律、行政等手段进行宏观调控，实现对经济社会的有序管理，宏观调控是市场经济有效运行的必要手段；二是中观层面，是指区域经济、集团经济，是对某个区域内的经济发展进行协调、对某个行业的发展进行规划部署，实现区域经济的健康发展；三是微观层面，是对企业和个人制定相应的规章、条例，通过合同、协议等契约，将具体生产过程落到实处，在满足微观利益主体权益的同时，实现与宏观、中观目标的协调性。

首位城市更趋向于隶属中观层面的范畴，其代表了区域经济的发展，但上述三个层面的增长机理又是依赖于城市这个载体来实现的，因此，首位城市在推进经济增长过程中，是需要宏观、中观和微观三个层面相互协调的，首位城市需要在内部处理好三者之间的关系，在宏观管理上实现有序、稳定，中观层面上实现经济结构有效调节、升级，微观层面上实现主体的利益最大化、满足微观主体的发展需求。因此，协调机理是首位城市需要着重处理的关系，各层面之间的协调关系均可以通过首位城市的经济、政治、文化、社会来体现，并通过首位城市在社会管理、市政建设等方面的体制得以付诸实践当中。首位城市的协调能力决定了区域经济发展的水平，同时区域内协调机理的完善程度又影响首位城市的进一步发展，因此，协调机理的完善程度是区域经济有效运行、社会可持续发展的具体表现和重要保障。

综上所述，区域内首位城市与经济增长的发展过程，是通过形成机理、传导机理和调节机理的一个动态过程，区域的各要素通过首位城市内的机理模式实现经济的有序健康运行，同时经济增长过程中机理关系的演变，也影响着首位城市发展的速度和质量，这三种机理又在首位城市这个区域内形成互促共进、相辅相成的关系网络，从根本上推动或者阻滞首位城市及其所在区域的经济增长。

第三节　城市首位度与经济增长机理模型

一　传统系统要素机理模型

传统的机理分析是基于定性分析角度，对系统发展过程中的各要素关系进行定位、连接，得出相互之间的作用机理。

（一）作用机理的基本模型

从前面的分析可知，首位度发生作用主要体现在资源集聚和技术、文化扩散两个基本过程。其基本作用机理模型如图9-3所示。

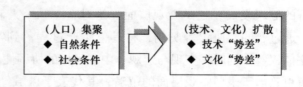

图9-3　城市首位度作用机理的基本模型

首位度发生作用首先表现为人口等资源的聚集，之所以能成为首位城市，自然是该城市人口最多，而这些城市人口必须具有相应的生活条件，如住房、饮食、交通、工作、娱乐等设施和机会，因此，人口的聚集不仅是人口数量的增长，而且它意味着很多资源聚集。

影响聚集的有自然条件和社会条件，这些条件中有促进聚集程度的因素，也有抑制聚集程度的因素。例如，人类生存必不可少饮用水，所以最初选择成为城市的地点一定是水资源比较丰富的地方，这有利于较多的人口聚居，但当人口聚集到一定规模时，本地水资源就不足以维持当地人口规模的继续增大。即使在科技发达的今天，也无法想象能在沙漠等自然条件恶劣的地方建立城市。其他自然条件，如空气、土地、气候等与此类似，都存在有利和阻碍聚集之处；社会条件也是如此，如城市中的第一、第二、第三产业是城市人口赖以生存的基础，一定规模的人口，为这些产业的发展奠定了劳动力基础，有时甚至人口本身就造就一定的需求，从而拉动一些产业的发展，但超过需要的人口，则会导致就业率低，进而造成很多社会问题。其他社会条件，如教育、医疗等也都同自然条件一样，都存在促进和抑制聚集程度的因素。

现有的理论研究也支持了这一观点。如20世纪30年代德国的地理学家克利斯塔勒在德国南部对城镇的调查，发现城市的服务范围与其规模的大小之间有着密切的联系，而各城市在空间上的分布也与其规模之间呈现有规律的现象，即这种大小规模的服务点在空间分布上具有一定的规律。这一空间规律表明，在一定的自然和社会条件下，最小等级的服务中心能够提供服务的范围是以两中心地距离之一半为半径所形成的圆，其圆之间的空角如按消费者购物就近的原则，每个中心地的服务地区就呈六边形。较高一个等级的中心地的服务半径等于其下一等级的两倍，而且上一等级的中心地的服务项目也包括下一等级中心的服务项目，并且这两个等级的中心地有所重叠，则上一等级的中心地分布必然也是六边形，即六个次一级的中心地围绕一个位于其中心的上一级中心地。每个上一级中心地的服务范围等于三个下一级中心地的服务范围。这一理论至少表明了这样的道理：城市的规模总是与相应的自然和社会条件相适应的。

其次，首位度发生作用的主要表现为技术和文化的扩散。这种扩散的方式已经在前面论述了。总结起来，能够发生扩散的根本原因是存在"势差"，比如技术水平的高低之间，就存在技术"势差"，这时为了得到超过必要劳动时间的报酬，或者是达到同业平均效率的水平，技术水平落后的企业或产业一定会通过学习或创新等活动来缩小这其中的差异，而这种差异越大，落后者的紧迫感就越强，缩小差距的主观努力也就越大。同样，在文化方面的差异也是如此。随着大城市生活节奏加快，快餐文化需求较大，而发展节拍慢的，则逐渐被人遗忘，比如流行歌曲的发展速度就远远超过传统戏曲的发展，这种变化也逐渐从大城市扩散到中小城市，甚至乡村。而现代资讯发达，电视、新闻、网络各种传媒的快速发展和普及，也造成了各地文化的快速交流和相互借鉴。

聚集和扩散两种基本过程，而这两种过程是存在先后顺序的，即先聚集后扩散，但随着文明的进步，城市规模的增大，各种产业的发展，这种集聚和扩散作用因果链条错综复杂，这种因果关系也表现得异常复杂，甚至导致互为因果的现象存在。比如，现在常说的"北上广"，尽管人口规模超大，生存不易，但仍有很多人趋之若鹜。在人类历史长河中，大型城市的这种聚集和扩散效应则一直存在着。

（二）系统要素扩展模型

城市的聚集—扩散机理不仅发生在首位城市和次位城市上，任何地方的城市和城镇、城镇和乡村之间这种机理都会发生作用。但是，这个过程仍处于表面层次，我们需要探明到底是什么因素在推动这种聚集—扩散过程中发生作用。

与这种聚集—扩散过程相似的有扩散理论和梯度理论等，其认为，随着经济的发展，生产要素会由发达地区向落后地区扩散，相应的部分产业也将梯次转移，从而促进落后地区的经济增长，缩小了地区间的差距，扩散和梯度理论的主要支柱是比较优势说和资本边际报酬递减假设。新古典经济学认为，随着资本存量的增加，资本的边际报酬将递减，于是资金将自发寻求更高的边际报酬，通常是从发达地区向落后地区流动。国际贸易理论的比较优势说认为，落后地区资本稀缺，导致了当地劳动力和土地等生产因素价格相对较低，在地价和工资等方面具有比较优势，能吸引资金流入及产业的转移。现实世界中，许多发达国家地区差距随经济发展而减小，以及战后传统劳动密集产业自欧美向日本、再向亚洲"四小龙"以及目前向中国东部沿海顺次转移的事实是对扩散和梯度转移理论强有力的支持。

但现实中也存在地区间差距有不断扩大的趋势的实例，为此也存在缪尔达尔—赫希曼假说（Myrdal，1957；Hirschman，1960），该假说认为，经济要素从落后地区流向发达地区的回流效应和极化效应要明显强于扩散效应或涓滴效应，这时会造成差距反而扩大的情形。弗里德曼和阿隆索（Friedman and Alonso，1975）提出区域发展"四阶段理论"的核心思想，在经济发展初期，当落后地区要素价格优势并不显著，而发达地区的规模报酬潜力尚未充分显现时，生产要素将主要流向发达地区；当发达地区规模报酬潜力用尽甚至转为规模不经济时，扩散转移就会发生。

现有理论和实证研究也表明，如果经济赖以运行的制度条件下不能公平地对待角力双方，则无论经济发展阶段如何，梯度转移和扩散效应都难以发生，地区间经济差距也难以缩小。因此，制度因素也是造成地区差距的关键。

前面的研究已经明确了推动首位度发生变化的动力是资源利用效率，对比这些理论发现，它们论述的实质是一致的。资源利用效率是生产力发展水平尤其是技术水平的直接表现，而技术差距缩小会导致资本边际报酬减小，产生这种聚集—扩散效应的根本推动力在于资源利用效率。而产生资源利用的高效率则是技术创新推动的结果，由此得到首位度作用机理模型的扩展模型（见图9-4）。

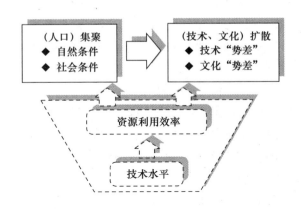

图9-4　首位度作用机理的扩展模型

在聚集—扩散机理的背后，主要推动力是资源利用效率，而技术发展水平则决定了资源利用效率，这两个因素是聚集—扩散机理背后的支撑因素。而技术水平是生产力发展水平的集中体现。城市的规模（人口）和发展主要是由生产力水平决定的（三个向上的箭头所示）。而这一切的发生都是在一定政治、法律、制度等社会环境中发生的，这些条件既可以成为推动"聚集—扩散"乃至生产力发展的因素，也可能成为阻碍这一过程和机理的因素。通常，大环境越稳定，扩散机制就越顺畅。

因此，"聚集"程度主要是由生产力发展水平所决定的，首位城市通常是技术、经济、文化各方面的"高地"，是其他城市和地区学习的"标杆"，而"扩散"则是其他城市向首位城市学习、模仿和借鉴的过程。

在这个过程中，首位城市不是静止不动等待超越的，而是处于动态的不断发展之中，其他城市也是处于动态的发展变化之中。首位城市的影响，即扩散效应发生作用的距离大小，也应该遵循空间衰减规律这一地理学中的重要规律。即随着空间距离的加大，其扩散效应会变小。而扩散速度大小和"势差"大小正相关，当"势差"越大则扩散速度越快。当然，与生产力水平相适应的先进的管理方式、理念和方法，也是文化和社会扩散中的一部分。

二 基模分析的机理模型

系统动力学是研究信息反馈系统的一门学科，其目的是探究系统行为与内在机制间的相互紧密的依赖关系，其将结构方法、功能方法融为一个整体，解决复杂性问题。系统基模的分析则是系统动力学中的重要内容，其建立在系统思考之上，通过一系列图形和符号，简要地列示系统问题内的各个要素及其之间的复杂关系，总结系统运行的共性和规律，是一种重要的研究工具。利用基模分析方法，可以从中得出系统问题里的"杠杆解"，即找出系统所存在的问题，根据问题提出所解决的对策。基模的图形一般由反馈环和时间延迟组成，其中反馈环又分为正反馈环和负反馈环，目前常用的基模主要有成长上限基模、成长与投资不足基模、舍本逐末基模、恶性竞争基模、富者越富基模、共同悲剧基模、饮鸩止渴基模等。利用相关知识，对首位城市与经济增长之间建立基模分析，找出其中存在的主要问题。

结合上文的实证分析，首位城市对经济增长的影响，从最初的不断增加的正向贡献作用，在达到一定规模后实现最高贡献，进而随着城市规模的继续扩张呈现抑制经济增长的作用，从这两个相反的关系结构来看，首位城市对经济增长的机理存在于典型的"成长上限"基模中。成长上限基模所形容的是这样一种系统，其首先在一段时间内加速增长，实现自我增强，而后随着时间的推移，增长速度逐渐放慢并出现停滞的状况，以至于系统开始倒退或面临衰退。

如图9-5所示，成长上限基模的典型特征是由正、负两个反馈环所构成，正反馈环是系统增长的动力机制，负反馈环是阻滞系统增长的问题，其受到各种限制因素的作用，因此，整个系统处于一种正、负相交的矛盾体系中。城市首位度与经济增长的机理关系，也可用此进行分析。

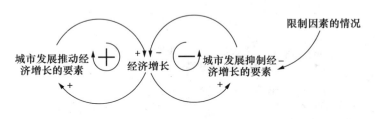

图9-5　成长上限基模

首先，基于人口规模角度分析首位度与经济增长的关系（见图9-6）。左边的正反馈环列示了经济增长所带来的产业发展，使就业机会增加，进而吸引了大量的劳动力涌入城市，促进城市首位度提高的同时，人力资源的增加对经济增长带来了一定贡献；右边的负反馈环刻画了由于经济发达的吸引力，使人口过度集中，首位度过高，使城市在社会管理方面的压力增加，社会环境出现一定程度的恶化，产生了所谓的"大城市病"，对经济增长产生了负面影响，抑制了经济的有效提升。

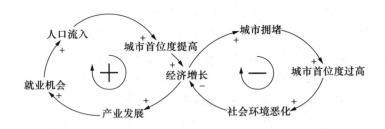

图9-6　城市首位度与经济增长的"成长上限"基模（一）

其次，从规模经济角度分析，经济增长的首位城市可以凭借其良好的经济基础获得更多的投资，使资源禀赋更倾向于在首位城市集中，集聚所带来的直接效益就是降低成本、提高效率，此时规模经济得以实现，即首位度提高，促进了区域经济的增长，这是图9-7中左边的正反馈环；同时，随着投资的持续增加，资源的集中度大大超过了规模经济所需要的适当程度，此时城市首位度依然随着资源的集聚不断提升，但经济效益却已经进入规模不经济的阶段，显然，对经济增长是非常不利的。

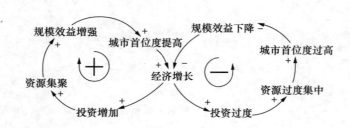

图 9 - 7　城市首位度与经济增长的"成长上限"基模（二）

根据系统动力学所提出的管理原则，如果复杂系统遇到成长上限问题，不应一味地在正反馈（增长）环路上下功夫，而是要设法消除或削弱负反馈环上的限制因素。因此，在城市首位度与经济增长的机理运行上，要重点解决首位城市的资源配置及社会管理等问题，优化城市发展环境，同时对资源进行有效配置，引导合理、适度的投资规模，着力解决负反馈环上的问题，形成正向推进的机理运行。

区域城市的发展是一个相互协调、相互促进的过程，健康、完善的城市体系是提高区域经济的保障。区域发展过程中，首位城市往往是优先发展的，因此，在资源等方面占据着优势，而这种优势的长期存在又会对其他区域发展存在一定的影响，那就是在资源配置上的长期非均衡性，使其他城市发展相对受到一定的阻碍。这种机理性质反映在基模分析中，就是典型的"富者越富"基模，即占有优势的一方越来越具有实力，而另一方实力则在比较中越来越弱，如图 9 - 8 所示，该基模是由两个正反馈环所构成，上反馈环表现出优先发展首位城市所形成的效果，下反馈环虽然也是正的，但含义不同，其他城市自有的资源能够推动自身发展，却对首位城市构成不利影响，而首位城市的优先发展势必要占用这些城市的资源禀赋，两负一正的影响关系形成了一个正反馈环。

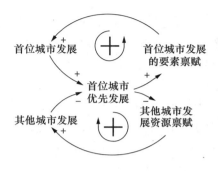

图 9 – 8　城市首位度与经济增长的"富者越富"基模

　　随着"富者越富"的现象发展，首位城市在发展中长期占据优势，使区域内其他城市发展面临压力，因而其他城市为谋求自身发展，必须争夺资源、加快基础设施建设等，以提高发展，这就形成了另一个重要的机理模型——恶性竞争（两败俱伤）模型。该模型的基本含义是：双方各自为实现发展而实施以自我为中心的增长方式，没有统筹全局，形成恶性竞争，最终双方均面临发展的迟滞。图 9 – 9 中列示的是城市发展的恶性竞争模型，左边的负反馈环是首位城市的长期优势形成繁荣，面临的竞争优势较弱，其竞争意识、竞争压力有所减少，但一旦出现竞争，首位城市势必会进一步加快发展，以保证其优势地位；右边的负反馈环列示了其他城市的发展现象，在首位城市快速发展的压力下，其他城市要积极加快城市建设，加快自身发展步伐、实现崛起，以克服自身发展困境；将两个反馈环连接在一起，则构成了一个正反馈环，即通过首位城市和其他城市相互协调，以互相发展形成有效的竞争。

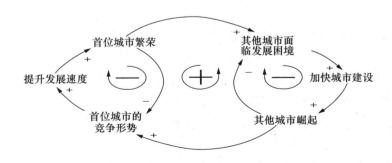

图 9 – 9　城市首位度与经济增长的恶性竞争基模

由此可以看出，"富者越富"和"恶性竞争"基模都充分说明了宏观调控的重要性，两者的"杠杆解"在于总体的合理调控。在区域发展过程中，协调性发展是极为重要的，要有目的性、合理性地引导资源配置，形成要素流通，以提高区域发展的整体效益；同时，形成有效的竞争模式，消除自身的非竞争意识，即在恶性竞争基模中的两条负向连接，自身的发展可以弱化竞争意识，而消除这种障碍的途径就是协调城市之间的资源、人力、基础设施等建设，彼此保持发展特色，形成区域内互促互进、统筹协调的发展格局。

综上分析，系统动力学中的基模分析对研究首位城市与经济增长关系的机理可以通俗易懂地表达出来，在首位城市与经济增长的系统问题中，成长上限、富者越富、恶性竞争的机理均存在，而且具有一定的联系和共性。在此，通过基模图形，明确了系统要素之间的关系，对于系统中出现的问题，直接反映在负反馈环上，从而清晰地展示了解决这些问题所要抓住的关键环节，为后面提出对策建议有较大的帮助。

第四节　城市首位度作用机理的启示

前面的分析明确了首位度发生作用的机理，其有助于更深入认识首位度，并用以科学地指导首位城市与区域经济协调发展的实践。

一　首位度是一个反映性指标而非控制性指标

从首位度机理分析可以看出，首位度可以作为一个反映性指标来分析一些经济乃至社会问题，但不宜作为一种控制性指标。原因有以下两点：

第一，首位度的产生是城市中人口等资源聚集的自然结果。这主要是由当时的生产力发展水平决定的。人口数量只是城市的一个属性，通常首位城市的人口多少，也间接地显示了该城市的发展水平。首位度表示首位城市和次位城市的相对大小（比例），在一定程度上反映了这两个城市的发展水平。但是，由首位度作用机理可知，城市的发展水平不是由人口多少决定的。首位度可以看作是一个衡量"势差"大小的指标，而不是决定"势差"大小的指标，因此说，首位度是一个反映性指标，在一定程度上反映城市之间发展的差距大小。

第二，现实经济社会生活中，在调整经济运行时，着重调控的一些标志性指标，如反映再生产的固定资产投资、研发投入、人员投入，反映经济总量的 GDP，反映进出口情况的进出口总额，反映产业结构的三次产业比重，反映社会情况的就业率、失业率等，这些指标都可以进一步延伸为首位度的比率性质，但并没有真正提出相应的首位度概念。

经济规律自始至终都在社会发展中起作用，如今仍没有把首位度作为一个重要的经济社会指标来看待，也没有理论说明首位度是一个重要的经济社会指标。从社会实践看，与人口相关的指标通常是调控对象，如计划生育，但不是调控的手段，因此，现实情况说明，首位度不是一个控制性指标，即无法通过有计划、有目的地控制该指标，就能控制经济或社会的运行。这也与前面的研究结果"首位度作为一个经济地理学概念更合适，而不太适合作为一个经济概念研究，至少不应该是一个主要的经济概念或指标"这一结论相一致，首位度并不能完全成为经济或社会的调控指标。

二　以技术水平来提高资源利用效率是促进经济社会发展的根本

从首位度的作用机理分析可以看出，推动"高地"产生，以及从"高"到"低"的扩散，起决定性作用的是技术水平，而技术水平只有不断地提高，才能不断地提高资源利用效率，才能持续地产生"高地"，从而实现人类社会的永续发展。而创新是实现技术进步、提高技术水平的唯一途径。无论是理论还是实践都认为，创新对地区、国家乃至民族是极为重要的。"创新是一个民族进步的灵魂"，这是由人类发展的历史所反复证明的规律，由技术创新带动产业升级，是区域经济跨越式发展的基础，也是推动文明形态更替的根本原因。

当今世界，各国综合国力竞相发展，其核心竞争力已经从武力转移到智力，从资本转移到知识，从生产能力转移到创新能力。而创新是智力和知识的直接体现，创新对于增强综合国力至关重要，创新已经成为强国之本、发展之根。国家之间经济增长速度的差异，以及发达国家与发展中国家之间的国力存在较大差距，是国家科技水平、民族创新能力上存在着较大差距的反映。目前，综合国力竞争集中体现在对教育的投入、人才的培养与争夺、新的科学发现和技术发明等方面无形资源的较量上。

因此，不断提高技术水平、持续创新是推动经济社会发展的根本。这时"高地"的聚集和扩散作用才能得以顺利发挥。关注技术创新，关注技术进步，至于首位度则任其自然发展变化即可。

三 完善的制度体系是区域经济发展的重要保障

从首位度的作用机理可知，提高技术水平是根本，而相应的社会环境对创新及其扩散具有一定的推动或抑制作用。因此，应当积极营造良好的创新环境，而这种环境在今天来说，主要是人为的制度环境，包括社会服务体制、生态环保体制等。当前，有些地区差距持续扩大、扩散效应难以发生，其主要原因在于制度等社会环境不同带来的问题。当制度不合理时，则无论经济发展阶段如何，梯度转移和扩散效应都将难以发生，地区间经济差距也难以真正缩小。相关研究表明，如果经济发展的制度条件，不能公平地对待市场上的所有竞争者，那么将很难长久地保持发达地区的规模报酬递增优势，同时落后地区的要素价格比较优势也将被削弱。

体制机制对经济发展的影响作用是巨大的。作为经济发展核心的技术进步更需要不断地进行制度创新，以适应和促进科技发展。因此，中部省域的首位城市，一方面要加大富有创新精神的人才培养力度，增加科技投入，进一步打造自主创新能力；另一方面要促进技术转移相关的法律、法规和政策保障体系的完善，通过开展技术转移示范工程，加快技术转移，提升扩散力度，使技术发明成果在更大范围内得到推广应用，从而加快经济增长方式转变和传统产业结构升级，使中部省域的经济发展始终走在创新驱动、内生式增长的轨道上。

第五节 科学的首位城市发展机制

通过上述机理分析及其启示，中部省域应以首位城市为中心，在区域发展中，坚持扬长避短、资源共享和优势互补原则，通过互联互通、生态保护、政策协调、产业对接等方面的务实合作，实现区域发展"共赢"，建立中部省域首位城市科学、有效的发展合作机制。

一 产业对接机制

建立以产业链为基础的对接机制，实现产业链的各个环节在不同区域的有效协作，建立产业联系，推进产业链的前向关联、后向关联，形成区域产业集群；建立以产业转移为基础的对接机制，各首位城市应依托主要交通干道和优越的区位条件，积极实施高效的产业承接或产业转移，大力发展城市群经济；建立以产业竞合为基础的对接机制。通过差异化、技术创新等手段，实现城市群内不同区域之间产业的良性竞争，进而实现优势互补、资源共享。总之，首位城市应根据自身基础，本着延伸产业链、扩大产业集群的原则，跨区域构建优势产业带、产业廊道，形成分工协作、错位互补、联动发展的产业发展格局，达到首位城市群乃至全省域的产业经济"多赢"状态。

二　政策协调机制

建立保障区域经济合作的法律法规体系。按照法治优先原则，建立有利于进行跨行政区建设和管理的法律法规体系，通过区域的共同立法和执法来规范中部各省份区域经济一体化进程；建立畅通的区域共同市场，联手制定首位城市群区域的财政政策、货币政策、产业政策等，着力营造一种区域经济发展无差异的政策环境；整合地方政策，清理阻碍生产要素在整个区域顺畅流动的地方政策，消除以行政区界为依据的一切歧视行为和做法。

三　互联互通机制

加快形成省域内以首位城市为中心的交流大通道，根据区位条件，通过公路、铁路、航空、河道等交通要道，进一步增强首位城市与周边城市的互联互通，形成省域内功能较为完善、结构层次清晰的交通体系。目前，中部各省域的交通干道的建设相对完善，而主要问题在于省域之间互联互通的缺乏，特别是欠发达的江西省、山西省应积极同其他省份加强沟通。根据地域条件，南昌市应积极联同武汉市、长沙市、合肥市形成长江中游首位城市一体化建设，如以汉江、湘江、赣江、鄱阳湖、洞庭湖为补充，形成沟通城市群的三省水运大通道，太原市和郑州市则应打造内陆地区的中部城市交通网络，构建省际高速公路、高速铁路骨架通道，提高整体运输能力，由此加快形成中部省域首位城市间交通干线与支线紧密衔接、区域枢纽与小城市中转站分工合作的良性互动发展格局。

四　生态保护机制

根据实际情况，建立因地制宜的生态保护标准，以国家生态环境指标体系为指导，太原市、郑州市重点建立大气污染防治法规与办法，南昌市、武汉市、长沙市、合肥市重点建立关于废弃物和污水排放标准，在各省域内制定和落实生态环境保护的重大管控政策，统筹规划省域内环保基础设施建设，制定省域内统一的水域保护条例，加强生态系统的修复，实施生态补偿与生态环境的综合整治；建立跨流域的生态保护监测网络和统一的生态环境监测网络，对生态环境的敏感区域、重大环境污染事件、环境保护需求和重点企业环境治理等实现信息共享；建立联合执法机制，完善省域内常规性联合检查机制、突发性污染事件的事故处置机制和污染防治基础设施的共建共享机制。

五　城市服务机制

各省份应制定首位城市群的公共联合发展政策，实现公共服务资源的相互共享，建立跨城市公共服务产业链。针对教育、卫生、旅游、通信、金融等各个方面，加大资源的整合共享，加强管理制度的对接，逐步实现首位城市群内的公共服务一体化，率先在首位城市内实施各项社会管理服务创新。如消除城乡二元分割的户籍制度，统筹城乡基础设施建设和社区建设，加快城乡教育、医疗保险、养老保险等基本公共服务均等化；同时，在首位城市群内实施统一的企业创业财税支持制度、投融资支持制度、文化事业互通、政府社会事业管理一体化等举措，利用首位城市先进的服务管理体系，提升省域内的社会服务发展水平。

第十章　推进首位城市与区域
经济协调发展对策

　　城市发展是区域集政治、经济、社会发展于一体的多重有机组合，首位城市是相对概念，其仅是区域发展这一多元化、多层级的发展组织过程中的一部分。首位城市对经济增长的贡献是自组织和他组织过程的组合，在双重机理的相互作用中实现演进式发展。

　　中部省域的首位城市发展，遵循城市发展的一般规律，在经济关联规律和中心城市辐射效用的基础上，基本形成了首位城市为核心、副中心城市并驾齐驱、中小城市全面发展的多层级格局。当前区域发展的趋势仍是竞争与合作并存，在大改革、大开放、大转型的发展背景下，未来发展的关键在于如何调整首位城市与各层级城市之间的关系，协调区域城市发展规模，推进中心城市布局的整合，以形成中部地区互利共赢的城市发展格局。要通过解决城市之间的发展关系，在产业发展、城市化进程等方面积极推进，实现城市规模适中、农民市民化，逐步形成大、中、小城市合理布局，首位城市与次级城市、中小城市互动共赢的可持续发展。对此，首先考察先进地区在首位城市的发展方面的相关经验，以对中部省域首位城市有所启发，进一步分析目前所面临的困境，结合这两点，对中部省域的首位城市提出科学、合理的发展路径和对策建议。

第一节　先进地区首位城市发展经验借鉴

　　从发达地区城市发展的历程来看，首位城市的发展不能仅仅局限于行政区划下的城区发展，而是应该突破行政区划限制，努力与周边的城市发展相结合，在产业、基础设施、生态建设方面寻求共同点，形成以首位城市为中心的城市群、城市圈，这是区域经济发展的先进阶段，更是提高区域经济效益、提升城市活力的重要历程。这一点在国外城市发展历史中尤为明显，我国东部发达地区的城市化进程也验证了这一观点的重要性，为此，简要地分析国内外以首位城市发展起来的城市圈建设，对中部省域的首位城市发展提供了重要的参考依据。

一 国外发达地区首位城市群发展经验

一般来说，都市圈是国外首位城市发展的高级阶段的重要形式。以首位城市为中心，依据发展条件、发展环境逐层延伸区域范围，形成都市圈。国外以首位城市发展的都市圈规划已有悠久的历史，1944 年，由 P. Abercrombie 制定的大伦敦规划就是全球著名的都市圈规划，美国的纽约地区规划、日本东京圈规划都曾在当地区域发展和建设中发挥过良好的作用。至今，国外已有英国大伦敦、法国巴黎大区、德国柏林—勃兰登堡地区、荷兰兰斯塔德都市圈、美国北俄亥俄州城市体系、日本三大都市圈以及韩国首尔大都市区等都市圈规划先例。从其中一些有代表性的首位城市圈规划实例看，历次规划都有其特征和问题导向，恰恰反映出首位城市规划关注的焦点，包括首位城市的环境生态、规划管制协调以及周边城镇职能分工等。

表 10－1　　　　　　　　　　发达地区首位城市圈发展情况

地区	荷兰兰斯塔德都市圈	德国柏林—勃兰登堡地区	日本大阪都市圈
发展特征	首位城市的中心保留着一个由农业和游憩带组成的"绿心"，这块绿心曾一度成为城市空间扩张所争夺的焦点，但实际规划中明确提出保护中心绿带不受侵占和持续开发	规划跨越两个州，曾先后成立区域统一政府委员会、联合空间规划署等机构，共同制订都市圈规划方案，并通过协商方式负责规划实施	城市群内部组成了"商业的大阪、港口的神户、文化的京都"的职能协调体系
解决问题	人口、经济高度密集情况下首位城市持续发展问题	跨行政区划的首位城市与周边城市的规划组织模式和规划实施途径	首位城市与周边城市的职能分工
发展理念	自然生态与社会经济的平衡和协调发展	设立都市圈管制协调机构，协商解决规划编制和实施问题	区域整体协调发展，组成内部互补协调、整体独立完善的都市圈职能体系

二　长江三角洲首位城市群的发展经验

长三角是我国城市化发展较快的地区，1982 年 12 月，国务院宣布成立上海经济区，并专门设立了上海经济区规划办公室，这标志着长三角地区先进的城市化进程的开始。这个区域包括上海、杭州、南京在内的多个省域首位城市，因此，在发展中也具备一定的特殊性，那就是首位城市之间的密切合作。

总的来说，随着长三角地区经济的不断发展，各首位城市之间的交流和联系逐渐密切，长三角区域合作的领域也不断拓展。上海市地理位置优越，城市基础设施、服务设施完善，经济实力雄厚，金融服务功能强大，外向度高，与江浙腹地共享吴越文化，与其有着深厚的社会经济文化联系，在长三角地区经济发展中发挥着"桥头堡"的作用。上海市的中心作用，辅之以南京市和杭州市，为上海圈经济发展插上了飞翔的翅膀。同样为首位城市的南京圈、杭州圈，尽管并没有上海市的超强实力，但是，凭借自身经济实力和强大的行政资源，在长三角经济发展中依然发挥着主导作用。其发展经验主要体现在以下几个方面：

（一）推进共同市场建设，统一区域内贸易和投资政策

建立以资本、产权、劳务等要素为核心的区域性共同市场。建立健全诚信体系。建立长三角区域统一的信用指标体系和评价标准，实行统一的市场准入制度，完善统一的商标保护制度，避免地方保护主义，取消各类产品准入的附加条件。建立区域性统一的资信认证标准。建立区域性安全认证机构，对取得安全认证标志的产品制定流通规范，允许在长三角区域自由流通，消除以行政区界为依据的一切歧视行为和做法，为各类市场主体创造公平竞争的环境。长三角区域内各主要城市，统一市场监管规则，实行工商联手，扩大商品交流的广度和深度。鼓励和允许国内外资本以独资、合资、合作、联营等方式进入长三角区域的共同市场。

（二）推进长三角区域社会服务体系的共建、共享

在长三角区域积极发展多元投资合作办学，鼓励发展长三角区域高等教育机构的跨省份合作和跨省份发展，支持非公有资本参与非义务教育阶段公办学校的改制和重组，鼓励非公有资本投资建立高水准的高校，大力发展非学历培训。鼓励组建跨省份的医疗服务集团，允许非公有资本采用多种形式，参与基本医疗服务主体框架外的公立医疗机构的改制，

兴办公益性或经营性医疗机构以及组建医疗投资公司、医院管理公司和医疗集团。以支持服务为突破口，积极探索以个性化服务为特征、面向整个社会服务体系的建立，使信息化在为部门提供服务的同时，其自身逐步成长为整个社会服务的一个可持续发展的产业。

（三）构建基础平台，实现区域信息共享和合作

建设统一的长三角区域合作综合信息交流平台，在此基础上，建立泛长三角交通、能源、经贸、旅游、物价、工商、质监、环保、卫生、食监、药监、公安、三防、商会和企业等各个领域的信息应用系统，建立稳定通畅的信息沟通渠道，实现长三角各领域信息互通共享、业务互动协作以及联合监管。建设三地各级政府的公务信息、企业信用评级、信用监管等，以实现信息公开与共享，以增加地方政府政务透明度、公共信息的共享性和地方政府间的政务协作能力；鼓励各类非政府组织建设多样的分类信息平台，真正实现区域内的信息共享。加快推进长三角区域以认证、电子口岸等共性信息网络的互联互通、系统的协同开发、数据的共享共用，从而提升地区的信息化水平和管理水平。

（四）基础设施一体化建设

在国家长三角区域规划及全国交通发展规划的指导下，统一规划布局区域基础设施。构建包括公路网、铁路网、港口、空港等互融互通的现代化综合交通体系。努力实现建设、收费、管理、利益的分享。

三　中部省域自身先进经验总结

2010 年 8 月，国家发改委明确提出了中部地区六大城市圈，即武汉城市圈、中原城市群、长株潭城市群、皖江城市带、环鄱阳湖城市群和太原城市圈的任务目标及实施纲领，支持城市群在重大改革领域先行先试。经过几年努力，中部地区的城市相对于发达的国外和东部沿海城市，虽然存在一定的差距，但武汉市和合肥市发展较快、具有特色，说明中部的城市发展有着自身先进的做法，形成了凸显自身特点的发展历程。以这两个首位城市为例，简要地分析其在打造首位城市圈上的几点做法。

（一）武汉城市圈

武汉城市圈处在中国"中部之中"的经济腹地，是中国东西部产业梯度转移的桥梁和纽带，在中国城市群结构体系中，处在国家二级城市群的战略地位，是中部崛起的重要战略支点，是中部崛起中重要的先进制造业高地和现代服务业中心，是湖北省最大、未来最强劲的经济增长极和

长期持久建设的战略重点。武汉城市圈的发展主要具有以下三个特点：

1. 充分利用其良好的区位，打造交通枢纽

武汉城市圈位于全国经济地理的中心地带，自古就是重要的交通枢纽。武汉是全国最大的综合性交通和通信枢纽之一，四大铁路枢纽（北京市、上海市、广州市、武汉市）之一，有华中地区的航空运输枢纽天河机场和武汉港、武穴港和黄石港 3 座大型港口。以武汉市为圆心，在1200 千米半径区域内分布着全国 70 个大中城市，几乎包容了全国 80% 的经济实力，这一区域已经成为武汉城市圈的十小时经济圈。

2. 错位发展促进产业一体化

产业是城市经济的支撑，产业一体化是城市圈经济一体化的核心。武汉市自 2009 年起，按照错位发展的模式，建立圈内产业交流合作平台，鼓励武汉市与周边城市产业互动、双向转移、协调发展，有力地促进了区域内产业的一体化。为推动武汉城市圈产业协作配套和一体化发展，湖北省发改委 2009 年出台了《武汉城市圈产业双向转移优化发展实施方案》，在对城市圈各城市优势产业、产业集群进行系统分析的基础上，提出了各城市需转移及优化发展的产业，明确了城市圈内产业转移的方向。政策从支持城市圈产业集群、中小企业发展、加快科技创新、提高经济外向度等 6 个方面提出具体措施。明确了汽车及零部件、电子信息、石化、纺织服装、冶金建材、食品医药和轻工业 7 个圈内产业协作重点，并对城市圈产业转移重点项目进行了跟踪服务。完善了工业经济运行分析监测体系，建立了重点企业、支柱行业数据库和运行月报、旬报制度，为及时掌握圈内重点企业、重点产品的生产及市场变化情况，建立了稳定可靠的信息来源渠道。

3. 重视科教人才和创新优势

武汉市科技教育水平发达，全市规模以上企业拥有研发人员约 4.5 万人，普通高等学校 79 所（含国家重点高校 11 所），高校在校生规模达 92万人，居全国第 3 位，科研院所 150 个，省级以上重点学科 267 个，重点实验室 95 个，工程研究中心 45 个，科技企业孵化器 46 个；国家级企业技术中心 10 个，高新技术产业化基地 24 个，其东湖地区又是我国仅次于北京中关村的第二大智力密集区，创新资源总量丰富且具有很强的区际比较优势。相对于东部沿海三大都市圈，武汉城市圈具有劳动力成本低、土地和原材料成本低、基础设施建设成本低的综合优势。

（二）皖江城市带

以合肥市为中心发展的皖江城市带是实施促进中部地区崛起的战略重点开发区域，在中西部承接产业转移中具有重要的战略地位。皖江城市带的发展主要具有以下三个特点：

1. 经济基础较好，产业发展完善

皖江城市带示范区是安徽经济基础较好的地区。这个地区交通便利，产业结构相对完整，工业发展较快，整个区域生产总值在全省名列前茅。从地区生产总值来看，区域内合肥市（1664.84 亿元）总量超千亿元，芜湖市（749.65 亿元）、安庆市（704.72 亿元）、马鞍山市（636.3 亿元）和滁州市（520.1 亿元）超 500 亿元。

目前，皖江城市带已经形成了良好的各有特色、优势明显的产业基础，具有冶金、建材家电化工和汽车及零部件等许多产业集群。同时，皖江城市带在现代农业、物流服务业、金融业等产业具有良好的产业综合配套能力。此外，皖江城市带的产业发展平台也逐渐完善，迄今为止，已经拥有 4 个国家级开发区和 65 个省级开发区，政府支持扶助政策体系也更趋完善。

2. 注重基础设施建设，交通体系完善

皖江城市带示范区是安徽省经济基础较好、对外开放最早的地区，皖江城市带内，长江黄金水道、快速铁路、高速公路等综合交通体系比较完善，区位优势明显，产业基础良好，配套能力较强。有日趋完善的交通运输网络，其中，接长三角的 6 条高速公路包括合宁、马宁、宣杭、徽杭、合徐、沿江高速已建成，还有一批新的快速通道在加紧建设中，16 条国省干线公路与长三角连通，并基本达到同一标准。示范区内高速公路通车里程超过 1500 千米，公路密度比全国平均水平高出 1 倍以上。

3. 人才资源丰富，创新能力较强

皖江城市带示范区有多所高校和科研机构，人才资源十分丰富。区域内的合肥市拥有高等院校 48 所，芜湖市 9 所，占全省高等院校的55%，两市的研发机构分别为 727 所和 286 所，科技活动人员为 10 万人和 3.8 万人，均占全省的一半以上，在专利申请、有效发明等方面具有绝对优势，区域内合肥、芜湖自主创新综合配套改革试验区建设不断深入推进，成为中部地区创新崛起的重要区域。

四　经验总结及启示

综合上述发展经验特别是国内先进地区的经验，可以看出，由于首位城市一般既是经济中心，又是行政中心，均与周边城市有着天然的社会、经济、文化联系，行政隶属关系更是加强了这种经济联系。这些地方都充分利用了其良好的区位优势，积极进行基础设施建设，构建完善的交通网络；建设形成优势明显的产业基础，不断深化区域内产业一体化发展；注重培养科教、人力资源和创新优势等。

反观处于中部地区的太原市、南昌市等，都明显存在城市服务功能不足等问题，仅凭行政力量，其在区域经济发展中的主导作用有限，对于周边地区的经济影响偏弱。上述经验分析对中部其他首位城市的发展特别是欠发达地区的发展起到深刻的启示作用。

第二节　首位城市与区域经济协调发展对策体系

综合前面的研究结论，现状分析部分提出了中部省域首位城市发展中存在着行政壁垒、产业同质化严重、协调分工欠缺、生态形势严峻等问题；首位度的发展规律、经济增长效率和机理分析三部分总结出了首位度是通过资源配置来达到对经济增长的作用，应以技术进步提高资源配置效率；首位度与经济增长的关系及最优规模部分判断出了"湖南省、湖北省和安徽省的首位城市规模与经济发展相对协调，山西省可进一步提升首位城市规模以实现规模效益，江西省和河南省重点要调整城市内部结构并加强辐射周边地区"。因此，紧紧围绕上述研究结论，从首位城市规模、产业结构及城市建设、城乡统筹、服务体制、科技进步、生态环保等方面，坚持"突出重点、统筹规划、合理布局"的原则，秉承"立足特色、突出优势、差异互补、区域协同、整体发展"的发展思路，大力实施"规划统领化、产业协调化、基础设施一体化和公共服务均等化"的具体方针政策，促进中部省域首位城市的转型升级，科学、高效地提升中部省域经济发展质量。

一　转型传统城市首位度，完善城市体系

传统的城市首位度是基于行政区域的划分、建立在城市规模基础上的相关定论，未来城市发展的主流应当打破行政区划限制，强调经济领域范畴，加强城市间的人员往来、资源共享、信息交流，以现有的首位城市进一步发展城市群、城市圈，形成省域内、省域间高效的城市布局，打造中部地区完善的城市结构。

（一）科学推进首位城市的转型

打破市区发展限制，延伸城市体系，有层次性地分解或纳入周边临近县（区），联动性地形成"一核多区"的城市发展模式，即逐步形成以"城区—镇—城乡结合区—中心村"的城乡一体化型首位城市区域。以这种模式推动工业园区、产业集群在城市内的统筹布局。同时，加强区域性交通基础设施配套，推动重大服务功能建设，加快与周边区域的一体化发展，通过都市区建设，推进与周边区域统筹协调，加快对周边城镇的辐射带动，打造综合的首位城市—周边城市群，形成首位城市同周边次位城市协调发展的科学布局。

（二）加强首次位城市的协同性发展

联动性地发挥各省域首位城市在经济、社会发展上的积极作用，在以首位城市综合实力提升的同时，着力加快如芜湖市、九江市等次位城市的经济发展，将其打造成具有与首位城市辐射作用相呼应的区域次位城市，重视首位城市与次位城市的有机结合，寻求两者之间在产业、基础设施、技术创新等方面的互补性，推进两者之间的商贸市场、金融市场、信息网络以及公务服务一体化发展，以区域一体化的路径形成现代化的城市结构体系。

（三）积极推进首位城市圈内的中小城市发展壮大

充分发挥中小城市在区域一体化进程中所具有的连接城乡、辐射农村、扩大内需、促进区域经济发展等重要作用，坚持以强带动、凸显特色、统筹兼顾，大力推进中心城市周边的工业园区、卫星镇、旅游小城镇等发展，重点扶持具有良好产业基础、便捷交通区位、丰富资源优势的城镇，完善其基础设施，充分挖掘其发展潜力，着力实施人口集聚、促进产业发展、规范土地运作、深化体制机制改革、拓宽融资渠道和加大资金扶持等政策措施，提高城镇的综合承载力，继续增创示范城镇，以示范镇的带动作用，积极探索在生态环保镇、特色产业镇等方面的创新发展模式，引导其吸纳人口、解决就业，全面提升城镇发展的速度和质量。

　　具体来说，首位城市南昌市的建设，应以"一个核心、两个对接、多节点放射"的发展模式为主旋律，突破行政分割，创新体制机制，强化分工合作，促进优势互补和集合发展，即加快以大型城市南昌市为核心，向外辐射，发挥龙头作用；其次以中型城市抚州市、九江市为对接点，形成联动发展；再次以小型城市共青城市、丰城市、高安市等为节点，形成产业走廊支撑；最后辅以周边相邻县市为辐射区，进一步完善大南昌都市圈建设。

　　郑州市则继续按照"一主三区四组团、36 个重点产业集聚区、27 个新市镇、183 个新型农村社区、56 个历史文化风貌特色村"的空间布局，重点培育郑州航空港经济综合实验区发展，以完善的城市体系加快现代城市化进程。太原市在"一核一区三组群"的基础上，应进一步推动城市南移、旅游西进，构建以汾河为轴线的多中心、组团式的城市格局，以太（太原市）榆（榆次区）同城化为试点，逐步改善城市圈内城市之间行政区划分割现象，加快首位城市同周边区域一体化进程。

　　武汉市则是加快构建"3 + N"城市内部空间结构，以主城区为城市核心，由主城区向外沿阳逻、豹澥、纸坊、常福、汉江、盘龙等方向构筑六条城镇空间发展轴，整合新城和与之联动发展的新城组团，形成东部、东南、南部、西南、西部和北部六大新城组群，同时加强地下空间开发利用。

　　长沙市的重点是推进"沿江建设、跨江发展"，加快大河西先导区建设，拓展城市发展空间；同时对周边的浏阳"一线三城"建设，加速宁乡东部新城与主城区对接，把浏阳市、宁乡市建成中等规模卫星城市，有序开发、合理改造周边的 10 万人和 5 万人规模的小城镇。

　　合肥市将重点发展"1331"市域空间格局，即由一个老城区合肥，三个副中心城区巢湖、庐江和长丰，三个产业新城合巢产业新城、庐南产业新城和新桥空港产业新城，以及一个环巢湖示范区，形成首位城市同周边城市协调一体的城市群。

二　升级首位城市经济结构，促进产城融合

　　首位城市的核心集聚力为经济集聚，提升首位城市实力，关键要以产业做支撑，把优化产业布局作为产业发展的重点任务，鼓励各地根据资源禀赋以及主体功能地位确定企业产业发展的重点，优化重点产业生产力布局，构建一个分工合理、主业突出、比较优势充分发挥的首位城市产业布局。

在首位城市的发展机制中，应尽快形成以高端制造业和现代服务业为主体的经济体系，争取在优化结构、节能减排、快速高效方面取得显著成效。对此，应积极培育"以产兴城、以城育产"的有机协调路径，通过产业壮大、升级带动需求，激发城市活力，利用城区的基础优势，促进产业集聚，增强产业竞争力。因此，提升优化首位城市的规模布局，很大程度上取决于产业的布局优化，要坚持"发挥区位优势、适应产业需求"这一主线，实现城市培育产业、产业反哺城市的二元模式。首位城市作为全省工业化、农业现代化和城镇化的强大引擎，在众多产业发展上具有一定的优势，周边地区则应积极策应，根据自身基础，本着延伸产业链、扩大产业集群的原则，跨区域构建优势产业带、产业廊道，形成分工协作、错位互补、联动发展的产业发展格局，从而加快城市之间的相互融合，实现产城互动，协调发展。

因此，首位城市转型升级，重点和关键就是产业结构调整与分工合作。要改变以往城市之间各自为政、重复建设的模式，优化城市群内产业的布局，区域内城市根据比较优势和竞争优势原理，合理确定自己的主导产业，突出特色，实现差异发展、错位发展。湖北省应以武汉市为中心，以京广线和长江沿岸为发展轴线，重点发展汽车、钢铁、机械、化工、建材、纺织服装、电子信息产业；湖南省应以长沙市、株洲市、湘潭市为核心，以洞庭湖和长江沿岸为重点，优先发展电子信息、机械、交通运输设备制造、有色金属、化工、食品等产业；江西省应发挥南昌市作为首位城市、九江市作为次位且港口城市的优势，以京九铁路、昌九高速公路为发展轴线，重点发展汽车、钢铁、纺织、机械、食品等传统优势产业，生物制药、航空、电子、信息工程等高新技术产业，港口航运业、物流业和旅游、商贸、金融等第三产业，逐渐形成全省经济增长的核心区域；其他省份，山西省太原市以资源型产业为主，加快推进产业转型升级，实现产业发展生态化、绿色化与低碳化；安徽省合肥市、芜湖市应加快以能源、电子、汽车与工程机械、旅游、农业与农产品加工等为主体的产业升级；河南省郑州市在中原城市群内，形成以能源与化工、有色加工、机械装备、农业、轻纺、食品等为主的产业基地。由此，构建"总部—分部—基地"的首位城市产业化发展模式，实现中心哺育与反哺育区域良性互动发展格局，优势互补、相互涵盖，提升中部省域经济效益及综合竞争力。

三 对接首位城市交通设施，构建空间一体

加强首位城市与周边地区的公路、铁路、航道、港口等交通基础设施的协同建设，以首位城市为中心，构建包括高速公路、高速铁路、城市轻轨、航空航运在内的现代化综合快速交通运输体系。全面推进各省域内的省际高速公路对接和城乡交通路网建设，加强省与省之间、市与市之间、市与县接壤地区城市连接路网的建设，全面铺开高速公路网、铁路网、机场、港口和城市道路网络，形成以首位城市为中心的水陆空并举、干支相连、集疏成网的综合运输体系和城市群交通圈，逐步实现区域内的城市交通、长途公共交通和城市公共交通、乡村公路与城市道路的有机衔接，实现城际交通联系的"高速化"和"公交化"。

全面推进中部省域城市群交通无缝对接和一体化进程。一是实施运输管理和运输服务信息系统的对接。加强各省域内的区域信息平台对接标准和相关规范建设，以实现各省城运输出行信息共享，实现运输企业管理、年审、联网售票、交通物流枢纽信息联网。二是加快交通应急系统的对接，建立统一汽车维修救援服务网络以科技成果推广应用的共享机制；根据地域差别，建立季节性运输、抢险救灾等突发性运输的协作和运力应急支援协调机制以及安全事故处理机制，互相配合做好安全事故的调查、处理。

如南昌市的昌九一体化建设需增强昌九高速的运载力，推进都九高速、九江绕城高速建设，推进合九、武九客运专线，京九铁路电化改造，提升昌九对外交通便利性；郑州市的航空港经济综合实验区需打通综保区与主城区"四纵四横"联络通道，完善实验区陆路交通集梳网络；太原市通过高铁、轨道交通等为主的快速交通体系，构建起以太原市、晋中市等交通枢纽为中心的干支相连、内外互联的现代化综合交通运输网络等，对提升首位城市的发展、实现区域经济一体化起到至关重要的作用。

四 推进新型城镇化建设，统筹城乡一体

提高中部省域的城乡一体化水平，重点是统筹城乡经济发展、提高农民收入及推进城乡基本公共服务均等化、加快农村产权制度改革等，加快构建"以工促农、以城带乡、工农互惠、城乡一体"的新型城乡关系。

第一，在乡村建设方面，顺应农村地区人口外迁的趋势规律，坚持生态文明、绿色环保，根据农村不同的区位、资源和生态环境特点，因地制宜地引导乡村改造。着力改造首位城市的棚户区、城中村，采取"就地城镇化"和"异地城镇化"相结合的方式，对有条件的乡村集中区进行"撤村并区"改造，特别是引导高山地区、湖泊水库地区和灾害易发地区人口向承载力较好的区域异地转移，实现人口有序聚集；同时对具有特色的乡村进行整治建设，重点推进特色农林业经济发展，保护并发扬乡土文化；出台产业、劳动力培训、住房建设等方面优惠政策，着力改善村庄的基本公共服务和卫生环境条件，提升农村地区发展活力，建设和谐美丽的农村。

第二，在农民市民化转型方面，首位城市应着力突破当前农民工的"半城市化中的边缘人"这一尴尬身份，由于大量农民工在转变成市民方面存在各种困难，这就迫使这个群体成为城乡间进行候鸟式迁移的"边缘人"，制度层面、社会层面以及自身层面的因素导致的这种现象阻滞了城镇化进程。实现农民市民化，首先要实行一元户籍制度，消除农民的城市进入障碍，通过《居住地人口管理条例》逐步把符合条件的农业转移人口转为城镇居民。同时，要形成一套完善的社会机制，包括完善农民权益保障的法律体系，提供专门的农民基本权益保护法律规定等；以农民就业导向产业结构调整，实现结构调整对农民就业的推动作用，避免失业现象，同时引导调整产业的区域分布，实现农民外出务工的合理分流；促进农民落户后融入城市，最关键的是公共服务均等化，即农民在落户城市之后能够享受同城市居民一致的医疗、住房、教育、保险等，取消对农民就业的歧视性规定，将其纳入城市经济适用房和廉租房的范围，加强对农民在医疗、养老工伤等方面的保障力度。

第三，在城乡一体化制度方面，首位城市要率先形成强有力的政策保障。当前的户籍制度成为农民进城的门槛，而农村宅基地则是农民切实利益的基础，两者在城镇化进程中是相辅相成又相互制约的关系，农民进城后既面临因城镇户籍限制无法享受同等社会条件又面临宅基地空置使自身利益无法得到保障的尴尬局面。因此，改革两者的协同性，实施"户地联同改革"，实现城镇化进程中的"双赢"。户籍和宅基地制度的联同改革（见图 10-1），是通过城镇中长期居住的农民将其在家乡宅基地对应的建设用地指标转让给其所在的城市。作为城市扩张的建设用地指标，宅基地复耕的方式相应地增加农业用地保有量。在这个过程中，宅基地因建设用地指标的性质而提升了其市场价值，农民用放弃宅基地使用权所获得的收益，来用于城市户籍、公共服务和社会保障的相关服务，城市公务服务建设也可得到相应的补偿，并且避免新进居民与原居民之间因公共资源分享而形成的矛盾。其本质在于逐步放开宅基地使用权流转，通过选择首位城市中的个别城镇开展农村宅基地使用权抵押试点及宅基地融资平台，同时建立宅基地退出与城市住房保障政策相匹配的激励政策，探索建立农民工租赁住房补贴及购买住房补贴制度，改革和完善城市住房政策，逐步将符合条件的农民工纳入城市住房保障体系。

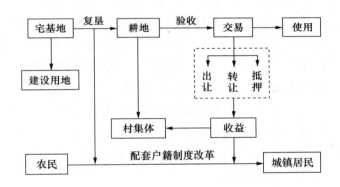

图 10 - 1　"户地"联同改革方案

五　改革首位城市体制机制，完善区域服务

城市的规模效益不仅仅体现在资源禀赋上的集聚，更重要的是先进制度等潜在竞争因素的实施，才能更好地发挥首位城市的辐射作用。中部首位城市应构建更具活力、更加开放的体制机制，增强经济发展内生动力。作为首位城市，应积极争取、实施国家级和省级的财税、金融、土地等方面创新型试点，以及低碳试点、循环经济试点、现代服务业试点，优先开展市政公共设施产权制度改革、户籍制度改革、城市组团和产业集聚区管理体制改革，增强文化底蕴，以实现体制机制上的先行先试。

在财税金融支持方面，加大均衡性转移性支付、重点生态功能区等财力性补助力度；并在安排地方工作支付债券转贷额度时给予重点支持；对重大建设过程中涉及的行政事业性收费予以免收，经营服务性收费按照低限减半收取；重点对基础设施、公共服务一体化以及产业对接等方面予以优惠支持，如从事公共交通设施、电力、水利等企业税收实行"三免三减半"，对从事农产品流通和加工的企业予以免征增值税等。推动金融服务产品创新，争取发行区域性项目债券、企业债券、区域建设政府债券，推动区域债券市场建设；构建首位城市中小企业贷款担保体系，推进城市群内商业银行的联合，组建区域性银行集团，创造并扩大"金融同城"效应；引导信托投资等非银行金融机构健康发展，积极发展产业投资基金、证券投资基金和中小企业贷款担保基金，提升首位城市资本市场的服务功能。

在信息化建设方面，首位城市理应成为现代信息化的示范区。各首位城市应大力建设城市智能信息网络，加快建设布局下一代移动通信网、下一代互联网、数字广播电视网、物联网等信息化基础设施，夯实城市数字化、智能化基础。在保障安全的前提下，积极推广互联网、物联网、云计算、大数据等现代信息技术在城市管理、公共服务中的普及应用，全面推进"三网"融合，提高互联网普及率、信息消费水平及信息化发展指数。建设好智慧城市，加快推进智能城管、智能交通、智能电网等建设，提高城市信息化、智能化和管理科学化水平，以信息化手段缓解城市拥堵、污染等"城市病"。

文化文明建设是城市发展的名片，是首位城市建设的重要组成部分。保护、传承首位城市深厚的历史文化底蕴，彰显、传播特色地域文化，建设"文化城市"，实现跨省域、跨城市文化的融合与对接，以名人名史文化、书画文化、表演艺术文化、戏曲音乐文化、饮食文化等为重点，打造各首位城市为省域、中部地区的文化产业发展集团，积极同其他城市同一领域内的文化进行贯穿、衔接，培育和发展艺术创作等文化产业项目集聚，联手推出一批具有国内乃至国际影响力的文化活动精品，提高文化品牌竞争，将各首位城市及周边地区打造为中部地区特色的文化旅游休闲基地。

另外，当前诸多首位城市都面临部分城区改造的问题。其一方面要推进新城区建设，积极引导重大功能性社会事业项目落户新区，完善新城区的医疗、教育、文化、体育等公共资源体系，尽快改变民生社会事业机构过于集中老城区的现状；另一方面要加快旧城区改造，加快老城棚户区和城中村改造，对传统工业企业实施退城搬迁，加强文化建设，提升老城区品质。

六 集聚首位城市科技力量，提升创新能力

创新是区域发展的动力，是经济增长的核心要素。中部首位城市应充分利用各自高等院校、科研院所众多的智力资源优势，统筹规划，有序建设多元化科技市场，推动区域内产学研一体化，构建城市技术创新体系，提高省域的整体技术创新能力。

中部整体的科技创新能力与东部地区存在较大差距，各省域应积极整合研发力量，加强城市的共同协作，集中攻坚生产管理的核心技术、关键技术。一是以各城市的高新技术产业园区为载体，充分发挥其在产业集聚与创新整合方面的作用。开展多元创新形式（原始性创新、集成性创新、消化性再创新），可通过税收减免、风险共担等措施，鼓励企业加大研发投入，鼓励风险投资和社会资本进入，重点扶持高新技术企业和有成长潜力的中小企业。二是完善创新服务体系，推进创新服务的专业化和市场化。由省域、城市相关部门共同出资设立城市区域创新体系建设专项资金，专门用于首位城市群发展的一些重大项目联合研究、重大产业关键技术的联合攻关、区域创新性平台的建设；同时要形成人才资本发展模式，加强创新人才培养、引进和流动。对此，要以科研机构和企业为载体，以自主创新创业为契机，实施多层次人才计划以及突破性的人事制度和奖励制度，积极吸引高端人才和留住本地人才。

七 加强首位城市生态保护，实现可持续发展

以科学发展、绿色发展的理念为指导，坚持"既要金山银山，更要绿水青山"的发展原则，促进生态文明建设，努力提升首位城市环境承载力与和谐度，在新老城区的改造建设中着力改善人居环境。以城市、县镇组团间的绿化隔离带、城区绿地系统和自然保护区为支撑的城市群绿地系统，形成"青山、碧水、绿地、蓝天"的生态首位城市，营造良好的宜居环境。

农业的污染在城市发展中并不是主要问题，但城市边缘的区（镇）中有着一定的城市农业的种植、养殖形式，并伴随着发展了农家乐等形式的城市旅游，因此，要鼓励这些地区发展特种水产、特色果业、无公害蔬菜、有机绿茶等绿色生态农业，积极推广"猪—沼—果"、发酵床养猪等循环农业模式和水产健康养殖，加大对城市边缘的乡村农业面源污染整治，建设生产、生活废弃物利用和处理设施，优化居住环境。

　　中部省域的首位城市基本都是工业发展的集中区，要加速淘汰落后的工业生产能力，从法律、环境、安全、技术、质量和资源综合利用等方面提高行业准入标准，强制淘汰落后产能；加大资源税与资源类产品价格改革力度，完善并落实节能减排措施；建立规范的落后产能退出制度和退出保障补偿机制，加快建立产业结构调整专项资金，落实"落后产能退出专项补贴"。武汉市、长沙市、南昌市、合肥市在地域上有一定的关联和相似性，应围绕生态保护区建设，构建生态工业体系，推进生态保护区的社会发展；太原市和郑州市则应主动淘汰、更新污染严重的生产能力，促进经济效益和生态效益的协调，实现可持续发展。

八　促进省域首位城市协作，打造跨省域互补型产业基地

　　跨省域的城市群建设，是遵循区域经济发展规律，实行以重点突破带动整体提升的战略举措，也是顺应区域经济发展格局变化的内在要求，创新区域发展新格局的迫切需要。对此，根据国家发展战略规划，结合中部省域的联系程度，在长江中游地区，在湖北省、湖南省、江西省的经济精华地带和城市化水平最高地区推进城市集群建设，构建以武汉市、长沙市、南昌市首位极的区域城市群，对于优化中部城市体系和地域空间结构，打造中部乃至全国的经济增长极，促进中部地区快速崛起，都具有重要的战略意义。

　　长江中游的三个首位城市武汉市、长沙市、南昌市应打破区域封锁和壁垒，以优势互补与共同发展的原则，加强在科技要素、人力资源、市场准入、社会管理和服务等方面的对接，加强跨区域间经济与产业关联性，形成分工合理、优势突出的分工格局，打造一批跨省域相互匹配的产业基地、产业集群，不断增强区域可持续协调发展能力；以水环境保护为重点，建立健全长江干流的环保联防联控机制，提高跨流域环境污染处置能力；大力推动武汉市、长沙市、南昌市等首位城市向高端化、服务化方向发展，将岳阳市、九江市、咸宁市作为三省合作的门户，加强其与中心城市的联系，以构建功能完善的城市群发展轴心，最终实现首位城市、边界城市、特色城市协调发展。

参考文献

[1] Ades, A. F. and E. L. Glaeser, Trade and Circuses: Explaining Urban Giants [J]. *Quarterly Journal of Economics*, 1995 (110): 195 – 227.

[2] Alwosabi, M., The Impact of Economic, Political, and International Factors on Urban Primacy [D]. Oklahoma State University, 1995.

[3] Anas, Arnott and Small, Urban Spatial Structure [J]. *Journal of Economic Literature*, 1998 (34): 1426 – 1464.

[4] Bairoch, P., *Cities and Economic Development: From the Dawn of History to The Present* [M]. Chicago: The University of Chicago Press, 1988.

[5] Barro, R. J. and Lee, International Comparisons of Educational Attainment [J]. *Journal of Monetary Economics*, 1993 (32): 363 – 94.

[6] Berliant, M. and Wang, P., Dynamic urban models, agglomeration and growth [J]. *Elsevier Science*, North – Holland, Amsterdam, 2004: 531 – 581.

[7] Carroll, G. R., National City – size Distributions: What Do We Know after 67 Years of Research [J]. *Progress in Human Geography*, 1982, 6 (1).

[8] Gunnar Myrdal, *Economic Theory and Underdeveloped Regions* [M]. Gerald Duckworth & Co., 1957.

[9] Henderson, J. V., *Urban Development: Theory, Fact, and Illusion* [M]. Oxford: Oxford University Press, 1988.

[10] Hollar, Michael, Central cities and suburbs: Economic rivals or allies? [D]. The George Washington University, 2004.

[11] Jacobs, J., *The Economy of Cities* [M]. New York: Random House, 1969.

[12] Jefferson, M., The Law of the Primate City [J]. *Geographical Review*, 1939 (29): 226 – 232.

[13] J. G. Williamson, Regional Inequality and the Process of National Development [J]. *Economic Development and Cultural Change*, 1965, 13 (4).

[14] J. V. Henderson, Optimum City Size: The External Diseconomy Question [J]. *Journal of Political Economy*, 1974, 82 (2): 373 – 388.

[15] J. V. Henderson, Ways to Think about Urban Concentration: Neoclassical Urban Systems versus the New Economic Geography [J]. *International Regional Science Review*, 1999, 19: 31 – 36.

[16] Luc Anselin and Ernest G. Arias, A multi – criteria framework as a decision support system for urban growth management applications: Central city redevelopment [J]. *European Journal of Operational Research*, 1983, 13 (3): 300 – 309.

[17] Luisito Bertinelli and Eric Strobl, Urban Concentration and Economic Growth in Developing Countries [J]. *Urbanization Working Paper*, 2003, 12: 221 – 232.

[18] Marshall John, *The Structure of Urban Systems* [M]. Toronto: University of Toronto Press, 1989: 17 – 32.

[19] Marshall, *Principles of Economics* [M]. Macmillan, 1920.

[20] Masahisa, F., Krugman, P. and Mori, T., On the Evolution of Hierarchical Urban Systems [J]. *European Economic Review*, 1999, 43: 209 – 251.

[21] Mills, E. S. and B. W. Hamilton, *Urban Economics*, 5th ed. [M]. New York: Harper Collins College Publishers, 1994.

[22] Moomaw R. L. and A. M. Shatter, Urbanization as a Factor in Economic Growth: An Empirical Study [J]. *Journal of Economics*, 1993, 19 (2): 1 – 6.

[23] Robert M. Solow, Congestion Cost and the Use of Land for Streets [J]. *Bell Journal of Economics*, 1973, 4 (2): 602 – 618.

[24] Shroitman – Sarig, Tamar, Downtown characteristics and regional economic performance [D]. Cleveland State University, 2006.

［25］Thomas，L.，City – size distribution and the size of urban systems ［J］. *Environment and Planning*，1985（17）：905 –913.

［26］Triggs，Seth Curtis，A model of Canadian and American central city vitality ［D］. State University of New York at Buffalo，2008.

［27］陈彪、张锦高：《基于城市首位度理论的湖北省城市体系结构研究》，《科技进步与对策》2009 年第 12 期。

［28］陈航、栾维新、王跃伟：《首都圈内城市职能的分工与整合研究》，《中国人口·资源与环境》2005 年第 5 期。

［29］陈少宏：《区域中心城市如何不被边缘化》，《人民论坛》2009 年第 22 期。

［30］陈维民、雷仲敏、康俊杰：《青岛城市首位度评估分析及相关对策》，《青岛科技大学学报》（社会科学版）2010 年第 1 期。

［31］程红：《城市经济》，人民出版社 1994 年版。

［32］程开明、庄燕杰：《中国中部地区城市体系规模分布及演进机制探析》，《地理科学》2013 年第 12 期。

［33］董春诗、王宁夏：《陕西省城市首位度的发展变化研究》，《经济师》2015 年第 10 期。

［34］董洁芳、邓椿：《中心城市在城市经济圈发展中的功能研究》，《科技和产业》2008 年第 6 期。

［35］福建省委党校第 27 期厅级干部进修班课题组：《福建省中心城市建设与发展问题研究》，《中共福建省委党校学报》2004 年第 9 期。

［36］勾春平：《加快西部区域中心城市建设的对策研究—以四川省南充市构建川东北区域中心城市为例》，《天府新论》2006 年第 S1 期。

［37］顾朝林：《中国城镇体系—历史、现状、展望》，商务印书馆 1992 年版。

［38］韩守庆、李诚固：《经济起飞阶段中心城市空间结构效应及其调控》，《社会科学战线》2007 年第 6 期。

［39］韩玉萍、王志章：《基于统筹城乡的区域性中心城市经济发展研究》，《企业导报》2009 年第 2 期。

［40］胡勇：《区域性中心城市功能建设中存在的问题与制约因素》，《经济研究参考》2002 年第 52 期。

［41］黄新建、陈文喆：《江西城市首位度与区域经济增长：模型与对

策》，《统计与决策》2014 年第 5 期。

[42] 景体华：《中国区域经济发展报告》，社会科学文献出版社 2005 年版。[43] 瞿嗣澄、李忠国：《嘉兴市中心城市首位度提升研究》，《现代城市研究》2012 年第 3 期。

[44] 康俊杰：《基于首位度评价的区域中心城市发展研究》，博士学位论文，青岛科技大学，2010 年。

[45] 孔凡文、才旭、王英华：《沈阳经济区城市首位度分析》，《辽宁经济》2009 年第 2 期。

[46] 雷仲敏、康俊杰：《城市首位度评价：理论框架与实证分析》，《城市发展研究》2010 年第 4 期。

[47] 李波：《基于产业—中心城市互动关系的济南市发展研究》，博士学位论文，天津大学，2005 年。

[48] 李博、贾志永、靳取：《桂林区域性中心城市辐射力范围分析》，《广西财经学院学报》2009 年第 1 期。

[49] 李桂华：《中心城市在区域经济发展中的有效辐射——以南京为例的实证分析》，《南京市行政学院学报》2004 年第 5 期。

[50] 李靖宇、毕楠楠：《论沈阳在东北优化开发主体功能区建设中的中心城市引擎功能定位》，《决策咨询通讯》2008 年第 5 期。

[51] 李秀敏、刘冰、黄雄：《中国城市集聚与扩散的转换规模及最优规模研究》，《城市发展研究》2007 年第 2 期。

[52] 李学鑫、田广增、苗长虹：《区域中心城市经济转型：机制与模式》，《城市发展研究》2010 年第 4 期。

[53] 廖喆：《都市圈中心城市与成员城市排斥效应的博弈分析》，《安徽农业科学》2007 年第 3 期。

[54] 林凌、蒋一苇：《中心城市综合改革思想的结晶》，《经济体制改革》1993 年第 1 期。

[55] 刘宪法：《中国区域经济发展新构想——菱形发展战略》，《开放导报》1997 年第 Z1 期。

[56] 刘永亮：《城市规模经济研究》，博士学位论文，东北财经大学，2009 年。

[57] 卢学法、申绘芳：《杭州城市首位度的现状以及对策研究》，《浙江统计》2008 年第 6 期。

［58］芦洁：《新疆城市首位度与区域经济协调关系研究》，博士学位论文，新疆师范大学，2014 年。

［59］陆大道：《2000 年我国工业生产力布局总图的科学基础》，《地理科学》1986 年第 2 期。

［60］马洪：《马洪选集》，山西工业出版社 1986 年版。

［61］马黎明：《试论济南建设区域性中心城市的功能定位与战略目标》，《山东教育学院学报》2006 年第 4 期。

［62］毛月平、加年丰：《中心城市与区域经济协调发展研究——以晋城为例》，《经济问题》2004 年第 9 期。

［63］茅于轼：《城市规模的经济学》，《中国改革》2000 年第 12 期。

［64］孟令勇、韩祥铭：《县域城市首位度及其城镇体系等级规模结构分析》，《小城镇建设》2010 年第 6 期。

［65］孟庆民、李国平、杨开忠：《新国际劳动分工研究动态》，《世界地理研究》2000 年第 2 期。

［66］米文宝、廖立君：《试论西部欠发达地区区域中心城市建设——以银川市为例》，《地理学会全面建设小康社会——第九次中国青年地理工作者学术研讨会论文摘要集》，2003 年。

［67］倪鹏飞、侯庆虎、江明清等：《中国城市竞争力报告》，社会科学文献出版社 2002 年版。

［68］牛华勇：《中心城市对周边经济圈经济辐射力比较分析——基于北京和上海经济圈的案例》，《广西大学学报》（哲学社会科学版）2009 年第 2 期。

［69］沛然：《强化中心城市作用、促进区域联合开发》，《城市研究》1995 年第 4 期。

［70］饶会林、陈福军、董藩：《双 S 曲线模型：对倒 U 型理论的发展与完善》，《北京师范大学学报》（社会科学版）2005 年第 3 期。

［71］任巍、王殿茹：《环渤海西岸城市群产业合作初探》，《理论研究》2008 年第 1 期。

［72］上官敬芝、雒永信：《努力把徐州建设成淮海经济区中心城市的对策研究》，《淮海文汇》2010 年第 1 期。

［73］沈迟：《走出"首位度"的误区》，《城市规划》1999 年第 2 期。

［74］孙红玲：《中心城市发育、城市群形成与中部崛起——基于长沙都

市圈与湖南崛起的研究》，《中国工业经济》2012 年第 11 期。

［75］孙晓华、周玲玲：《多样化、专业化、城市规模与经济增长》，《管理工程学报》2013 年第 2 期。

［76］孙新华：《资源环境紧约束与我国中心城市工业发展策略的创新》，《经济体制改革》2007 年第 6 期。

［77］孙新华：《资源环境紧约束与我国中心城市工业发展策略的创新》，《经济体制改革》2007 年第 6 期。

［78］藤田昌久、保罗·克鲁格曼、安东尼·J. 维纳布尔斯：《空间经济学：城市、区域与国际贸易》，梁琦译，中国人民大学出版社 2011 年版。

［79］汪明峰：《中国城市首位度的省际差异》，《现代城市研究》2001 年第 3 期。

［80］王成：《吉林省中部城市群中心与外围城市经济联系研究》，博士学位论文，吉林大学，2013 年。

［81］王何、逢爱梅：《我国三大都市圈与中心城市功能效应比较》，《城市规划汇刊》2003 年第 2 期。

［82］王家庭：《城市首位度与区域经济增长》，《经济问题探索》2012 年第 5 期。

［83］王俊、李佐军：《拥挤效应、经济增长与最优城市规模》，《中国人口·资源与环境》2014 年第 7 期。

［84］王凯宏：《珠海区域中心城市功能定位的研究》，《特区经济》2008 年第 3 期。

［85］王馨：《区域城市首位度与经济增长关系研究》，博士学位论文，天津大学，2003 年。

［86］魏后凯：《大都市区新型产业分工与冲突管理》，《中国工业经济》2007 年第 2 期。

［87］魏后凯：《跨世纪我国区域经济发展与制度创新》，《财经问题研究》1998 年第 12 期。

［88］吴旭晓：《基于复杂系统理论的区域中心城市内涵式发展研究》，博士学位论文，天津大学，2011 年。

［89］武俊奎：《城市规模、结构与碳排放》，博士学位论文，复旦大学，2012 年。

［90］肖金成、李娟、孙玉：《环渤海地区经济合作及城市功能定位》，《环渤海经济瞭望》2007 年第 12 期。

［91］肖文、王平：《外部规模经济、拥挤效应与城市发展：一个新经济地理学城市模型》，《浙江大学学报》（人文社会科学版）2011 年第 1 期。

［92］徐长生、周志鹏：《城市首位度与经济增长》，《财经科学》2014 年第 9 期。

［93］徐康宁、赵波、王绮：《长三角城市群：形成、竞争与合作》，《南京社会科学》2005 年第 5 期。

［94］徐幸子、赵涛：《中国城市首位度浅析》，《企业导报》2011 年第 13 期。

［95］徐盈之、彭欢欢、刘修岩：《威廉姆森假说：空间集聚与区域经济增长——基于中国省域数据门槛回归的实证研究》，《经济理论与经济管理》2011 年第 4 期。

［96］许抄军、罗能生、吕渭济：《基于资源消耗的中国城市规模研究》，《经济学家》2008 年第 4 期。

［97］许学强、叶嘉安：《我国城市化的省际差异》，《地理学报》1986 年第 1 期。

［98］许学强、朱剑如：《现代城市地理学》，中国建筑工业出版社 1988 年版。

［99］严重敏、宁越敏：《我国城镇人口发展变化特征初探》，华东师范大学出版社 1981 年版。

［100］杨迅周、杨流舸：《中原经济区中心城市城区新型城镇化水平综合评价研究》，《河南科技》2014 年第 6 期。

［101］杨勇、高汝熹：《都市圈发展要素分析》，《求索》2007 年第 3 期。

［102］于向英：《郑州城市首位度提升研究》，《中国统计》2008 年第 8 期。

［103］于向英：《郑州与中部省会城市首位度比较》，《中国统计》2007 年第 5 期。

［104］于新淮、田晶华：《略论中心城市的经济发展》，《中国工业经济》1998 年第 5 期。

［105］张强、陈怀录：《都市圈中心城市的功能组织研究》，《城市问题》

2010 年第 3 期。

［106］张璇：《城市首位度的理论内涵与体系构建研究》，《企业导报》
2012 年第 16 期。

［107］张应武：《基于经济增长视角的中国最优城市规模实证研究》，
《上海经济研究》2009 年第 5 期。

［108］钟鸣长：《中心城市经济辐射能力差异比较研究》，《创新》2009
年第 11 期。

［109］周一星：《城市地理学》，商务印书馆 1995 年版。

［110］周一星、杨齐：《我国城镇等级体系变动的回顾及其省区地域类
型》，《地理学报》1988 年第 2 期。

［111］周游、张敏：《经济中心城市的集聚与扩散规律研究》，《南京师
范大学学报》（社会科学版）2000 年第 4 期。

［112］周志鹏、徐长生：《龙头带动还是均衡发展——城市首位度与经济
增长的空间计量分析》，《经济经纬》2014 年第 9 期。

［113］朱帆：《浅析城镇体系与区域经济发展的关系》，《当代建设》
2001 年第 2 期。

［114］朱军、刘艳：《城市首位度的内涵和研究状况概述及评价体系构
建》，《大众科技》2015 年第 3 期。